JN099983

HRDX
の教科書

Human Resources×Digital Transformation

デジタル時代の人事戦略

EY Japan
ピープル・アドバイザリー・サービス 著

鵜澤 慎一郎 監修

日本能率協会マネジメントセンター

| 序　章 | デジタル時代の人事戦略 |

第 1 部　人材マネジメント方針策定

第 1 章　ストラテジック・ワークフォース・プランニング

第 2 章　デジタル人材のタレントマネジメント

第 2 部　組織パフォーマンス最大化

第 4 章　データドリブンな組織パフォーマンス向上策

第 5 章　エンプロイーエクスペリエンス —従業員エンゲージメントを高める新戦略

第6章 DXの離陸と加速を支えるアジャイルアプローチ

第3部 人事オペレーティングモデル

第7章 グローバル人事サービスデリバリーモデル

第8章 HRプロセスとオペレーションの高度化と効率化

終 章 | デジタルと組織・人材マネジメントの融合と今後の方向性 ― 先進企業のHRDX事例 ―

インタビュー

序　章

デジタル時代の
人事戦略

●デジタルと人材の関係は相反でなく、両輪。
DXの失敗は人材にあり

　本書は「HRDXの教科書」と題して、デジタル時代に求められる新たな組織・人材マネジメントに関する網羅的な解説および事例紹介を中心に構成されている。序章として、その前提となる大事なポイントを中心に解説していきたい。

　最初の論点はデジタルと人材の関係性である。現代社会や事業環境においてデジタルの影響力を抜きに経営を語ることはもはや不可能である。

　我々が所属する世界150カ国超、約31万人のプロフェッショナルを擁する世界最大級のプロフェッショナルファームであるEY（アーンスト・アンド・ヤング）では、デジタル時代の現代に即した新たな事業戦略のモデルで核となる要素をHuman@Center、Technology@Speed、Innovation@Scaleの3点と定義している。

　対比でいうとこれまでの事業戦略はありていに言えば、Scope、Scale、Efficiencyの3要素で構成されてきたと整理できる。Scope、つまり事業ドメインを最初に定める、自分たちはどの舞台、バトルフィールドで戦うのかを決める。そのあとは二つの成長ドライバーに注力する。一つはScale、つまり規模の経済性である。マーケットにおける自社シェアを上げるための努力である。もう一つはEfficiency、効率性である。コスト効率性、製品リードタイムの効率性、いわばかつて日本のお家芸であった改善（kaizen）を繰り返すことで生産性を上げる努力である。日本でいえば1960年代後半からの高度成長期は人口が急拡大し、所得も向上していく段階であったので、事業ドメインを決めたら、その先はScaleとEfficiencyに集中していればよかった。

　しかし、市場がグローバル化し、さらにテクノロジーの興隆で、かつて人間が担っていた仕事を省人化して置き換えたり、ビジネスモデル自

図表0-1　デジタル時代に即した事業戦略のモデル

Human@Center、Technology@Speed、Innovation@Scaleの掛け合わせ

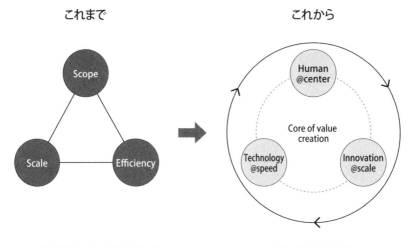

これまで　　　　　　　　　　　　　　これから

スコープ（事業ドメイン：戦う土俵）を決めて、ひたすらに規模の拡大と効率化を目指す

人間中心思考を起点に
テクノロジーを梃に事業を加速させながら
イノベーションによってゲームチェンジを狙う

体が新たなテクノロジーを起点にしたプラットフォーム事業である
GAFA（Google、Amazon、Facebook、Apple）が市場で圧倒的な存在
感を見せるようになる。

　まさにデジタル時代の現代をけん引するのはデジタルの構成要素たる
テクノロジーであることは間違いない。そして既存事業や法的な規制や
ルールなどを乗り越えるためのイノベーションの発想も必須である。し
かしながら、テクロノジーとイノベーションという二大新要素を実現す
るためにも企業は今こそ人間中心思考、ヒューマン（人間）が中心であ
ることを再認識しなければならないことを強調したい。

　その意味で、本書ではデジタルと人材（含む人事や組織）の両面をで
きるだけ融合的に取り上げていくことを目指している。デジタルという
ハードウェア面だけを語っても、人材などのソフトウェア面だけを語っ

ても現代では意味がなく、統合的に捉えていくことが大事だからだ。一見相反する要素に見えるこの両者は車の両輪のように二つがそろわないと正しい方向に向かうことができない。

　現代はDX（デジタルトランスフォーメーション）が企業変革の鍵と喧伝されているが、興味深いことに多くのDXは非常に成功率が低く、またその失敗要因は多数の組織・人材領域における過小評価に起因していると言えよう。

　一つの注目データが、2020年にマッキンゼーが発表した「デジタル変革が失敗する要因の割合」である[1]。

　驚くべきは世界的に見てもDX成功の道はかなり険しいことが分かってきたことだ。通常の企業変革成功率が30％として、実にDXは16％程度でしかない。加えて、伝統的な業界ではさらに低い成功率であり、製造業、エネルギー、インフラ、製薬ではデジタル変革の成功率4〜11％程度とさらに低い。このような伝統的業界が主力である日本企業は今後のDX推進への危機感を持たざるを得ない。

　さらには、失敗要因のトップ10のうち、上位四つが全て組織・人材課題となっている。1位：シニアマネジメントのフォーカスと文化（36％）、2位：デジタルテクノロジーの理解不足（26％）、3位：（デジタル）人材の欠如（25％）、4位：組織（24％）である。

　つまりDXの失敗要因はデータやインフラというハードな課題ではなく、人に起因するソフトな課題なのである。

　EY Japan ピープル・アドバイザリー・サービスが2020年に日本独自で行った「経営改革の成功要因とチェンジマネジメントに関する調査」でも同様の示唆が読み取れる。

　261社（約9割が日系企業、1割が外資系の日本法人）によれば、①ス

---

[1] デジタル革命の本質：日本のリーダーへのメッセージに記載されたマッキンゼーによるグローバル企業2,135名の経営者へのインタビュー結果に基づく

コープ（本来の目的）と②スケジュール・コストの両方を予定通りに実現させた変革成功事例はわずか19％にとどまる。45％は完全にどちらも実現できず大失敗に終わっている。本来の目的は達成したがスケジュール・コストは予定以上に膨らんだケースが20％、逆にスケジュール・コストは予定通りだが本来の目的を全て満たせなかったケースが16％という結果となった。

　また「成功要因は何か？」の問いで、トップは明確なビジョンや戦略の提示（42％）、2位が部門間連携（39％）、3位がトップマネジメント／ミドルマネジメント間の合意形成（34％）とリーダーシップや従業員エンゲージメントに密接に関わること、つまりヒューマンタッチな部分が鍵であることがこの調査からも明らかになっている。

●周回遅れの DX、日本の人事部門は HRDX にどう立ち向かうか？

　新型コロナウイルス感染症（COVID-19）の世界的な流行とその長期化に伴い、世界中の多くの企業や人々の間で価値観の変容や雇用形態・就業形態の多様化が進んでいる。その働き方を支えているのが新たなテクノロジーによるウェブ会議やバーチャルコミュニケーションツールであることは自明である。

　また企業は激変する環境の中で生き残りをかけてビジネスモデルの変革や新たなイノベーションを起こそうとしている。いずれも変化・変革の後押しになっているのが、デジタル・テクノロジーの積極活用とそれをビジネスモデルの中心に据えて企業の在り方自体を変えるという DX（デジタルトランスフォーメーション）の考え方である。

　人事部門の世界も無縁ではない。加えて、人事部門は DX の文脈で他のコーポレート機能よりも大きく出遅れてしまっているのでは？　という危機意識が本書の出発点である。サプライチェーンやファイナンス、IT 部門は一気通貫に管理することが本来求められているので、新型コロナウイルス感染症流行以前から業務プロセス自体を簡単に国単位や子

従業員は生産性の向上を目的にテクノロジー投資を会社に求める

> パンデミックに伴う働き方制限が解除された後に何らかの形態のハイブリッドモデルで働くことを望んでいる回答者に以下の質問をしました。(回答者数＝4,314人)

オフィス勤務の際の仕事の生産性を最大化するために、会社に何に投資してほしいですか。
(上位3つを選択)

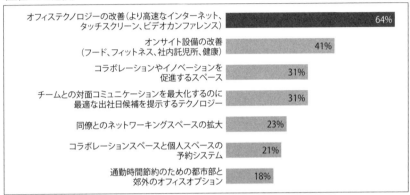

項目	割合
オフィステクノロジーの改善(より高速なインターネット、タッチスクリーン、ビデオカンファレンス)	64%
オンサイト設備の改善(フード、フィットネス、社内託児所、健康)	41%
コラボレーションやイノベーションを促進するスペース	31%
チームとの対面コミュニケーションを最大化するのに最適な出社日候補を提示するテクノロジー	31%
同僚とのネットワーキングスペースの拡大	23%
コラボレーションスペースと個人スペースの予約システム	21%
通勤時間節約のための都市部と郊外のオフィスオプション	18%

リモート勤務の際の仕事の生産性を最大化するために、会社に何に投資してほしいですか。
(上位3つを選択)

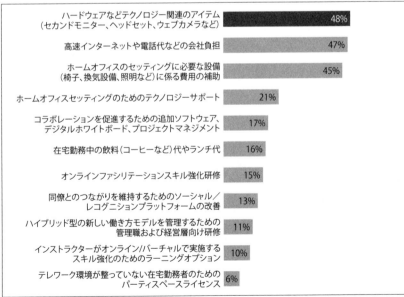

項目	割合
ハードウェアなどテクノロジー関連のアイテム(セカンドモニター、ヘッドセット、ウェブカメラなど)	48%
高速インターネットや電話代などの会社負担	47%
ホームオフィスのセッティングに必要な設備(椅子、換気設備、照明など)に係る費用の補助	45%
ホームオフィスセッティングのためのテクノロジーサポート	21%
コラボレーションを促進するための追加ソフトウェア、デジタルホワイトボード、プロジェクトマネジメント	17%
在宅勤務中の飲料(コーヒーなど)代やランチ代	16%
オンラインファシリテーションスキル強化研修	15%
同僚とのつながりを維持するためのソーシャル／レコグニションプラットフォームの改善	13%
ハイブリッド型の新しい働き方モデルを管理するための管理職および経営層向け研修	11%
インストラクターがオンライン/バーチャルで実施するスキル強化のためのラーニングオプション	10%
テレワーク環境が整っていない在宅勤務者のためのパーティスペースライセンス	6%

出典：Work Reimagined Survey–EY Global 働き方改革サーベイ調査2020の結果より(1,000人の日本企業も調査に参加)

会社単位で分断せずに業務集約化やグローバル標準化が推進されてきており、これが結果としてDX推進の下支えになっている。しかし、組織・人材マネジメント領域は各国、各グループ子会社の労働慣行や個別性の高さをこれまで受容してきたために、簡単にデジタルに置き換えできるだけの標準化や集約化作業、ルール形成ができていない。

　特に日本においてはいまだ紙出力や判子ありきの非効率な業務オペレーションの蔓延、海外ビジネスが多くあるにも関わらず本社人事はほぼ現地まかせでグローバル最適な人材管理や登用も道半ば。またビジネスの現場ではデジタルタレントの採用や登用の加速、デジタル組織化への移行を強く望んでいるが人事部門はその期待にも十分に応えているとは言えないケースを、コンサルティング現場で数多く見てきた。本書の内容がその状況を打破するためのきっかけになってほしいと願う。

　では本題の「デジタル時代の人事戦略」とは何であろうか？

　「戦略とは、何をやらないかを決めることである」
　The essence of strategy is choosing what not to do.

　マイケル・ポーター　ハーバード大学経営大学院教授からの引用だが、これが本質であろう。

　ビジネスで戦略を立案・実行しようとすると、新しいことをたくさん加えていくか、幅広く網羅性のある方向を求めがちであるが、限られた経営資源を有効に活用するためには、実は何かをやめる、捨てる覚悟をする、つまり選択と集中することが大切であると伝えている。

　人事の世界も同様である。人事戦略を考えるには何かの目的を達成するための競争優位性や差別化要素の確立と選択と集中が必要である。

　その意味で本来の人事部門の職掌範囲はありとあらゆる領域に広がっていることは間違いないが、DXが最も効果を発揮すると思われる主要領域に絞り、本書では思い切って、デジタル時代の人事戦略に欠かせな

い要素を4テーマ（4部）の大括りにもとづく全11章、さらには先進企業6社の事例を終章として構成することにした。

　加えて強調したいのはDXと言うとどうしてもテクノロジーが想起されがちであるが、あくまでもテクノロジーは便利な手段にすぎず達成目的にはなり得ない。デジタル時代でも組織・人材マネジメントの要諦は基本的に不変であると我々は考えている。テクノロジーと組織・人材の関係性を中心にデジタル時代の組織・人事改革を取り上げている。我々コンサルティング現場でのノウハウ以外にHRDX領域における先進的企業の方々にもご登場いただき、日本における最先端の取り組み例を積極的にこの場で共有していくこともできた。まさに理論の先に行く実践ということで、実務家向けの教科書にふさわしいはずである。

第1部：人材マネジメント方針策定

　自社組織の中で今後求められる人材の質と量の両面を新たに定義し、充足状況の把握、今後の人材採用計画、育成計画などを短期・中長期の二つの時間軸で策定することを意味する。

　具体的には「第1章　ストラテジック・ワークフォース・プランニング」「第2章　デジタル人材のタレントマネジメント」「第3章　DXを成功に導く人材確保戦略」である。

第2部：組織パフォーマンス最大化

　ある共通の目的に集う個人の集合体が組織の定義ではあるが、個人単位のパフォーマンス総和がそのまま組織自体のパフォーマンスにはならない。それゆえ人材開発と同様に組織開発という世界があることは皆さんも経験からご存じであろう。

　具体的には「第4章　データドリブンな組織パフォーマンス向上策」「第5章　エンプロイーエクスペリエンス－従業員エンゲージメントを高める新戦略」「第6章　DXの離陸と加速を支えるアジャイルアプローチ」を取り上げる。

これまでは組織の一体感、活発さ、熱量などはなんとなく感覚値で経営陣や人事部門が把握していたものであるが、データアナリティクスやAIなどのソリューションを適用することで、かつてよりも客観的に示唆し、かつスピーディーに課題の見える化ができて、解決策の策定につなげることができる時代になりつつある。

第3部：人事オペレーティングモデル

これは前述の第1〜2部とは趣きを変えて、人事部門内部のDX推進を意図している。それには人事部門の①組織設計、②業務プロセス、③人事システムの三位一体でDXをてこに新たなオペレーティングモデルを構築することが今、求められている。また近年ではグローバル経済の拡大により、国内に限らずグローバルレベルで最適化されたモデルが有効であろう。

具体的には「第7章　グローバル人事サービスデリバリーモデル」「第8章　HRプロセスとオペレーションの高度化と効率化」「第9章　HRテクノロジープラットフォーム活用法」の構成で取り上げる。

第4部：コンプライアンス・ガバナンス統括

最もDXから縁遠い領域に見えるが、デジタル時代における新たな雇用形態、就業形態の創出や多様化および人材の流動化に対応する新たな労務マネジメントへの備えは必須である。また投資家やメディアが取り上げるIR活動においては歴史的に財務マネジメントの結果と将来予測が中心であったが、SDGsに象徴されるように企業はより長期的・持続的な視点から顧客や自社にとどまらず、社会に対する責任や貢献も問われている。

その意味で従来の財務パフォーマンス以外で近年注目されているのは目に見えないが重要な経営資産である人材価値（ヒューマンバリュー）である。日本企業は歴史的に人材に"人財"の文字をあえて使うケースもあるように、企業経営において人材育成に重きを置いてきた場合も多いが、実際の人材パフォーマンスがデータで示されるケースは稀であっ

た。現代ではこの領域においても女性活躍比率、離職率など関連KPIが設定・開示されて、人材価値に関する通信簿の形で市場に開示されていく時代が来ている。

　具体的には「第10章　新たな労務マネジメント」「第11章　コーポレート・ガバナンスにおける非財務情報の開示と人材価値の可視化・データ化」で取り上げる。

　そして最後に「終章　デジタルと組織・人材マネジメントの融合と今後の方向性―先進企業のHRDX事例―」として、先進企業6社の事例から今後のHRDXの方向性を展望してみたい。

●デジタル時代は経営戦略や組織設計の巧拙より 人材価値が鍵となる

　さて、戦略を考える上では目的を達成するための競争優位性、差別化要素、選択と集中が重要ということが理解できたのち、次に考慮すべきは経営戦略と人事戦略の関連性であろう。

　"組織は戦略に従う"　『経営戦略と組織』A・D・チャンドラー　1964
　"戦略は組織に従う"　『経営戦略論』H・I・アンゾフ　1978

　「経営戦略が先か、組織設計が先か」、これが大きな論争になったのは1960年代以降である。

　チャンドラーのテーゼは"組織は戦略に従う"である。これはまず戦略ありき、その戦略を実行するにあたっても組織の形を次に作る。最後に組織の形に適した人材を配置するという戦略からスタートするオーソドックスな考え方である。

　当時の時代背景として、アメリカを代表するトップ企業は多角化と国際化という経営戦略を立て、それを実現するために事業部制という新たな組織設計を行い、それをコントロールするための本社機能の役割を定義・設計したことで競争優位性を築いたことに起因する。

　これと反対のテーゼは "戦略は組織に従う" と提唱したアンゾフである。

　ほぼ同時代に同じく多角化経営に関する実態を調査研究していたアンゾフは新たな経営戦略にふさわしいはずの事業部制が組織の抵抗によってほとんど実を結んでいないケースも散見されて、実は絵に描いた餅なのではないかという問題提起をする。

　つまり組織には自己防衛する本質があることや各企業が持つ組織文化（企業文化）によって戦略がちゃんと遂行されないことから、戦略ありきではなく、立案する戦略の内容は組織の成熟度や変更インパクトに細心の注意を払って策定されなければならないとして「戦略は組織に従う」を提唱した。

　しかし、20世紀末の1997年にマッキンゼーがWar for Talentの文脈で「企業が人を選ぶのではなく、人が企業を選ぶ時代だ」とパラダイムシフトを宣言して以降、「戦略が先か、組織が先か」の歴史的な議論を超えて、現代はもはや人材が戦略を主導する流れになっている。

"最初に人を選び、その後に目標を選ぶことが時代を超えた成功法則の1つだ"『ビジョナリーカンパニー②飛躍の法則』ジムコリンズ　2001
"人材が戦略を主導する。戦略が人材を指揮するのではない"『TALENT WINS』コーンフェリー＆マッキンゼー　2020

　21世紀になってから現代に至るまでその流れは一層加速している。その理由は本書のポイントである本格的な "デジタル時代" の到来に起因すると言えよう。

　インターネットや検索エンジンの登場は誰もが世界中にある情報に瞬時にアクセスでき、結果として他社の戦略や組織設計の情報でさえも簡易かつスピーディーに知ることができ、短期間でそれを模倣し、追いつくことを可能にしてしまった。つまり戦略や組織の形自体で優位性を長期にわたって維持することが非常に困難になっているのだ。分かりやす

い例でいえば日本の通信業界における携帯電話料金プランの競争が挙げられる。ある携帯キャリアが新体系の料金プランを市場に発表するとあっという間に競合はそれに対抗する類似の料金プランを市場に投入する。綿密に市場分析し、自社固有のプラインシング戦略を立てても一瞬で優位性がなくなる世界である。

ではデジタル時代の現代にとって、企業の戦略を決める真の優位性、差別化要素とは何であろうか?

それこそがまさに人材そのものであり、具体的には社員のスキル、行動特性、共通の価値観、企業文化などである。

なぜなら実世界では人材は一人として同じではないからだ。デジタル時代では戦略や組織の形は簡単に模倣できても、人材や文化といったインタンジブルなアセット(非財務的な指標で目に見えないが重要な経営資産)は個別性が高く、かつ外形的な部分をまねてもスキルや行動特性といった中身をまねるのは容易ではなく、それゆえ差別化できるというわけだ。

図表0-3　戦略が先か、組織が先か

戦略ありき、組織ありきでなく、人材を起点にビジネスを考える時代

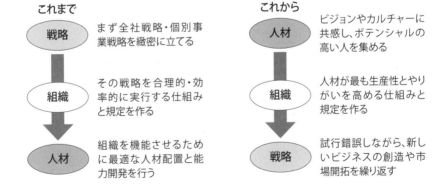

これまで

戦略 → まず全社戦略・個別事業戦略を緻密に立てる

組織 → その戦略を合理的・効率的に実行する仕組みと規定を作る

人材 → 組織を機能させるために最適な人材配置と能力開発を行う

これから

人材 → ビジョンやカルチャーに共感し、ポテンシャルの高い人を集める

組織 → 人材が最も生産性とやりがいを高める仕組みと規定を作る

戦略 → 試行錯誤しながら、新しいビジネスの創造や市場開拓を繰り返す

図表0-4　デジタル時代に即した事業戦略のモデル

70～80年代が戦略の時代、90年代は組織の時代、2000年代以降は人材の時代

時代区分	時代背景	代表的な組織形態	組織の意図
1970年代 （戦略の時代）	高度成長期時代、大量生産・大量消費市場の到来	機能別組織	製造、営業など個別機能の分業による個別能力の極大化
1980年代 （戦略の時代）	事業の多角化時代、プロダクトアウトからマーケットイン志向へ	事業部制組織	マーケットイン志向で市場特性ごとに事業単位で完結性、一貫性を担保。組織単位で収益最大化
1990年代 （組織の時代）	市場の成熟化時代、右肩あがりでない時代で競争が熾烈化	フラット型組織、カンパニー制、分社化、プロジェクト型組織など	スピーディーな意思決定体制や変化への柔軟な対応力強化
2000年代以降 （人材の時代）	インターネット、エマージングテクノロジーや大量データ管理・分析時代の到来 GAFAのような新興デジタル企業の急成長、AI、IoT、データサイエンスなどホットスキルを持つ希少人材の争奪戦（War for Digital Talent） VUCAの時代でアダプティブ戦略へ	Team of Teamsネットワーク型組織、エコシステムなど	不確実な変化対応およびデジタル時代の新規事業創出目的に社員の自律的な判断や行動を重視。加えて、オープンイノベーション志向で社内だけに閉じず、エコシステムやギグエコノミーとつながることができる形態へ

●長期的視点から逆算工程で人事戦略を描くことが求められる

　人事戦略を策定する上でもう一つ考慮すべきは時間軸の問題である。繰り返すが経営戦略はやろうと思えば変わり身早く方向転換ができるが、人事戦略はその実行面を考えると簡単に舵を切り返すことができない。人材を扱っているので採用・育成・処遇など全て時間をかけて取り組まねばならぬものだからである。

　そこで役立つのがバックキャスティングアプローチ（逆算工程）とい

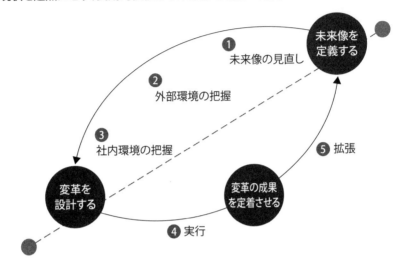

図表0-5　バックキャスティングアプローチ

現状を起点にせず、長期的価値から未来像を最初に定義し、逆回転で考える

① 未来像の見直し

② 外部環境の把握

③ 社内環境の把握

未来像を定義する

⑤ 拡張

変革を設計する

変革の成果を定着させる

④ 実行

う考え方である。先が見えない現在、まずは目先の課題を一つ一つ潰していこうという積み上げ型思考から脱却し、まずは2030年、40年、50年という長期スパンで、最初に妄想であってもこのような未来像が将来あるはずだとの前提で、逆算工程をして今に至るまでの道筋を作っていくのである。

　例えば世界の人口予測では2050年までには新興国が大きく成長し、世界が100億人規模まで到達する可能性がある。インドは2027年頃に中国を抜き世界一の人口大国となり、当然、地球全体で100億人規模をカバーするだけの食料資源やエネルギーは賄えなくなる。その枯渇問題を逆算して、今まさに代替エネルギー開発や脱炭素社会が求められているのだ。2050年時点で世界の人口における日本の人口割合はわずか1%程度の約1億人であり、人口がピークだった2009年の1億2855万人から急激な減少の一途となっており、人口インパクトでは日本の存在感はほぼないに等しい。

図表0-6　日本と世界の過去・現在・未来

デジタルと組織・人材の関係を考える際に、長期的な変化推移も考慮する

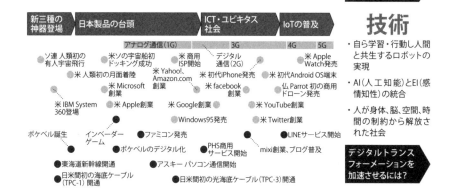

GDPで見ても同様だ。急拡大する世界全体のGDP規模（2050年には218兆米ドル規模に到達）に対して、日本の存在感は年々低下し、2050年には世界のGDPに対して日本はわずか3.2％の存在感しかない。これは日本にとっては高度成長期前である1960年代の存在感にまで戻ると

急拡大する世界のGDP規模に対して、日本の存在感は低下

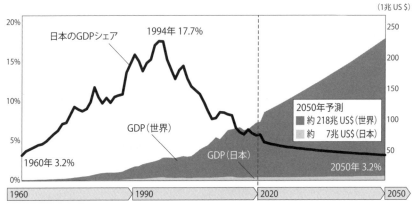

(1兆 US $)

出典：GDP（1960-2019）*¹：World Bank. "Databank". GDP current US$.
https://data.worldbank.org/indicator/NY.GDP.MKTP.CD?end=2019&start=1960&view=chart,（Accessed on August 2020）
GDP（2020-2050）*²：OECD. "World Economic Outlook 2020". Real GDP long-term forecast.
https://data.oecd.org/gdp/real-gdp-long-term-forecast.htm#indicator-chart,（Accessed on August 2020）
のデータを参考にEY作成
*1 USD at current prices（名目GDP）
*2 USD at constant prices（実質GDP）and Purchasing Power Parities of 2010（購買力平価 2010年）. 2020-2050の
GDPは推計値（新型コロナウイルスによる経済影響は考慮されていない）

いうことを意味する。

　この世界観を俯瞰することで、長期的視野で日本企業の人事部門は大きく舵を切らなければならないことを実感するであろう。成熟して衰退する国内マーケットよりも成長する新興国マーケットに通用するような新たな国際的な経営リーダーの育成が急務である。そして、日本人に固執せず世界最適な立場で適所適材にて採用・育成・処遇する新たな組織運営に変えるしかない。圧倒的に労働人口が減るため、多くの単純労働はAIやロボティックスなどを活用して徹底的に省力化、自動化し、限られた人材には人間でしかできない付加価値業務にシフトしてもらわないといけない、などの危機感が醸成されて、今後取るべき施策の内容や対応スピード感は大きく変わるはずである。

　まさにThink out of the boxということで既成概念を打ち破るためには思い切って長期的視点から再考することが効果的である。またこの考

図表0-8　2050年までの世界人口および日本の人口シェア推移

世界が100億人規模に到達時、日本は減少一途で1億人へ

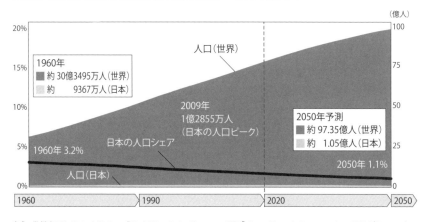

出典：世界人口*¹：United Nations. "World Population Prospects 2019". https://population.un.org/wpp2019/,（Accessed on
August 2020）のデータを参考にEY作成
　*1 Population of July 1st 2019, estimates 1950-2019 and medium fertility variant（中位推計）, 2020-2100

え方には企業として持続可能な長期的な活動を意識せざるを得ないとい
う意味で、昨今のSDGsの動きとも同期をとりやすい点もメリットであ
る。

●人事戦略は経営戦略を待ってからでなく、先行して作るしかない

　人事・組織に関わる方々と現場での会話の残念なシーンは「人事戦略
を立てようにも上位概念の経営戦略といえるものが我が社にはないから
できそうにない」「これから経営企画部が作る中期経営計画が出てくる
のを待ってから、自分たちは人事戦略を考えようと思う」という類いの
話である。

　しかし、この待ちの姿勢は明らかに間違っている。繰り返しになるが
デジタル時代の現代において、戦略や組織設計はすぐに同業他社から模
倣され、キャッチアップされてしまう。経営陣や経営企画部門からの新
たな経営戦略を待っていても、長期に固定的な戦略はあり得ず、タイム
リーに変えていかざるを得ないだろう、それに対して人事はスピード感

を持って応える必要がある。加えて、極論だが戦略や組織の形は社内で
こうしようと決めさえすれば、すぐに新しい形に移行することは可能で
ある。ところが人材はそうはいかない。戦略や組織のように「明日から
こう変わります」と宣言してもすぐには変われないのだ。

　「経営者に言われたから、いまからこのような人事施策を計画してい
きます」「他社はどうやっているのでしょうか？　ベストプラクティス
やベンチマークを知りたい」ではだめなのだ。

　採用方針、人材育成、人事評価制度、報酬体系などあらゆるものを変
更し、人材の質と量を変えることは相当に時間がかかる。故に人事戦略
は経営戦略を待ってから構想や実行に移すのではなく、先行して考え、
作らないといけない。例えば経営トップから急に「デジタル事業を拡大
するからデジタル人材を○○人規模で確保し、デジタル専任チームを作
れ」と言われる前に、デジタル人材が必要となることを見越し、いまま
でとは違う採用や育成施策を先に打っておかないといけない。例えば
「海外事業進出だ」という号令がかかる前に、グローバル人材をどう採
用し、配置、育成するか、あるいはM&Aが起こったときに迅速に雇用
調整や人事制度や組織風土面の統合ができるだけの準備、先見性を持っ
て取り組まねばならないのだ。

　まさに人事・組織に関わる仕事は非常にやりがいのある仕事とも言え
る。組織の中ではバックオフィス、コーポレートファンクション、コス
トセンターという扱いになりがちであるが、ここまでの話を聞けば能動
的に自社を取り巻く環境変化と事業の先行きを理解し、経営陣から将来
きっと言われるに違いない重要事項にアンテナを張って、先んじて対応
する仕事ということである。経営陣と常に近い位置でコミュニケーショ
ンを取っていることも必須条件である。将来を見越した人事戦略を立案
し、経営者に具申する、あるいは具申せずとも自分たちで先に手を打っ
ておき、経営者から言われたら「それはもう準備しています」と言える
ようになりたいものだ。

　本書は教科書というコンセプトなので、全ての章を網羅的に学習してデジタル人事のエキスパートを目指すもよし、自分にとって未知の領域や経営陣からのトップダウン指示で、速やかな対応が求められる領域だけを切り取って学習していただいてもまったく問題ない構造になっている。ぜひその一助として活かしてほしい。

　将来活躍する人材を採用し、育成するためのプラットフォームや仕組み・ルールを先行して整備する、その整備は鉄道やビルなどインフラと同じで、出来上がるまでに長い年月がかかる辛抱の必要な仕事である。苦難の連続だが、それが出来上がって、多くの方が便利に使うことができれば、そこで育った人材もその人事インフラもレガシーとして残るものである。

　「デジタルな時代だからこそ、ヒトのチカラで未来を変える」

　デジタル全盛時代にあえて人材や人事の仕事に関わることは、まさに新たな未来を作ることであり、将来の会社経営や未来を作る次世代の人生を左右するという大きな責任とやりがいがあることを、ぜひ再認識するきっかけになれば筆者として大変光栄に思う。

第 1 部

人材マネジメント方針策定

第 **1** 章

ストラテジック・
ワークフォース・プランニング

第1節 "旧来型"要員計画をデジタル化せよ！

　「デジタルの力を活用して要員計画を改善できないか」というご相談を多くいただくようになってきた。筆者の個人的な経験から言えば、多くの日本企業において要員計画策定は、ある種の「お約束」的な業務になっているように思える。期末に各事業部長へエクセルフォーマットを投げ、それを受けて各事業部長はこれまでの経緯を踏襲する形で「来年度は○○人の増員をお願いしたい」と言い、それを人事部門が取りまとめ、人件費キャップとの整合性をとり、横々の調整を行う。さらにそこから見えてきた各事業部門の計画要員数を採用チームと揉み、最終的には経営陣の承認を得るなどして、計画としての体裁を整えていく。「この一連のプロセスを回すだけで、最低でも2〜2.5カ月はかかります」。先日、とある大手製造業の人事部長がそんな愚痴をこぼしていた。しかも、こうして莫大な工数と時間をかけて作られた要員計画が、モニタリングや計画見直しといったプロセスを踏まず、期末まで放置されているといった惨状も耳にする。

　売上高や利益率、在庫率など、ファイナンスやSCMの領域においては緻密な予実管理をしているにも関わらず、ヒトの観点となると、途端にやりきれていないという会社が多いのは事実だ。日本企業は、歴史的にヒトの管理に対する感度が低い。年功序列と終身雇用、すなわち「一度入った人は、よほどのことがない限り辞めない」という日本固有の実態を背景として、これまでヒトの管理をそこまで緻密にやる必要性に迫られてこなかったのだろう。しかしながら、新型コロナウイルス感染症の蔓延もあり、より一層先行きが不透明になっている昨今、日本企業であっても、要員の充足状況をタイムリーに把握し、柔軟に対応・コントロールしていくことが経営の大きなアジェンダとなってきているのは確かだ。「要員管理の改革を急げ」と、経営陣からの大号令を受けている読者も多いのではないだろうか。

　このような背景を受け、多くの会社で要員管理のデジタル化・高度化

が叫ばれるようになってきた。EYでは、このような"旧来型"要員計画からの脱却を支援するサービスを総称して「ストラテジック・ワークフォース・プランニング（Strategic Workforce Planning、以下SWP）」と呼んでいる。本章では、SWPの定義や、その実現方法などについて実際のコンサルティング事例を基にひもといていきたい。

　さて、果たして、どのような状況を作り出せれば、「SWPを実現している」状態だと言うことができるのだろうか。筆者はSWPがSWPたるためには三つの要件（【要件1：根拠を持つ】、【要件2：回転数を上げる（デジタル化する）】、【要件3：先を見通す】）を満たす必要があると考えている。

要件1　根拠を持つ

　必要要員数の確からしさをどのように理由付け、説明・説得できるようにするのか。これが一つ目の要件「根拠を持つ」ということである。例えば、とある会社で各事業部長に来年の必要要員数の見積もりを依頼したとする。事業部長A氏は「来年は5名の増員をお願いしたい」と言ってきた。それに対し人事部門は「なぜ5人必要なのか、その根拠を聞かせてほしい」とお願いする。A氏、「いや、去年も一昨年も、うちの事業部はずっと5名だったから」と言う。さて、このA氏の返答は5名の増員に対する明確な根拠を伴っているだろうか。

　"これまでの踏襲"はロジックにも説明材料にもなり得ない。根拠をもって説明するとは例えばこういうことだ。「当事業部の**1人当たり売上**は過去3年で1.3倍になっていますが、**要員数**はここ2年増えておらず、**時間外労働時間**は上昇傾向にあります。言い換えれば、マーケットは伸びていますし、現有人材だけでは手が回らなくなっています。したがって、5名増員したとしても十分に事業部内で賄えるだけの余地があると考えています」。

　根拠をもって説明するには何かしらの基準に従い、定量的に説明するのが定石だ。太字下線にしてあるところが、この「何かしらの基準」で

あり、要員計画のためのKPI（Key Performance Indicator、重要業績評価指標）と呼ばれる。このKPIを共通言語として、要員数の確からしさを検証していくプロセスが重要なのである。

　KPIには全社共通KPIと部門固有KPI、大きく分けて2種類が存在する。時間外労働時間や管理職比率、直間比率といった全社共通で見るべきものを全社共通KPIと呼び、例えば営業部門であれば、訪問件数や成約率、営業部門1人当たり売上といった部門固有のアウトプット（＝創出価値）を表すものを部門固有KPIと呼ぶ。SWPを実現するためには、この全社共通KPIと部門固有KPIを定義し、それらを掛け合わせて確からしさを担保していくことが必要である。

要件2 回転数を上げる（デジタル化する）

　冒頭に多くの日本企業で要員計画が「お約束」の業務になっていることを指摘した。本来、要員計画は期初に立案して終わりではなく、ビジネスの状況に合わせて変化する現場からの要望と、実際のヒトの動き（採用・異動・配置）とをモニタリングし、時に計画の見直しをしていかなければならない。このモニタリングと計画見直しのサイクルをいかに速めていくか。これが二つ目の要件となる。回転数を上げるべくデジタルテクノロジーを活用することに疑いの余地はない。例えば計画策定に関していえば、これまで、エクセルのバケツリレーで数カ月かけて行っていたものを、テクノロジーを使って短縮する。計画に変更があった場合も、クラウド上にある計画をリアルタイムで変更していくような形に変える。こうすることで回転数を上げ、要員計画のリアルタイム性と柔軟性を高めていくのである。このようなテクノロジーは「計画系ソリューション」と呼ばれ、要員計画の領域においても、AnaplanやCCH Tagetikといった計画管理ソリューションのグローバルプレイヤーがしのぎを削っている。実際の機能をその目で確認し、各々の会社に合ったソリューションを検討することから始めてみるのも良いだろう。

　ただし、新しいデジタルテクノロジーを導入すれば万事解決というのは幻想だということも付言したい。テクノロジーをうまく活用するに

は、システム導入と並行して業務プロセスの見直しや役割分担・データフローの再定義など、導入後にしっかりと使い倒してもらうためのルール作りと、新しいルールを現場に浸透させていくことが何よりも重要である。

要件3　先を見通す

　要員計画はビジネスにひもづいていなければならない。当然ビジネス側は単年度の予測だけで戦略を立てているわけではなく、3年・5年先を見据えていくつものシナリオに基づいて予測している。要員計画も同様で、さまざまなシナリオに沿って、こう来たらどうするというシミュレーションを行う必要がある。これが三つ目の要件である。

　一つ簡単な例をもって要員シミュレーションを説明しよう。売上高10億円、社員数100名、1人当たり売上1,000万円のA社があるとする。A社は中期経営計画の中で3年後の売上目標を15億円に設定した。3年

図表1-1　シナリオ別要員シミュレーションのイメージ

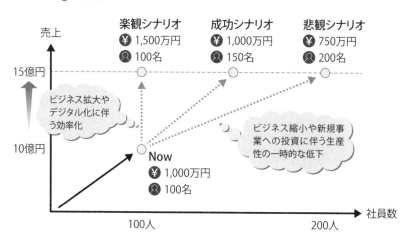

後までのビジネス環境を楽観視するのであれば、ビジネスが堅調に拡大し、デジタル化に伴う業務効率化も望める。その場合、3年後の1人当たり売上を現在の1.5倍の1,500万円と仮定すると、目標達成に向け必要となる社員数は今と同じ100名となり、増員を見込む必要はない（楽観シナリオ）。ただし、ひょっとするとビジネスが縮小したり、新規事業への投資に伴い一時的に生産性が低下したりするかもしれない。その場合、3年後の1人当たり売上を750万と仮定すると、必要となる社員数は200名となり、今の倍の人数規模を目指さなくてはならない（悲観シナリオ）。当然、楽観と悲観シナリオとで、とるべき採用戦略は大きく異なる。前者の場合は退職者分を補充していくことを基本とする戦略となり、後者の場合は、かなりアグレッシブな採用戦略を立案・実行せざるを得なくなる。

　こうしたシミュレーションをどのような変数を用いて実施していくかをしっかりと検討し、ビジネスの状況や進捗に合わせて要員シミュレーションを繰り返し、経営目標を達成可能な要員数を維持していくのである。

　ここまでの3要件に関する説明を通じて、SWPの骨格についてはご理解いただけたのではないだろうか。そうであれば、次に話さなければならないのは、どのようにこの3要件を具備した状態を実現していくのか、ということだ。我々はコンサルティングファームとして多くの企業におけるSWP関連プロジェクトを支援してきており、その経験の中から、SWPの実現方法に関するエッセンスをお届けしたい。

第2節　国内の先進企業はどのようにSWPを実現しているのか？

　現在、間違いなくSWPは人事の世界におけるホットトピックの一つであり、コンサルティング営業の場面でSWPの話をして、「うちは興味

ないな」という反応に出合うことはほぼないと言って良い。とはいえ、「すぐにSWPを実現させましょう」という話になることは少なく、「そもそも、弊社はデータがきちんとそろっていないから、それ以前のステージだな……」とか、「人事部門だけが先行してそんなことをやってもね……」といった会話になるケースが多い。SWPの実現に対して敷居が高いように受け止められてしまうようで、それを筆者の営業力不足と言われてしまえばそれまでだが、おそらく、SWPの実現に向けた最初の一歩を踏み出すやり方や、実現したことによって得られる果実を具体的にイメージできていないことが大きな理由なのではと考えている。したがって、それに対する一つの答えとして、本節では弊社で支援させていただいた実際のコンサルティングケースを例に、国内の先進企業がどのような道筋でSWPを実現させているのかを解説していきたい。

　何もないところから、一足飛びにSWPを実現できた企業は本当に少ない。先ほどの3要件を一気に全てクリアしようとすると、新たなシステムの導入とともに大きく業務プロセスを変え、要員管理上で管理すべきKPIを定義し、高度なシミュレーションを行えるようにしなければならない。それができるのであれば話は早いが、現業務へのインパクトが大きくなればなるほど、ステークホルダーは増え、取り組みの難易度は高くなる。人事部門内だけでなく、事業部門やIT部門、経理・財務部門にも話を通さないといけない。実際のところ、話が大きくなることを恐れ、最初の一歩が踏み出せなくなってしまっているクライアントは多い。

　SWPの実現に際し、重要なのは「スモールスタート」である。スモールスタートとは、その字面の通り「小さく始める」という意味で、新たなビジネスやプロジェクトを始める際に、機能や領域、プロセス、サービスなどを限定してスタートし、その後の需要や要求に合わせて規模を拡大していくことを指す。弊社が支援するクライアントの中でも、スモールスタートを志向する企業が多い。具体的に言うと、現存するエクセルの要員計画フォーマットを、そのままの形で新しいクラウドシステ

ム上に乗せることで、エクセルのバケツリレーを解消するといった、いわゆる「リフトアンドシフト」を指すことが多い。まずはエクセルをなくしてプロセスを整流化し、タイムリーな管理ができる状態にする。その後、実運用の中から出てきた要望や課題を整理し、更なる高度化を図っていく。SWPの実現に向けては、そのような段階的なアプローチがフィットすると考えられる。

●ケース1：金融業B社のケースから学ぶグローバルの巻き込み方

　一つ目のケースは、大手金融機関であるB社。B社は世界各国に支社を持つグローバル金融機関であり、当然のことながら要員管理もグローバルレベルで行うことが求められている。しかしながら、その現状は日本本社が作成したエクセルフォーマットを各地域・国の人事担当者に送付し、手作業で数値を入力してもらったものを集約・分析するというアナログなものであった。そこで、要員管理そのものをデジタル化することで、要員・人件費管理プロセスの高度化・効率化と工数削減を実現するという大目的の下、グローバル人事本部長直轄のプロジェクトとしてスタートする運びとなった。

　当該プロジェクトは前述したスモールスタートを前提としたアプローチを採用。フェーズ1としてまずは現在のエクセルフォーマットを新たに導入するクラウドベースの計画ソリューション上にリフトアンドシフトで載せ、グローバルレベルでリアルタイムに同じデータを見ることができる環境を構築する。その後フェーズ2として、各地域や国から出てきた課題や要望を取りまとめ、精査し、システムやプロセス、KPIの改修・改善をしていく。フェーズ1の期間は9カ月（構想策定：3カ月＋システム開発・導入：6カ月）。日本を含む4極（日本、US、EMEA、ASIA）全てを対象地域とする、正にグローバルなプロジェクトであった。

　元々のエクセルフォーマットは日本本社側が作成したものであったという経緯から、日本本社の人事部主導の体制、かつ構想策定自体も日本本社が議論の中心になって進められたが、商習慣や管理習慣の違いか

ら、さまざまな議論において「日本vsそれ以外」という構図になる場面が散見され、フェーズ2以降はプロジェクトの中心を日本からUSに移し、USメンバー中心の体制で進めていくことになった。これは他のプロジェクトでも言えることだが、日本本社が考える要員管理と、グローバルが考えるそれとの間に細かさや深さといった観点で乖離が生じることが多い。グローバルで戦っている企業の場合、日本は単なる一つの拠点にすぎず、日本本社が考えていることが唯一無二の正解ではないということを念頭に、プロジェクトの進め方や体制を考えるべきである。

　例えば、グローバルレベルでSWPを実現しようとする場合、日本以外の地域的・戦略的重要地域をパイロット地域として選定し、そこをプロジェクトの起点とする「逆輸入モデル」での展開を考えるなど、日本流にとらわれないアプローチを模索してみることも必要ではないだろうか。

●ケース2：サービス業C社のケースから学ぶ　　段階的な拡張アプローチ

　二つ目のケースは大手サービス業のC社。C社はデータドリブンの経営に移行していく中で、計画業務全体の改革を志向されており、その最初のステップとして要員管理の改革からスタートする運びとなった。特定事業部の要員管理にスコープを絞り、新たに導入するクラウドベースの計画ソリューションの効果やその後の展開可否を判断するPoC（Proof of Concept／概念実証）を行い、その後、PoCの結果いかんで拡張を検討していくというものだ。拡張というのは、領域という観点でいえば、要員計画からFP&Aや営業管理などへの拡張を指し、対象という観点でいえば、特定事業部から会社全体、ひいてはグループ会社に至る拡張を指す。このように、まずは導入対象を最低限に絞り、その効果を検証するというやり方は昨今のトレンドと言える。

　SWPという今まで存在しなかった業務を設計・導入することとなる

図表1-2　PoCからの拡張アプローチ

業務領域	主なデータ	対象		
		特定事業部	会社全体	グループ会社
要員管理	人事基本情報	PoC →		
	売上・利益・外注費	Phase1		
会計管理（FP&A）	財務データ コストセンター情報	Phase2		Phase4
営業管理（生産性分析）	営業データ 営業アクティビティ情報	Phase3		

ため、PoCにおいては、各関係者に実運用のイメージと、その有用性を理解させることが重要である。この際、特に意識して取り組んだポイントを二つ紹介したい。

　一つ目は「マネジメント層の巻き込み」である。SWPは人事だけでなく経営や事業側が意思決定を行うためのものでもあり、人事部門の独り善がりにならないよう、PoC開始時から経営陣や対象事業部のトップを巻き込み、インプットをもらいながら進めるべきである。

　二つ目は「運用メンバーの早期育成」である。PoCの後の展開を考えると、新システムの保守・運用メンバーに、当該テクノロジーを理解した人材は必要不可欠である。テクノロジーに自ら興味を持ち、新しいソリューションに触れてみたいという志と行動力を持った社員を早い段階で特定・選定し、プロジェクトメンバーの一員として巻き込んでいくことで、実運用のスムーズな立ち上げを狙うことができる。PoC期間をプロジェクト全体のフェーズゼロと位置づけ、その後の展開計画を睨み、できることから水面下で準備を進めておくという気構えが重要なのである。

　二つのケースを通じて伝えたいことは、「まずは動いてみる」こと。

SWPの実現に向け、検討しなければならないこと山ほどある。しかし、その全てに答えを出してから次に進もうと考えていたのでは、いつまで経っても実行に移せない。少しでも良いから何かしらやってみて、そこから得た気付きを受けて、もう一歩、さらにもう一歩と進めていく。「そういったやり方もあるのだな」と知るだけで、少しは気楽に考えることができるようになるのではないだろうか。

第3節 DX推進に欠かせないデジタル人材の要員計画をどう立案する？

　ビジネスでの生き残りをかけ、どの業界・企業においてもデジタルトランスフォーメーション（以下、DX）の推進・成功は経営アジェンダの中心的な位置付けにある。DXの定義自体は企業によってまちまちであるが、そのDXの推進を担う人材の確保は共通の課題だ。そこで本節では、「DX推進に欠かせないデジタル人材」のような、いわゆる「特定人材層」に特化した要員計画の立案と、当該計画を実現するための人材戦略を描く際の方法論について解説していきたい。

　クライアントの金融業D社は、ご多分に漏れず、収益向上に向けてDXを図る必要性に迫られており、組織のデジタル化を推進できる人材を確保したいと言う。そこで我々は、D社のデジタル化を推進するためにはどのような人材が何人程度必要なのか、また現有人材と比較して、どの程度足りていないのか、を明らかにすることから始めることにした。弊社では人材像定義を行うための土台として「人材マップ」というものを使うことが多い。人材マップとは3×3のマトリクスで、縦横それぞれの軸は各社の経営陣・人事部門・事業部門などの意向を踏まえ、将来の発展に向けて必要な人材を前提に、企業ごとに設定する。D社のケースでは縦軸に「フォロワー→リーダー」、横軸に「アナログ→デジタル」という2軸を設定し、3×3、それぞれのセグメントの人材像を定義・明文化した。この人材マップ上に現有人材の数を記載し、同じマップを使って3年後・5年後の必要人材の数を記載すると、そのギャップ

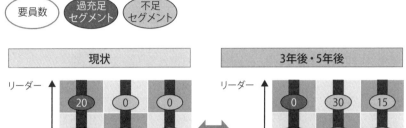

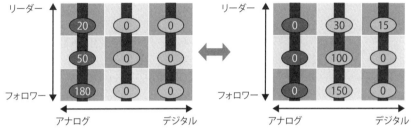

図表1-3　人材マップを用いたデジタル人材の過不足可視化

凡例

要員数　過充足セグメント　不足セグメント

現状

リーダー　20　0　0
50　0　0
フォロワー　180　0　0

アナログ　デジタル

3年後・5年後

リーダー　0　30　15
0　100　0
フォロワー　0　150　0

アナログ　デジタル

によって、どういった人材が、どの程度の規模で足りていないのか、逆にどういった人材は過多になっているのかを可視化できるという仕組みである。

　この際、記載する数の正確性を、とことんまで突き詰めることは推奨しない。この現有人材はマトリクス上のどこに当たるかということに正確性を求めようとすると、そのための人材アセスメントが必要なのではないか、といった大掛かりな話になる。しかしながら、この人材マップは一過性の取り組みではなく、繰り返し見直しを図っていくものである。実運用に落とし込むことを考えると、正確性をある程度担保することと、クイックに可視化できるようにすることとのバランスをどう取るかという視点が重要である。

　実際のコンサルティングの現場では、関連事業部の部・課長クラスにアンケートという形で聞くことが多い。部・課長にそれぞれの部下の名前を記載した一覧を渡し、各人が3×3のどこに当たるのかを記載してもらうというやり方だ。一度記載すれば、そこからは経年で個々人がどのようにマトリクス上のマス目を動いたかを記録できるようになるた

め、キャリア形成におけるインプットにもなる。

　同じように3年後・5年後の必要要員数をマトリクス上に記載してもらう。可能な限り、感覚や勘を排除した数字が求められるため、記載者自身が所管する部署・部門の戦略に基づき、理由や根拠を付記する形で記載してもらうことが重要である。

　ここまで来たら、次は現有人材のマップと、3年後・5年後のマップとを突合し、双方の間におけるギャップを把握した上で、過不足の大小や、当該人材セグメントの重要性、緊急性といった観点から評価を加え、人材確保に向けた優先順位を見定めていくことになる。人材確保に向けた施策は多岐にわたる。例えば、A部署では余っているが、B部署では足りていないという人材セグメントを充足させようとする場合、打ち手としては異動・配置ということになるだろう。また、足りていない人材セグメントに近しい人材群が既に社内にいるのであれば、彼／彼女らに対するリスキル・アップスキルといった打ち手になるかもしれない。近しい人材セグメントを含め、現時点で社内に全く存在しないセグメントを充足させるのであれば、新規採用や外部人材の活用という打ち手もあり得る。特にデジタル人材のような希少性の高い人材の確保戦略を考える上では、単一の施策に頼るのではなく、いくつかの施策を組み合わせながら過不足をならしていくための、現実的な計画を立案していくことが重要である。

　欲しいセグメントの人材像をペルソナとして書き起こし、当該人材に求められるスキルや知識、経験、マインドセットなどを明文化し、社内であれば、どのような部署の人間をどう育ててペルソナに近い人材を作るのか、社外であればどこのマーケットから採用を試みるのかを具体的にイメージすることも、より具体的な人材確保戦略の立案においては有効な手段である。

　特に日本企業の場合、簡単にヒトを辞めさせることはできないため、要員数における下方硬直性が非常に高く、それが故に、外部からの採用よりも現有人材に対するリスキル・アップスキルに舵を切りがちなとこ

図表1-4　ペルソナのイメージ

Image	・プロジェクトの多様な**関係者を巻き込み**、進捗・**課題管理**を通じてその取り組みを成功に導いていく人材 ・システム導入PMO経験者の異動や中途採用をもって確保。育成の場合はアジャイル型プロジェクトのお作法や勘所についてOJTを実施	
	ミッション ・アジャイル型プロジェクトにおけるスケジュール策定・管理や課題抽出、解決策の推進を行い、当該プロジェクトを成功に導く	**業務** ・マスタースケジュールやWBSの策定と進捗管理 ・課題の特定と解決の推進 ・各種ミーティング運営や稟議資料作成

プロファイル	知識・資格	行動発揮
年齢：30歳～35歳 **等級**：S3～M1 **役職**：主任・課長代理 **経歴**： ・大手企業での業務アプリ開発や運用・保守を経験 ・その後は同企業内のPMOとして、プロジェクト管理やアドミ業務を担当している **キャリア志向**： ・より大規模な会社の変革に携わりたい ・アジャイル型のプロジェクトマネジメントを経験して、より専門性を高めていきたい	・XX業界におけるビジネスモデルの理解 ・デジタルを活用したプロセス効率化に関する知識 ・XXXX ・XXXX	・社内リソースに限らず、事業投資、アライアンスを含めたデータ戦略を企画・立案し、プロジェクト実行の指揮を執る ・XXXX ・XXXX
	マインド ・慎重性：見通しをつけてから物事に取り組む ・社会的外向性：対人面で積極的、交際範囲が広い ・達成意欲：大きな目標の達成に向けて行動する	**経験** ・システム開発案件のプロジェクトマネジメント経験（2～3年） ・アジャイル型案件のプロジェクトマネジメント経験（2～3年）
	人材確保戦略 ・データ解析プロジェクト推進に伴い、先2年内において最低でも3-4名の人材が必要であり、現在は主に中途採用にて対応中 ・長期的には関連部からの異動および人材交流を通じて育成することも視野に入れる ・XXXX	**確保施策（案）** 〈外部からの登用〉 ・中途採用による確保 〈内部からの登用〉 ・システム部門・デジタル推進室からの異動 ・システム子会社との人材交流

ろがある。しかしながら育成を通じて、人材のセグメントを変えていくにはそれなりの時間がかかる。3年後・5年後という時間的制約の中で本当に育成という手法で間に合うのかどうか（育成限界点）の判断をした上で、限界点を超えているのであれば、思い切って外部からの採用に方針転換する必要がある。このあたりの見極めが、計画を絵に描いた餅にしないためのポイントである。

第**4**節 ｜ SWP発展の道筋

　単なるオペレーション部門から脱却し、経営に資する戦略的な人事部門へと変革せねばならない。そのための一つの武器としてSWPを実現したいとクライアントは言う。従来の人事部門は事業部門が出してくる要員に関する要望に対して、疑問を呈するだけのファクト（データ）を持ち合わせていなかった。しかし今、デジタルテクノロジーの進化によって、短期間かつ安価で、そのデータを可視化するプラットフォームを手にすることができるようになった。データというのは早い者勝ちだ。データが同じ項目・同じ粒度で蓄積されていくことで、経年での傾向を読み解くことが可能となる。ということは、早くデータ収集を始められれば、その分、優位性は高まっていくというわけだ。傾向を把握できれば、そのファクトを武器に、事業部門と対等な立場で議論ができるようになる。

　弊社では、正しいデータ項目・粒度で現状の可視化ができている状態をSWPマチュリティモデル（発展段階）のレベル1と定義している。実際、人材の量と質それぞれの観点から、タイムリーに可視化するだけでも多くの事象が見えてくる。例えば、A部門だけが、とあるKPI値で他部門との比較において突出して高いとなれば、その原因がどこにあるのかをA部門に確認し、何かしら必要な打ち手を考えられるようになるかもしれない。マチュリティモデルのレベル2は可視化したデータを分析し、要員や人件費の適正化を恒常的に実施している状態である。そのためには単なるデータの可視化だけでなく、それらのデータをどのようなシナリオをもって読み解くかを具体化する必要がある。データに関しても単一データだけではなく、複数のデータを組み合わせたものが必要になってくるだろう。そしてレベル3はシミュレーション（要員の需要予測）ができている状態である。

　おそらく、国内に限って言えば現時点でレベル3までたどり着いている企業はほんの一握りで、ほとんどの企業がレベル1すら実現できずに

図表1-5　要員管理のマチュリティモデル（発展段階）

	レベル1 現状の可視化	レベル2 要員・人件費分析・適正化	レベル3 シミュレーション・需要予測
要員数	・要員数（組織・職位別） ・退職率 ・時間外労働時間数　など	・1間接要員あたり社員数 ・評価結果別退職率　など	・10年後までの要員数推移と重点補充ポイントの可視化
コスト	・人件費 ・採用費 ・外注費　　　　　　など	・労働分配率 ・人材タイプ別人件費分析	・人件費・外注費を考慮したコストシミュレーション
生産性	・売上高 ・営業利益 ・貢献利益　　　　　など	・1人当たり売上高（組織・職位別・ジョブ別） ・フロント要員あたり重要顧客売上	・要員シナリオ別売上・生産性シミュレーション
人材の質	・人事基本情報 ・評価・異動履歴 ・キャリア志向　　　など	・類似人材抽出 ・レディネス分析 　（9BOXなど）	・人材組み合わせ（相性）分析 ・健康・退職リスク判定 ・ジョブと人材のマッチング

いるのが実態であろう。繰り返すが、データの収集・可視化は早い者勝ちである。他の企業が二の足を踏んでいる間に、スモールスタートでSWP実現に向けた第一歩を踏み出してみてはどうだろうか。不確実性が高まってきている昨今だからこそ、要員に関してもタイムリーかつ柔軟な意思決定が求められてきていることに間違いはない。要員計画の高度化・デジタル化は待ったなしの状況なのである。

本章のまとめ

☑ VUCAの時代と言われる昨今、要員数や人材の充足状況をタイムリーに捉え、柔軟に対応・コントロールできる体制を構築するため、要員管理のデジタル化・高度化が強く求められている。

☑ 求められるSWPの要件は以下の三つ。

> ▶ 要件1：根拠を持つ
> ▶ 要件2：回転数を上げる（デジタル化する）
> ▶ 要件3：先を見通す

☑ SWP実現に向けて、多くの企業がスモールスタートを志向。第一歩として現在のエクセルベースの要員計画プロセスをクラウド上のプラットフォームに載せ替える「リフトアンドシフト」が主流。

☑ デジタル人材の要員計画を立案する場合、企業におけるデジタル人材をしっかりと定義し、現有人材の数と将来必要となる人材の数を比較するところから始めるべき。

☑ ギャップを埋めるための人材確保戦略を検討する上では、より具体的な人材像をイメージ・共有するため、ペルソナの活用が効果的。

☑ データは早い者勝ち。早くデータ収集を始められれば、その分、優位性は高まっていく。

第 **2** 章

デジタル人材の
タレントマネジメント

DXを実現する上でタレントマネジメントに求められる変化とは？

DXによるビジネスの変容と同時に、DXを推進する人材、および人材マネジメントも従前とは異なる変革を余儀なくされている。ここでは、求められるスキル、マインドセット、働き方などが多様性を増していく中で、それに応えるタレントマネジメントの在り方を解説する。

　企業における人材マネジメントの在り方は、これまでもビジネス環境の変化に応じて変遷を続けてきた。古くは人材を労働力あるいは経営資源として捉えた管理手法から始まり、現在主流となっているのは個としての人材がもつ「タレント」に着目し、そのポテンシャルや能力を最大活用するタレントマネジメントである。現在においては、ほとんどの大企業で多かれ少なかれタレントマネジメントの手法を用いた人材マネジメントを行っているのが実情であろう。

　では、DXに伴って人材マネジメントの在り方はどのような変容を求められるのか。まず、デジタル時代においては、従来のように画一的な枠組み、物差しで全ての人材を等しく測るという方法で、DX推進に必要な多種多様な人材を獲得、評価、育成することは困難となってきている。そのため、人材マネジメントもより柔軟性と寛容性を高め、多様な人材・価値観に対応していくパーソナライゼーションが必要となるだろう。次に留意すべき点は、企業として真のDXの成功をもたらすのは、特定の個によるデジタル化と変革の推進ではなく、企業の組織・人材全体のデジタル化（＝人材のトランスフォーメーション）にあるということである。このためには先進的な取り組みをけん引するデジタルコア人材（後述）のみでなく、これまでデジタルになじみのなかった既存人材の変容を促す仕掛け作りが極めて重要となるだろう。また、不確実性と変化のスピードを増すビジネスに追随するため、人材マネジメントも定められた形で固定化されることなく、スピード感をもって常に変化し続けていくことが求められる。デジタル化やDXという言葉で捉えられた

変革を一過性のものとしてみなすのではなく、将来に続く継続的な変革の一過程としてアジャイル的に人材マネジメントも変化していくことが必要となるのである。

第2節　デジタル時代における「タレント」の定義とは？

それでは、デジタル時代においてタレントマネジメントの対象となり得るタレント＝デジタル人材とは、どのように定義されるのか。昨今デジタル人材というキーワードで一般的に連想されるのは、データサイエンティストやAIエンジニアのような人材であろうが、DX戦略を体現し、デジタルビジネスを推進していくには、さまざまなタイプの人材が必要とされる。

デジタルビジネスを推進する人材として、一般的にはプロデューサーやビジネスデザイナー、アーキテクトなど[1]に分類されるが、ここでは人材マネジメントの観点から、人材市場における希少性とDXにおける役割の違いにより人材タイプを分けるものとする。デジタル人材は、大きく三つの人材タイプに分類され、それぞれに最適な人材マネジメントのアプローチを見出していく必要がある。

1. デジタルコア人材

高いデジタルスキルとビジネススキルを併せ持ち新規事業の創出を行う人材、もしくは最先端のデジタル技術の知見を有し新規プラットフォームやサービス開発を行う人材などを指し、DXの企画から推進の核となる中心的な役割を担う。データサイエンティスト、AIエンジニアなどに代表される、一般的に求められるデジタルスキルの要件が高く、人材市場における希少性から獲得や育成が困難な人材群となる。

---

[1] 独立行政法人情報処理推進機構「デジタル・トランスフォーメーション推進人材の機能と役割のあり方に関する調査」https://www.ipa.go.jp/ikc/reports/20190412.html（2019年4月）

図表2-1　デジタル人材の構成と充足方針

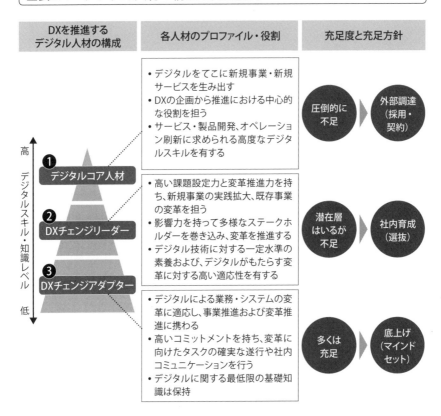

2. DXチェンジリーダー

　DXチェンジリーダーは、デジタルスキルにより既存のビジネス・IT
スキルをレバレッジすることで、企業におけるDX推進・実践と拡大を
けん引する人材群を指す。これまでDXの最前線に立っていなかった企
業がDXを推進する上では、上記のデジタルコア人材は一般的に新たに
外部から獲得せざるを得ないケースが多いが、一方、DXチェンジリー
ダーは既存人材から変革マインドの高い人材やデジタルに対する感度の
高い人材など適性のある人材を選抜し、内部からDXによる変革を促進
する役割を担う。

3. DXチェンジアダプター

　企業が真のDXを実現する上での鍵となる人材群で、DXに伴う活動を実践・サポートする役割を担う。高いデジタルスキルは不要となるが、DXによる変化を受け入れるマインドやデジタル技術・ビジネスへの基礎的知識レベルが求められる。DXを積極的に推進していくためには、ほぼ全社の人材に対して、DXチェンジアダプターとなるべくデジタルスキル・マインドセットの底上げを行うリスキルが不可欠となる。

　これら三つのデジタル人材タイプに対して、従来のように画一的な人材マネジメントの手法で獲得～評価～育成を行うことは不可能である。まずはデジタル時代における人材の多様性を理解し、それぞれの人材タイプに応じたアプローチをとる必要がある。次節より、各人材タイプ別の人材マネジメントの在り方について説明する。

第3節　デジタルコア人材のリテンションとパフォーマンスの最大化

　DXを推進する各企業において、既に熾烈な獲得競争下にある高度なスキルを有するデジタルコア人材の不足は悩みの種であろう。特に既存事業への依存度が高くデジタルネイティブではない企業にとっては、デジタルコア人材の獲得・育成の難しさはDX推進のハードルとなっている。実際に、デジタルコア人材に関しては、上場企業を対象とした調査において、半数以上が大いに不足、7割以上が不足を訴えている。[2]

　一方、企業として貴重な人材を囲い込みたいという意識から、一からの社内育成を標榜するケースもあろうが、それではデジタルビジネスの変化のスピードに追随できず、育成が終わる頃には周回遅れになってしまう。故にデジタルコア人材に関しては、外部からの採用や契約による

---

[2] 独立行政法人情報処理推進機構「デジタル・トランスフォーメーション推進人材の機能と役割のあり方に関する調査」https://www.ipa.go.jp/ikc/reports/20190412.html（2019年4月）

調達が要となるが、GAFAでさえも平均在職年数が2年程度というデータ[3]もある通り、せっかく高額な報酬で採用した外部人材であっても短期間で離職するリスクは高い。デジタルコア人材をひきつけ、パフォーマンス高く活躍してもらうためには、新たな価値観や多様性を許容する人材マネジメントが重要である。

　分かりやすい違いとしては、報酬水準が挙げられる。日本企業ではこれまであまりなじみが無かったが、人材市場における価値に応じて報酬を設定し、場合によっては既存社員の数倍もの報酬を設定するケースもある。

　例えば、米国では一般的なITエンジニアの報酬水準（年収）は平均10万ドル程度[4]と日本よりも高い水準にあるが、さらに市場価値の高いデータサイエンティストやAIエンジニアは、平均20万ドル以上[5]と実に2倍の報酬差がある。近年、日本企業でもこれらデジタルコア人材獲得のため高額な報酬を提示するケースも増えているが、やはりこれだけの高額報酬を提示できるのは、資金に余力のある一部企業に限られるであろう。

　しかしながら、デジタルコア人材が企業に対して求めるものは、必ずしも高額な報酬だけではない。彼らがパフォーマンスをフルに発揮するための魅力的な環境であるかどうか、が一つの判断軸になっている。

　GAFA、特にGoogleの福利厚生の充実は有名なところで、社内食堂や通勤バス、マッサージなどに加え、自主的なスキルアップに向けた学費の補助など、実に充実したサービスを従業員に対して提供している。

　また、基本報酬に加えてストックオプションなどのインセンティブを導入し、優秀人材に対して報いるケースもある。一定年数の勤務を条件

[3] https://www.itbusiness.ca/news/average-tech-giant-employee-stays-fewer-than-two-years-paysa-finds/94223
[4] 経済産業省「IT人材に関する各国比較調査」平成28年6月、日米のIT人材の年代別の報酬分布
[5] https://medium.com/@paysa/best-paying-companies-for-data-scientists-7930d4b8c6a

図表2-2　デジタル時代の組織風土

"従来型"の組織風土	"デジタル時代"の組織風土
• 「製品・サービス」中心	• 「顧客・マーケット」中心
• リスクとコストの低減にフォーカス	• 体験・経験の変革にフォーカス
• 伝統と慣習を重視	• イノベーションと先進性を重視
• 変化が比較的少ない	• 常に変化し、速やかに適応
• ヒエラルキーを意識した働き方	• 部門横断的な働き方
• サイロ型の意思決定	• 価値提供を意識した意思決定
• 失敗を叱責する	• "Fail Fast" – 失敗を奨励する

にオプション行使する権利を付与するという制限をかけることで、少なくともオプション行使が可能となる時期までは、その人材の流出の可能性を抑えられるというわけだ。

　また、デジタルコア人材の獲得と定着化の阻害要因として無視できないのが、既存の組織風土と彼らが持つ新たなデジタル時代の組織風土のギャップである。

　新たな組織風土とは、過去の成功や自社の製品・サービスに固執し過ぎずに顧客、マーケットと真摯に向き合い、大胆にリスクを取って先進的な取り組みを前に進め、新しい顧客体験を生み出すこと。そのために既存の組織上の枠組みにとらわれないコラボレーションと迅速な意思決定を行うこと。そして何より、失敗を恐れず、むしろ奨励すること。これらはいずれも、DXを強力に推進するにあたって必要不可欠なものであるが、こういったものは必ずしもこれまで各企業で長い年月をかけて培われてきた組織風土と合致するものではない。いくら経営層がDXの意義や重要性を説き、テクノロジー基盤に潤沢な投資を行ったとしても、組織運営基盤ともいえる組織風土が旧態依然としたものにとどまるならば、デジタル人材の活躍、ひいてはDXの成功はおぼつかないであろう。

　最終的にはDXに伴い、全社が新たな組織風土を受容し、変容してい

くことが理想ではあるが、まずは現状の組織風土とデジタル時代に求められる組織風土が異なることを理解することから始める必要がある。万一、組織風土ギャップが大きいと判断された場合、外部から調達したデジタルコア人材を既存の組織に配置することは避けるべきである。組織風土改革は、所属する人材の価値観の変容を促すものであり、一朝一夕に変えることは難しい。大きく異なる価値観を持ったデジタルコア人材は、彼らが十分に腕を振るえる環境（報酬、権限、ロケーション、ワークスペース、ITツール、服装規程など）を整えた新たなデジタル組織をもって迎え入れ、異なる文化を持った集団としてあらかじめ認知した上で、既存組織との融和を図るべきである。しかる後に、デジタル新組織の範囲を徐々に拡大し、既存組織との融合と並行して組織風土の変革を目指すというやり方も一案であろう。

第4節　真のDXの成功は 既存人材の変革なしには語れない

　デジタルコア人材がDXに及ぼす影響は大きいが、企業としてのDXは、特定の個人やチームだけによって成されるものではなく、組織としてのデジタル化が実現されて初めて成功と言えよう。

　以下に示す「DXの5段階モデル」[6]のステージ4以上へ進化するには、組織全体のデジタル化による連携が必須となってくる。一部のデジタルコア人材や特定部門に依存したDXには限界があり、せいぜい5段階モデルのステージ2、ステージ3が限界となるだろう。そのような状態では、デジタルネイティブの企業とのビジネス競争に打ち勝つことが困難であることは自明である。

　組織としてDX（デジタル・トランスフォーメーション）を実現して

---

[6] 『なぜ、DXは失敗するのか？』トニー・サルダナ著、小林 啓倫翻訳、EYストラテジー・アンド・コンサルティング監修（東洋経済新報社）

図表2-3　DXの5段階モデル

ステージ1
基礎

組織内のプロセスをデジタル技術で**自動化**するプログラムの実施（販売や製造、財務など）

ステージ2
個別対応

変革に向けた部門単位でのプログラムの実施（デジタル技術による革新的な製品、顧客体験、アジャイルプロセスの創造）

ステージ3
部分連携

組織を横断する戦略的変革に向けた、部門間で**連携されたプログラムの実施**

ステージ4
全体連携

デジタルトランスフォーメーションに向けた、**組織全体**でのデジタルプラットフォーム、製品、プロセスの導入

ステージ5
DNA化

ビジネスモデルの根幹となり、デジタル技術による改革を常に実施する、永続的な組織文化の定着

離陸　　　　　　飛行の維持

いくためには、人材の変革（ピープル・トランスフォーメーション）が必要となる。DXを特別な取り組みとして捉えるのではなく、社会全体でいや応もなく巻き込まれ、現在進行中で歩んでいる大きな変革の一環として捉え、人材の変革と採用・育成・人事評価など従前の人材マネジメントの在り方を見直していく必要がある。

　特に、非デジタル・ネイティブの企業において、これまでデジタルに対して素養が無かった人材をデジタルに適応させ変革していくことは喫緊の課題である。デジタル時代においても大多数を占める、デジタルコア人材以外の人材のデジタル化は、企業としてのデジタル・ケイパビリティを底上げする上では最も効果的かつ現実的なアプローチである。

　その一つのやり方としては、デジタルコア人材を集めた「デジタル出島組織」により、刺激をもたらすという方法がある。デジタル出島組織は、企業のDX推進のコアとなるミッションを待って、既存組織とは分離した新たなデジタル推進組織を立ち上げ、既存の価値観とは全く異なる風土、人材、業務手法、人材マネジメント手法を許容し、企業内外の

コラボレーションを構築する。こういったデジタル出島組織と既存組織のビジネス・人材交流をもたらすことで、新たな価値観やカルチャーを既存組織へ注入していくというものである。ただし、これを実現するためには、一定数のデジタルコア人材をかき集め、組織としての体裁を成す必要があり、資金力やブランド力などの観点から実際に実現可能な企業は限られるであろう。

　それでは、デジタルネイティブではない企業がいかにして組織全体で人材のデジタル化を推進していけば良いのか。まず大前提として、経営リーダーがDXに対してのオーナーシップとデジタル・リテラシーを備えていることが必要であるが、最初に行うべきは既存人材の中から変革をけん引する「DXチェンジリーダー」を発掘・選抜することである。

●まずやるべきはDXをけん引するチェンジリーダーの選抜

　「DXチェンジリーダー」とはどのような人材、何を期待されるものであるか。先述の通り、全社でのDXを実現・推進していくためには、一握りのデジタルエリートのみでは部分的なチャレンジにとどまり、企業の新たなビジネスの"Way"としてDXを浸透させていくことは不可能である。

　また、特に多くの従業員を抱える企業になるほど、従業員全体をデジタルシフトさせることは困難を伴い、多大な労力・時間を要することは想像に難くない。

　そのためにも既存の人材の中からDXをけん引する人材を見出し、DXチェンジリーダーを企業全体でのDXの先駆者、成功者として、DXに対して抵抗を示す従業員に対してのロールモデルとすべきであろう。これらの人材は優秀な業務遂行者であるだけではなく、社内に変革を促すインフルエンサーとしての役割も同時に担わなければならない。

　では、DXチェンジリーダーとなる人材を見定めるものは何か。

　DXチェンジリーダーに求められるものは、ITやデータ・サイエンスなどのテクニカルなデジタルスキルではなく、デジタルやDXがもたらすイノベーションに対する受容と先取の精神など、マインドセットおよ

びビヘイビア（行動特性）を見るべきである。

　具体的にDXチェンジリーダーとしての適性を見極める視点としては、以下に示す「五つの変革力」が挙げられる。

【五つの変革力】

1. 本質を追求する分析力：クリティカルシンキング（批判的思考）などを通じ、複雑な事象の本質を突き詰めWhyを問い続ける分析力
2. 創造的思考力：過去の成功体験や因果関係などに縛られず、ゼロベースでイノベーションを創造する思考力
3. 知的影響力：常にさまざまな社会動向に好奇心を持ち、社内外で知的交流関係を構築するなど、周囲に知的な影響力を及ぼす力
4. 回復力：VUCA（Volatility、Uncertainty、Complexity、Ambiguity）の環境下においても、さまざまな困難・逆境をはねのけ、適応していく力
5. 機動的な学習力：常に新たな技術や知識に対しての知的欲求を保ち、自ら必要な情報を判断しながら即時に学習していく力

　これらDXチェンジリーダーとしての素養を持つ人材を早期に選抜し、DX推進の取り組みに取り込んでいくことが必要であるが、得てして、DXチェンジリーダーとなる素養がある人材は、各部門のエース級の優秀人材であると目されていることが多い。それ故、各部門長からは現業から離れDX推進人材として供出することに難色を示されるケースもあるだろう。しかしDXは単なるビジネスのデジタル化ではなく、組織・人材のトランスフォーメーションでもある。DXがもたらす真の変革の成功に向けては、全社ひいては各部門における変革の必要性と享受するであろう恩恵、変革の失敗・遅れにより被るであろうリスクを共に明確にすることで、部門長によるエース級人材拠出のコミットメントを得つつ、人材抜擢を進めていかねばならない。

●避けては通れない組織全体の変革促進

　組織全体での既存人材の変革は、スキルとマインドセットの2面で考えていく必要がある。

　スキル学習については、全人材が具備しておくべきデジタルベーシックスキルと、業務ごとに固有の専門的スキル（データ解析、AIエンジニアリングなど）が存在する。基礎的なデジタル・リテラシーを身につけるデジタルベーシックスキルについては、基本的に全人材が具備しておくべき内容として全層教育となる。専門的スキルについて何を身につけさせるべきか、は既存のスキルセットとDXにおいて期待する役割から逆算する。デジタルスキル学習は座学のみでなく、実践を伴う数日間のブートキャンプや実業務におけるPoC（Proof of Concept：概念実証）などを学習プログラムに組み込み、実体験に基づく理解促進・習得を行う方法もある。これらスキル学習による人材育成は実業務と並行しての取り組みとなるが、決して少なくはない時間を割くことにもなる。既存人材が変革を実現するための学習の必要性を理解し、それにコミットするためには、経営リーダーがオーナーシップをもって変革の必要性を説き、覚悟をもって教育コストと教育に投下する人材の時間を確保しなければならない。

　マインドセットの変革は、DXを標榜する組織において全人材に対して求められるものであるが、既存の組織風土、個人の生い立ちや考え方などに依存する部分が大きく、短期間でのトランスフォーメーションを望むことは困難であろう。故に、DXに伴うマインドセット変革は、企業全体の組織風土変革も含め、長期的・継続的に捉えていく必要があるが、確実かつスピード感を持った変革の実現に向けて、小さく始めて速やかに拡大する（"start small、scale fast"）というアプローチが有効である。例えば、DX推進組織を中心にパイロットとして風土変革・マインドセット変革を進め、一定の効果と定着を確認し、しかる後に全社に徐々に広げていくというやり方も一案である。

　それでは、既存人材のリスキルとマインドセット変革はどのように進

めていけば良いのか。既存人材のDXに伴うリスキルとマインドセット変革は、以下の4ステップで行う。

1. 適性診断

　まずは第一ステップとして、DXに必要なデジタルスキルのみでなく、むしろマインドセットやビヘイビア（行動特性）などの適性に焦点を当て、DX人材としての素養を測定して可視化する。ここでの適性診断指標として、先述した五つの変革力を軸に用いることで、DXチェンジリーダーとしての選抜対象者を抽出し、"ふるい"にかけることもできる。

2. 適応型学習

　適性診断によりDXにおける個人の強み・弱みが明確になったら、次はケイパビリティ強化のための学習実施である。学習メニューは、画一的な横並びのトレーニングではなく、各人の学習ニーズやDXにおいて求められる役割など異なる状況に応じて"ビスポーク式"で組み立てる必要がある。ベーシックスキルから応用編まで個々人が必要としている学習内容を選択し、最終的に必要なスキルやマインドセットを身に付けるためのプログラムを各々に構成するのである。

　また、多数の人材が学習を行うため、マイクロラーニングの手法を用いて学習者の負担を軽減するなど工夫も必要である。マイクロラーニングとは、従来30分〜1時間のまとまった時間の学習が必要であった一般的なeラーニングとは異なり、数分から長くて10分程度の教材を使用して学ぶ手法である。極めて短時間の教材をモバイル機器なども用いて、移動や業務のすき間時間を使って学習することで、時間の捻出を可能にするとともに、一度の学習の負荷を下げることで反復学習も容易となる。

3. 表彰プログラム（バッヂ表彰）

　マイクロラーニングを採用した場合、教材数が増加するため、継続的

な学習姿勢の維持が重要であり、育成対象者のモチベーション向上の取り組みは必須である。育成対象者のモチベーションを維持・向上させるため、学習達成を目に見える形で報いることは重要である。例えば、一定の学習プログラムを修了した者に対して、バッジ（バーチャルなものでも構わない）を与えることで、特定スキルの保有者であることを明示的に自他共に認知できるようにする。バッジ取得（＝学習達成）に対してのモチベーションを向上させる仕掛けとして、実際にインセンティブとして報酬に反映する以外に、キャリア目標を描く上でのマイルストーンとして用いることも有効である。

4.　継続的育成

　変革のための学習は決して一過性のものではなく、さらなる変革に向け継続していくべきものである。DXを担う人材は一定のプログラムを修了した後に、既に次の変革を見据え新たな学習に向けて走り出していなければならない。継続的に学習意欲を維持させるためには、いくつかの仕掛けが必要である。一つは、学習者同士のコミュニティーを形成し、学習修了後も業務上のアイデアや知識などを交換する場を設けることで互いに知的な刺激を与え続ける環境を作ることで、相互作用により継続的な学習意欲の醸成を行うことが可能である。また、変革促進を行うメンターによる支援も有効である。メンターは育成対象者に対するコーチングなどを通じて、DX人材として必要なスキルを学習し、マインドセットを変えるための支援を行う。このメンターの役割は、変革に対しての適応性が高いDXチェンジリーダーが担うことが望ましい。

図表2-4　DX人材のリスキルとマインドセット変革

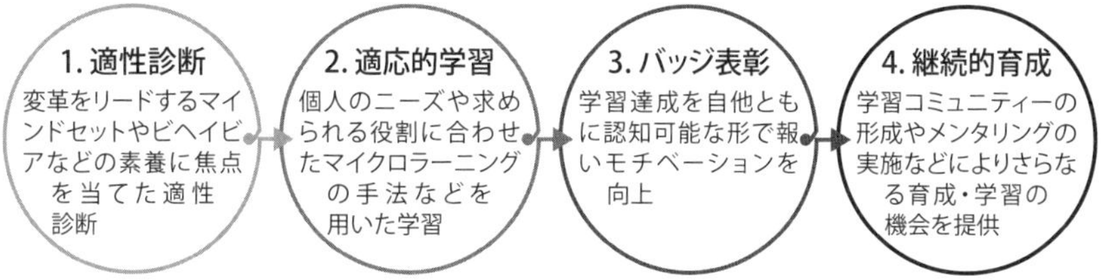

1. 適性診断
変革をリードするマインドセットやビヘイビアなどの素養に焦点を当てた適性診断

2. 適応的学習
個人のニーズや求められる役割に合わせたマイクロラーニングの手法などを用いた学習

3. バッジ表彰
学習達成を自他ともに認知可能な形で報いモチベーションを向上

4. 継続的育成
学習コミュニティーの形成やメンタリングの実施などによりさらなる育成・学習の機会を提供

　繰り返しになるが、DXにおいて企業という組織に求められる変革の本質は、ビジネスモデルを作り変えるのみではなく、組織を構成しビジネスを推進する主体である人材そのものの変革にあると言っても差し支えないだろう。デジタル化に立ち遅れている＝人材の変革に立ち遅れている国内企業にとって、既存人材の変革は継続的な投資が必要となる極めて重要な取り組み事項であると言えよう。

本章のまとめ

☑ デジタル化によるビジネス変革に伴い、人材を管理する　タレントマネジメントの在り方も変革を求められている。それは、画一的な仕組みから脱却し、多様性やパーソナライゼーションを許容する管理手法、既存人材の変容を促す仕掛け作り、そして継続的かつアジャイル的な変化である。

☑ 高度なデジタルスキルを有するデジタルコア人材の獲得に高額な報酬提示が必要なことは言うまでもないが、そのような人材をひきつけ、獲得後も定着化とパフォーマンス最大化を図るには、新たなカルチャーと価値観を受け入れる組織風土改革が必須である。

☑ 組織としてのDXの実現は、一握りのデジタルコア人材だけで達成できるものではない。組織全体での変革実現は困難を要するが、まずは変化に対する受容度が高く変革推進をリードするDXチェンジリーダーを組織内から選抜することが重要である。

☑ 次に、既存人材からDXチェンジアダプターと呼ばれる変革に対する適応者を育成し増加させていくことになるが、その要となるのはスキル習得ではなく、むしろマインドセット変革にある。既存人材の育成は、変革への適性診断を絡めて、小さくクイックな学習と変革を繰り返していくことが効果的である。

☑ 最後に、DXの本質とはビジネスをデジタル化することだけではない。あくまでデジタルはきっかけにすぎ

ず、この時代における大がかりな変革そのものを意味している。その変革の主体はあくまで人であり、人材マネジメント変革はその生命線となると言えるだろう。

第 3 章

DXを成功に導く
人材確保戦略

第 1 節　DXを成功に導く「デジタル人材」は これまでの一括採用では確保できない

●日系企業におけるデジタル人材確保の今

　これまでさまざまな日系企業がDXに取り組んできたが、日本のデジタル競争力が世界63カ国中23位[1]であったという調査結果や、US・シンガポール企業の8〜9割がDXを推進している一方で、日本企業のDX推進は4割に満たない[2]という調査結果を見ると、我が国におけるDXの取り組みは成功しているとは言い難い結果となった。

　DXの成否が人材に大きく依存することは序章でも述べた通りであり、DX失敗要因として人材の欠如を挙げた企業は25％に昇る[3]。そうなると経営者は「DXを成功に導く人材（前章参照：以降デジタル人材と呼称）」を確保すべく舵を切ることになる。実際に、日系企業におけるIT人材の過不足感を調査した結果を見てみると、量・質ともに大幅に不足していると回答した企業が年々増えている（**図表3-1**）ことが分かる。

　デジタル人材の確保については、企業で人材を直接雇用し確保する方法や、準委任契約や請負契約を用いて外注（業務委託）する方法など、さまざまな手段が考えられる。当然育成も大きなくくりで考えれば確保の一種として捉えられるが、本章では特に直接雇用や外注（業務委託）といった外部人材活用の手法について解説していくこととする。

●直接雇用を行う際の課題

　はじめにDX人材を直接雇用し、確保する手法について検討してみたい。前述の通り、DXを成功させるべく企業はデジタル人材を欲しがる

---

[1]「デジタル競争力ランキング2019」IMD
[2]「デジタル化実態調査」日経BP総合研究所（2019年7〜8月実施、約900社）
[3]「デジタル革命の本質 日本のリーダーへのメッセージ」マッキンゼー（2020年9月）

図表3-1　ユーザー企業のIT人材"量"および"質"に対する過不足感

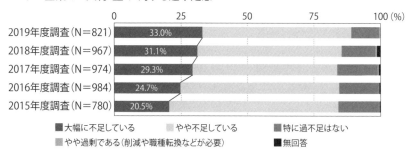

ユーザー企業のIT人材"量"に対する過不足感

2019年度調査（N＝821）　33.0%
2018年度調査（N＝967）　31.1%
2017年度調査（N＝974）　29.3%
2016年度調査（N＝984）　24.7%
2015年度調査（N＝780）　20.5%

■大幅に不足している　□やや不足している　■特に過不足はない
■やや過剰である（削減や職種転換などが必要）　■無回答

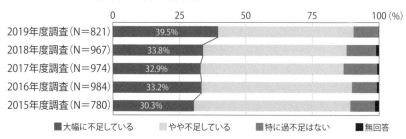

ユーザー企業のIT人材"質"に対する過不足感

2019年度調査（N＝821）　39.5%
2018年度調査（N＝967）　33.8%
2017年度調査（N＝974）　32.9%
2016年度調査（N＝984）　33.2%
2015年度調査（N＝780）　30.3%

■大幅に不足している　□やや不足している　■特に過不足はない　■無回答

出典：ユーザー企業のIT人材"量"および"質"に対する過不足感：IT人材白書 経産省2020年

ものの、日本企業が現在行っている新卒採用・中途採用との相性は良いのだろうか。

【新卒採用の場合】

　まず新卒一括採用のターゲット人材にデジタルの素養を求めることが難しい。日本企業では社会人経験のない（社会人としてのスキルやマインドが成熟しておらず、何にも染まっていない）新卒を一括で確保して、その企業の色に染め上げていくことを志向してきたが、デジタル人材に関しては一定程度のデジタルスキルやその前提となるマインドが求められるため、ここにギャップが認められる。EYによる調査結果でも学生の13%のみが就職を見据えたデジタルスキルの獲得に注力してい

図表3-2　テクノロジー素養に関する学生と企業の意識GAP

現在就職に向けて取り組んでいることは?　　今後重要採用ターゲットに求めることは?

── 学生 ──　　　　　　── 企業 ──

テクノロジーは13％／4位　　　　　テクノロジーは43％／2位

志望企業／業界で必要な専門技術を学ぶ
テクノロジー関連を学ぶ　13％
志望企業のビジネススキームを知る
一般教養を学ぶ
海外に留学する
その他

4位／6位中

自社のビジネスで必要な専門技術を有する
ブロックチェーンなど新技術に関する知識／興味を有する　43％
既存の情報技術に関する知識／興味を有する　26％
自社のビジネススキームを熟知する
海外留学など多様な経験を持つ
海外大学卒業など多様なバックグラウンドを持つ
その他

2位／7位中

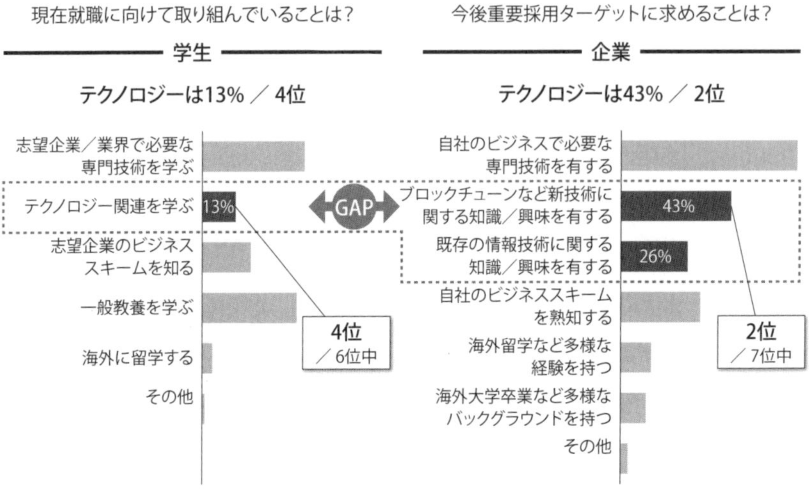

出典：テクノロジー素養に関する学生と企業の意識GAP：新卒採用トレンドサーベイ EY Japan 2021

る一方で、企業は43％がブロックチェーンやPythonなどの先進技術に関する知識や興味を有する人材を特に重要な採用ターゲットとして挙げており、この仮説を裏付けている（**図表3-2**）。

【中途採用の場合】

　次に日本におけるデジタル人材の転職傾向を把握するため、経済産業省が実施した調査結果を見てみたい。日本のIT人材は諸外国と比べた場合に「転職」を志向しない層が圧倒的に多く、転職経験がないと回答したIT人材は47％、2回以下と回答した者の割合は83％にも昇る（**図表3-3**）。また、同調査内ではIT人材の転職意向についても設問が設けられているが、「積極的に転職を考えている」と回答した者は22％にとどまった。言い換えると、中途採用市場にデジタル人材が出てこない状況が今後も続くと想定されるのである。

　これらのことから、日本における人材のスキルや志向と日本企業の新

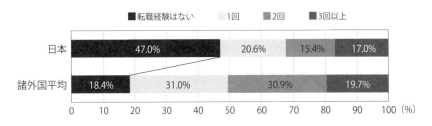

図表3-3　日本と諸外国におけるIT人材の転職経験

■転職経験はない　　1回　　■2回　　■3回以上

日本	47.0%	20.6%	15.4%	17.0%
諸外国平均	18.4%	31.0%	30.9%	19.7%

出典：IT人材の最新動向と将来推計に関する調査結果：経済産業省 2016年

卒・中途採用にはそれぞれギャップがあり、しかもそれは一朝一夕では解決できない類いのものであることが分かる。

第2節　デジタル人材の直接雇用、3つのポイント＋α

　日本におけるデジタル人材の直接雇用について検討してみると、新卒採用ではデジタル素養を身につけた13%のみ（企業が求める水準となるとより少ないかもしれない）の学生を母集団にする必要がある（図表3-2）し、中途採用では候補者がほとんど市場に出てこないため（図表3-3）、非常にシビアにタイミングよく確保していく必要がある。そのため、新卒・中途いずれにおいても非常に高い競争力が求められ、企業は抜本的な施策を検討することが求められる。

　これらの事実を踏まえると、新卒採用時に無理をしてでもデジタル人材を確保しきってしまうことが有効なソリューションであるようにも見える。しかし、技術のライフサイクルは時代と共に短くなっており、コモディティ化のスピードが速いため、なかなかそのような意思決定は難しい場合もあるだろう。そのため本項ではデジタル人材の直接雇用に向けて、新卒・中途問わず候補者をひき付けるために検討すべきポイントを処遇・人材管理・キャリア形成の3観点から整理した。

図表3-4　デジタル人材を直接雇用するための検討ポイント

		施策の方向性	施策例
現在 ↓ 未来	❶ 処遇	給与・福利厚生や労働環境の柔軟性を高め、個別対応を行う	・報酬ベンチマーク・底上げ ・福利厚生の拡充・見直し ・働く時間・場所の柔軟化
	❷ 人材管理	企業理念・ビジョンと職務のつながりを明確化し、本業以外の成果を求めない	・ジョブ型人材マネジメント ・アウトプットベースでの成果管理
	❸ キャリア形成	他社では得難い経験を与え、キャリアを積んでいけるようにする	・デジタル人材ポストの設置 ・抜擢人事

① 処遇に関する検討ポイント

　まずは①の処遇についてであるが、近年富士通やNEC、ソニーまでもが高度IT人材に対して破格の給与水準を提示すると発表したことは記憶に新しい。報酬の競争力は直接雇用における一丁目一番地であり、これが他社に大きく遅れるようであればこのTalent Warに勝つことはできないが、ただ高い報酬を払えばいいということでもない。担うべき職務や個人の能力（市場価値）に応じて適切な対価（給与）を支払うことがますます重要になってくるのであり、これらの対応を行う際に必要となるのがジョブ型でのポスト管理である。詳細は後述する。

　報酬水準の他にも、新卒採用に関しては福利厚生や働き方が学生の関心事であり、競争力強化のためには訴求が必要であることにも言及しておく。EYによる調査では学生が企業選定の際に重視する項目として働き方の柔軟性（36％：10項目中2位）や、福利厚生（33％：10項目中3位）を挙げたことが判明している。理系学生のみで調査結果を抽出すると、42％もの学生が福利厚生を重要視すると回答しており、10項目中1位であった。一方で、同調査では企業に対しても今後導入すべき福利厚生について設問を設けているが、6％の企業のみが福利厚生を検討しているという結果であった（10項目中10位）[4]。そのため、企業は自社の福利厚生についてより強化を行うことで、他社との差別化を行い、採用

候補者にアピールすることができる可能性が高い。

　福利厚生は法定福利と法定「外」福利の二つに大別できるが、検討の際にはまず法定「外」福利に着目し、その中でも外部委託部分ではなく、自社運用部分を拡充すべきである。理由としては、法定福利や外部委託分では中身の差異は出せても、項目は他社と共通であることが多く、他社との差別化が困難になりがちだからである。さらに候補者には単なる制度説明ではなく、生活の中で具体的にどのように役立ったのかを先輩社員の目線で話すと良い。若い候補者は非常にリアリストであり、これまで企業が伝えようとしてきた成長ややりがいの前に、コロナ禍における自身の生活の安定について納得してもらう必要がある。

　図表3-5は各業界における企業の福利厚生をリサーチした例であるが、読者の皆様の会社で雇用したいデジタル人材はどのような福利厚生に対して反応するであろうか、ぜひ考えていただきたい。

② 人材管理に関する検討ポイント

　次に②の人材管理についてであるが、①で説明した通り、デジタル人材に関しては報酬水準や前提となる職務などが一般的な職種（日系企業でよく見られる職能型人材）とは異なるため、ジョブ型でのマネジメントと個別対応が求められる。リクルート社が2020年に行った調査によれば、ジョブ型雇用を検討している企業の46.5%が導入検討理由を「特定領域の人材（デジタル人材など）を雇用するため、職種別報酬が必要になったため」と回答している。また、企業の49.3%が「専門職としてキャリアを積みたい人材を採用するため」と回答している[5]。

　ただし気を付けていただきたいのは「ジョブ型」はあくまで雇う側が人材を管理するための理屈と仕組みであるということであり、それだけでデジタル人材をひき付けることにはつながらないということである。それではデジタル人材はどのようなマネジメントスタイルを志向してい

---

[4]「テクノロジー素養に関する学生と企業の意識GAP：新卒採用トレンドサーベイ」EY Japan（2021年）
[5]「『ジョブ型雇用』に関する人事担当者対象調査」リクルート（2020年）

図表3-5　各業界における企業の福利厚生例

業界		放送	玩具	航空
福利カテゴリ		働き方	家族	レジャー
導入目的		柔軟な労働環境提供による生産性向上	従業員の満足度向上	サービスの質向上
導入内容		コアタイムなし、1日の最低労働時間を30分とする自由度の高いスーパーフレックスタイム制	従業員・家族の誕生日・夫婦の記念日などに会社からプレゼントが贈られる	無料／高割引率の航空券を従業員に一定数付与 家族も利用可能
メリット	従業員	柔軟な労働環境 モチベーション向上 →生産性向上	帰属意識の向上 従業員のコミュニケーション活発化	レジャー交通費の削減 家族との関係性向上
	企業	従業員の生活に合わせた労働環境を提供し、生産性／業績／レピュテーション向上へ	従業員へ長期勤続を意識づけるため、家族に配慮の幅を広げ、関係性を向上、離職率低下へ	社員帰属意識向上と共に従業員・家族が搭乗した際の気付き・改善点を収集し、自社サービスの向上へ

るのであろうか。野村総合研究所が2020年に行った調査によれば、デジタル人材が「企業理念・ビジョン等に関する共感」を重視すると回答した比率が非デジタル人材よりも10%程度上回っている[6]。デジタル人材をひき付けるためには、その職務が企業の理念やビジョンと密接につながって成り立っている（説明されている）ことが大切なのである。さらに同調査ではデジタル人材が「組織風土・マネジメントスタイル等」を重視すると回答した比率が非デジタル人材よりも8%程度上回っており、企業理念・ビジョンの体現につながる職務（本業）以外の成果を求めないことや、アウトプットベース（企業理念・ビジョンへの寄与を定量化した指標：OKRなど）での管理を志向していることと読み取れる。

　このように、企業の理念やビジョンと職務やマネジメントスタイルについて一貫性を持たせること（それができる管理人材を具備しておくこ

---

[6]「ワークモチベーション調査」野村総合研究所（2020年）

と）がデジタル人材のロイヤルティーを醸成し、ひいては人材の確保につながるのである。

③ キャリア形成に関する検討ポイント

　最後に③のキャリア形成についてであるが、将来的に自身の裁量が広がる昇格・昇進や、特に若い候補者にとっては他では得難い経験を積めるかどうか（自身の市場価値が上がるかどうか）がデジタル人材をひき付けるポイントとなる。

【昇格や昇進についての施策】

　例えばトヨタ自動車では2019年に「幹部職」を新設し、常務役員・常務理事・従来基幹職と呼ばれていた管理職層の部長級、室長級、技範級の社員ランクを統合することで抜擢人事を推進していった。また2020年には、副社長職を廃止して執行役員へ一本化する組織改正を発表し、組織をフラットにすることで改革のスピードを速めるとともに、有望な次世代リーダーを見極め、素早く適任人材を登用するための体制を強化したのである[7]。

　NTTでは2018年にグループ各社にCDO（Chief Digital Officer：最高デジタル責任者）を設置し、「自らのデジタル化（デジタルトランスフォーメーション）」を通じた業務プロセスのさらなる効率化や新たな付加価値サービス提供などを推進している。CDOは5G導入やPSTNマイグレーション（固定電話のIP網への移行）などを含むさまざまな環境変化にスピーディーかつ柔軟に対応するデジタル戦略策定とその推進をミッションとして職務に取り組むことが期待されている[8]。

　なお、ガートナーは2023年までにCDOの約半数は事実上Chief Data Officerとなり、業務の核がデータアナリティクスにシフトするであろうと2021年のプレスリリースで予測している[9]。つまり、デジタル先進

---

[7]「デジタル化で幹部のキャリアパスに大異変！」東洋経済（2020年）
[8] NTTプレスリリース：（2018年）

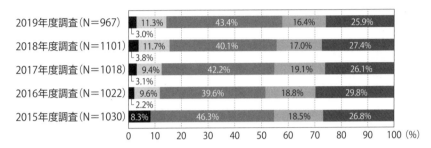

図表3-6　年度別CIO（最高情報責任者）の配置状況

2019年度調査（N＝967）　11.3%　3.0%　43.4%　16.4%　25.9%
2018年度調査（N＝1101）　11.7%　3.8%　40.1%　17.0%　27.4%
2017年度調査（N＝1018）　9.4%　3.1%　42.2%　19.1%　26.1%
2016年度調査（N＝1022）　9.6%　2.2%　39.6%　18.8%　29.8%
2015年度調査（N＝1030）　8.3%　46.3%　18.5%　26.8%

■ 役職として定義されたCIOがいる（専任）　　■ 役職として定義されたCIOがいる（他の役職と兼任）
■ IT部門・業務を担当する役員がそれにあたる　　■ IT部門・業務を担当する部門長がそれにあたる
■ CIOはいない、あるいはCIOに対する実質的な認識はない

出典：年度別CIO（最高情報責任者）の配置状況：企業IT動向調査報告書 一般社団法人日本システム・ユーザー協会 2020

国である欧米では、CDOの設置は当然のごとく実施済みであり、その職務の変遷について現在議論が交わされているということである。一方で、日本国内の状況を振り返ってみると、役職として定義されたCIOがいる（専任・兼任問わず）企業は19年度に14.3%となっており（**図表3-6**）、CDOを設置済みとする企業は4.2%、検討中の企業は7.7%とまだまだ少ない状況であることから、日本が周回遅れであることが分かる。一方で、このことはキャリア形成に関してしっかりと検討すればデジタル人材を確保するための大きなアドバンテージとなる可能性が高いことを示している。

【他では得難い経験を積ませるための施策】

　ここまでは経営層・幹部層の話だったが、若い候補者についてはどうだろうか。彼らにとっては他では得難い経験や知識を得て、自身の市場価値を高めていくことが企業選定上重要になるだろう。

　例えばベネッセコーポレーションでは、教育現場におけるデジタル化

[9] Gartner プレスリリース（2020年1月）

の進展を見据え、商品やサービスをデジタルベースに転換していくことが重要であるため、エンジニアが事業を経験することができるキャリアパスの設計を行っている。具体的には、採用後システム部門に所属し、1年目はエンジニアとしての基礎研修を受けると共に社内インターンを通じてさまざまな開発担当を経験する。2年目以降は、自身が開発担当となり、製造や開発管理にあたり、この間にコーディングスキルや、プロジェクトマネジメントスキル、アーキテクトスキルなどを習得する。開発を経験した後は事業部門へ異動し、企画を経験することで、顧客ニーズに基づいて教育分野のデジタル事業をデザインするスキルを学ぶといった内容である[10]。

　SOMPOホールディングスでは2016年にDigital Labを設置した。損害保険のビジネスを理解している優秀なメンバーを出向させてデジタル化し、強力なエバンジェリストを育成している。続いてシリコンバレー、テルアビブにもDigital Labを作り、この三つのDigital Labが有機的に連携することで、オープンイノベーションのハブとしてスタートアップとのコラボレーションを促進し、持続的イノベーションと破壊的イノベーションの両方を起こすことを目指している[11]。

　このように、自身の知見やスキルを向上させられる施策を検討し、デジタル人材をひき付けるためのアピールをしていくことが必要である。

●＋α直接採用の手法に関するポイント

　ここまで紹介した三つの検討ポイントは採用候補者であるデジタル人材が当該企業を知っていて初めて意味を成す代物である。そのため、デジタル人材の認知を高める施策や母集団形成のポイントについても少し触れておく。

---

[10]「Society 5.0時代を切り拓く人材の育成」経団連（2020年）
[11]「異例の『共同CDO』体制で作り上げた、すごいDX組織の裏側」TECHBLITZ（2021年）

【母集団形成チャネル】

　従来の採用手法はHPに採用情報を羅列したり、説明会を開いたり、学生に対しては学校の就職課にアプローチをかけたりと「マス」へのアプローチが母集団形成の文脈において非常に重要であった。

　一方で、デジタル人材の雇用となった際にはターゲットとする母集団をなるべく絞り込んでアプローチをかけることが求められる。具体的には、理系学生・Ph.D.ホルダー・海外大卒などという属性をキーにして絞り込みを行っていくことが肝要である。この手のソリューションは日々細分化されており、技術者に特化したチャネルはもちろん、欧州、カナダのITエンジニア職に特化したチャネルやスタートアップ企業とリモートワークに特化したチャネル、求職者の性格を分類してマッチングを行うチャネルなど多岐に及ぶ。このような新しくもニッチな先端ソリューションについての知識についてもキャッチアップしておくことが望ましい。

【候補者プールの形成とパイプラインメンテナンス】

　デジタル人材の採用母集団が新卒・中途共に少ないことはこれまで述べてきた通りだが、これは採用のタイミングが肝心であることも意味している。そのため企業は採用候補者の仕事の状況やプロジェクトの切れ目を把握し、要員計画や繁閑に応じて候補者にアプローチをかけていくことが必要なのである（採用しようと思った時には違う会社・国に行ってしまっていたということが起こりかねないため）。これを行うと候補者側は企業の事業内容や状況を納得いくまで吟味し、信頼関係の構築に時間をかけることが可能となるメリットも享受できる。とあるIT企業では、会社内に国内外問わず採用候補者とのパイプラインをメンテナンスするヘッドハンティング機能を設置している。このような施策を実行するには工数が余計にかかってしまうというデメリットも存在するが、上記のような業務を代行するソリューションや採用エージェントも多数存在するため、必要に応じて活用することが良い。

　本節の最後に、これまでの新卒一括採用がなくなるわけではないこと

にも触れておく。一括採用はいまだに強力な人材確保ツールであり、特に既存のビジネスモデルを遂行・改良していく人材についてはこのような手法をとることが最適であるからして、これらの採用手法と共に、デジタル人材をターゲットとした採用も両輪で回していく（バイモーダル人材マネジメントを実践していく）ことが必要である。

第3節　直接雇用だけでなく外部活用を通じた人材確保もますます重要に

　デジタル人材の確保について、直接雇用以外の方法が外部活用（企業への業務委託・クラウドソーシングなど）であり、世界・日本のクラウドソーシング市場推移を見ても驚異的なスピードで成長していることから、今後はデジタル人材確保におけるメインのリソースプールになっていく可能性が高い。実際に世界のクラウドソーシング市場規模は、2018年時点で約1兆96億円であり、2027年までに約16兆4200億円に達すると予測されている。期間全体では、36.5%のCAGR（年平均成長率）と飛躍的な成長が見込まれている（**図表3-7**）。

　ランサーズ株式会社による調査では、日本において2018年2月時点における副業・兼業を含む業務委託で仕事をするフリーランス数を全国で1,119万人と推計しており、その12%がクラウドソーシングを行っているとしていることから、クラウドソーシング実施者は約134万人と推計している。また同社の会員登録数は、2017年9月末に152万人となっていることから、クラウドソーシングで仕事を受注する人は150万人程度であると推計されている[12]。日本の中途採用においてデジタル人材が採用マーケットに出ていきにくい状況があることや、新卒のレディネスに不安がある（学生のレディネスが整うには指導要綱改定含めて時間がかかる）ことを踏まえると、積極的にこれらを活用していきたいところで

---

[12] 「情報通信白書」総務省（2018年）

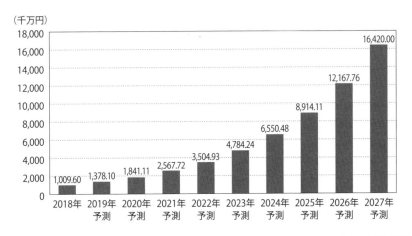

図表3-7　世界のクラウドソーシング市場規模

出典：「ポスト・コロナ社会におけるニューノーマルな働き方～「WorkTech×フリーランス」がもたらす潜在的労働力活用と経済成長～」岩本隆（2020年）

ある。

　ただし、全てのデジタルイニシアチブに外部人材を充てれば良いというわけではない。デジタル人材が担うべき職務を棚卸し、それは企業内で直接雇用された人材が行うべきなのか、それとも外部活用を行うべきなのかを評価することによって、適切な形で外部人材を活用することができるのである。

　実際に日系金融機関で外部人材活用を検討したケースを紹介する。当該企業では将来の事業革新に向けてデジタル・データを有効活用すべきであり、そのような人材を内部育成・外部活用含めて確保せよという意思決定が経営会議で成されていた。人事はこれを受け、各部門のミッションを棚卸し、それを満たすためのポストや職務を洗い出し（同時にペルソナも特定し）、それが外部活用なのか直接雇用なのかの見極めに取り掛かった。さらに、**図表3-8**のようなチェックリストを作成し、一つでも当てはまった場合は人材を直接雇用する前に外部人材活用を必ず検討することというガイドラインも定めた。この順番が非常に重要で、これまでの人材確保手法の第一番手が直接雇用だったが故に、まず外部

図表3-8　外部人材活用を検討するためのチェックリスト

☑ 当該職務に欠かせないノウハウを社内で蓄積しておく必要
　がない

☑ 当該職務に欠かせないノウハウが社内になく、自助努力
　も難しい（育成限界が存在するため、外部からのノウハ
　ウ獲得が必要）

☑ 当該職務に欠かせないスキルや技術だが、2 〜 3年程度で
　陳腐化してしまう（ライフサイクルが短い）

☑ 業務範囲や成果物が明確である

☑ コスト効果が見込める

人材活用を検討することで「積極的に外部活用を行うべし」という経営
からのメッセージを届けることにしたのである。

　このチェックリストを定めるに至った理由や背景についていくつか重
要なポイントを補足しておきたい。まずはノウハウの蓄積について、い
くらコスト効果が出ても、コアとなるビジネスの知見が外にあるようで
は企業の成長は見込めないため、ノウハウの蓄積が不要であることが外
部人材を活用する候補に挙げられた。一方で、現在当該企業に存在しな
いノウハウを外部人材が保持している場合、かつ内部育成が困難である
場合にも外部人材活用を候補とし、労働力としてではなくノウハウの獲
得も狙うこととした。次にスキルや技術のライフサイクルが短いものに
ついても外部人材活用を候補とすることにした。直接雇用を行っても、
技術がすぐに廃れたりしてしまってはその人材の強みが活かしきれず
（予定していた職務がなくなってしまい）に、リスキルなどの手間も余
計にかかってしまうためであった。
　その企業では部門から採用相談が来るたびに採用担当者がチェックリ
ストを駆使しながら外部活用の可能性をヒアリングし、確認していった
が、本来的には企業のミッションや事業の状況、部門の運営状態などの

状況をつぶさに把握し、外部人材活用の提案や、外部人材活用に至らなかった場合には採用を行うことを決定するなどの調整役を設けても良いだろう。

第4節　外部人材活用時には「作業進捗」と「活用比率」の二つを管理せよ

　実際に外部人材を活用するとなればクラウドソーシングソリューションを探して人材を確保することはさほど難しくない。前述のランサーズのような企業に加えて、多様な言語に対応し、画像のカテゴリー分け、データの確認、消費者のSNSへの書き込みを基にしたブランディングの分析を発注できるデータサイエンティスト向けのプラットフォームや、企画に対してコンペを行うことのできるプラットフォームなどさまざまな選択肢が既に存在するのである。業務委託などの外注を行ったことがある企業であれば契約のひな型などを含め、手続きに関する対応も難しくないであろう。

　一方で、外部人材の活用時には二つの側面での管理がより重要であることをポイントとして挙げておきたい。一つ目はプロジェクトの仕事を割り当て、その作業進捗を管理する「プロジェクトマネジメント」である。これは成果物の質や納期を担保する上で非常に大切であるが、プロジェクトのどの部分の作業を切り出すのか（≒どの部分を成果として定義するとプロジェクト全体がうまくいくのか）を考える部分の難易度が非常に高い。プロジェクトにおける内部リソースと外部リソースのバランスやタッチポイント（スクラム）の頻度・アジェンダなどをあらかじめ考えた上でプロジェクトの設計を行うことのできる人材は一定程度の経験が必要となる。本章ではあまり深くまでは掘り下げないが、業務委託を行う場合にも同様のことが言えるため、このような人材を含めてチームを組成できるかどうかがDXの成否を分けるのである。

　二つ目は外部人材の活用比率である。どれだけそのプロジェクト単体でのコストメリットが出るからといって、内部の人材がベンダー管理や

稟議書の作成しか行っていないなどという状態は可能な限り避けなければならない。そのため、プロジェクトや部門全体での外部人材比率や外注予算の管理を行い、適正な水準を見極めることが重要である。具体的にはまず部門やプロジェクトにおける外部人材の人数・比率を可視化することである。さらに外部人材のコストも含めて管理し、その情報をベンチマークデータとしてストックしていくことが望ましい。

　例えば**図表3-9**のように各プロジェクトの内部人材・外部人材数・外部人材比率および1人当たり外部人材コストを可視化してみると、プロジェクトAでは外部人材比率がやや高いため、プロジェクトマネジメントの難易度・負荷が高くなっている可能性やノウハウの蓄積が困難になってしまう可能性について確認を行い、必要に応じて手を打つ必要があるであろう。またプロジェクトDについては1人当たりのコストがやや高く出ているが、これは外部人材比率が多少低いことが何か関係しているのかを確認する必要があるかもしれない。このように一定程度のデータを分析することでDX人材活用の妥当性や潜在的なリスクについても確認していくことができるようになる。これ以外にも外部人材コス

図表3-9　外部人材の活用比率管理イメージ

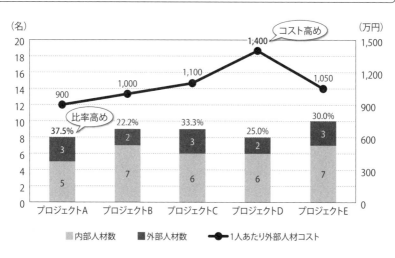

トがプロジェクト全体のコストに占める割合などを分析・比較しても当
該プロジェクトにおける財政の健全性を評価することができるようにな
るだろう。

　このような管理を行うためには各事業部任せではなく、一定程度中央
で管理する体制を整えることが望ましいことについても付け加えてお
く。各事業部から出されたチェックリストの項目と、外部人材の活用度
合いを突き合わせてコストを適性にコントロールしていくことが肝要で
ある。

第5節　採用担当者は新たなテクノロジーを活用した採用の効率化が求められる

　これまで紹介してきたように、デジタル人材の確保には大きな変革と
パワーが求められる。足元での活動（採用業務など）でもより柔軟な対
応を求められ、個別対応が必要となってくるため、人事・採用担当者の
負荷や工数が増加していくことは明白である。

　採用の世界では最新テクノロジーが非常に豊富であるが、ある程度定
型化されている書類選考と面接プロセスに関してはテクノロジー活用を
通じた効率化と工数圧縮を行っていくことが現在のトレンドである（**図
表3-10**）。

　図表3-10を見ると、書類選考・面接どちらのプロセスにおいても自然
言語処理、映像解析技術が使用されていることに気付く。これによって
採用担当者が情報をインプットして、一定程度のロジックに従い候補者
を選別するというプロセスにかかる時間が大幅に短縮される。さらに人
が担当していた時には難しかった目線のすり合わせに関する課題につい
ても一定程度の解消が見込まれる。ヒルトンやユニリーバではAIの評
価を基に合否を決定している一方で、ソフトバンクの事例ではAIが不
合格とした候補者のみを採用担当者が確認することにより、セーフ
ティーネットを構築していることにも注目したい。最新テクノロジーの

図表3-10　書類選考・面接プロセスにおけるテクノロジー活用と効率化事例

	書類選考	面接	
企業	ソフトバンク	ヒルトングループ	ユニリーバ
対象規模	新卒1,500名／年	新卒・幹部 全雇用形態7万人／年	一般社員 180万人／年
テクノロジー	AIによるESスクリーニング	AIによる動画面接	AIによるゲーム・動画面接
導入内容	・過去のESデータを基にAIが自然言語処理を行い、1次スクリーニングを実施 ・不合格となったもののみを採用担当者が確認	・AIが映像処理を行い、オンデマンド面接・録画、グループ面接などの評価を実施	・過去の高業績社員と照合し、適性・論理・リスク選好を評価 ・AIによる自然言語処理やボディランゲージ分析の組み合わせで最適候補者を選定
効果	・書類選考にかかる対応時間・人件費を75%削減	・月に2,000回以上の面接実施（採用時間短縮） ・満足度指数の向上：72（業界平均：32）	・面接と評価の時間を約7万時間短縮 ・全応募者に評価結果と改善のフィードバックを提供

出典：「書類選考・面接プロセスにおけるテクノロジー活用と効率化事例」Speeda "HRテック・採用" 2020を基にEYが作成

導入にはエラーがつきものであるため、優秀人材を取りこぼしてしまわない工夫も行っているのである。このようにして、採用担当者はそれまでの業務の質を担保しつつも、効率化を通じて余力を創出し、デジタル人材を確保するための種々の活動に振り分けていくことが必要である。

本章のまとめ

☑ DX を成功に導く「デジタル人材」の確保手法は直接雇用と外部活用の二つ。

☑ これまでの一括採用手法ではデジタル人材をひき付けることは難しい。

  ▶ 処遇（特に福利厚生）や人材管理（成果ベース・定量評価）、キャリア形成（CDO 職の設置や他では得難い経験）を具備し、アピールすることが必要。

☑ クラウドソーシング市場が堅調に推移している中、外部活用は今後のデジタル人材確保の主流になっていく可能性が高い。

  ▶ 外部活用を検討する際にはコストだけではなく、中核事業のノウハウ蓄積が必要か（獲得できるか）を中心に検討することが必要。

  ▶ また、内部人材による「外部人材へのタスクの切り出しと進捗管理」および「外部人材の活用比率管理」という 2 側面からの管理が必要。

☑ デジタル人材確保に割く余力を創出するためには既存採用プロセスの効率化を検討すべき。

  ▶ 特に書類選考と面接プロセスでは新たなテクノロジーを活用した工数削減がトレンド。

第 2 部

組織パフォーマンス
最大化

第 **4** 章

データドリブンな
組織パフォーマンス向上策

　個人のパフォーマンスの総和が組織のパフォーマンスにはならない世界で、いかに組織のパフォーマンスを引き上げるかというチャレンジが各所で行われている。本章では、データドリブンアプローチによる組織パフォーマンス向上への取り組み方と、そこで活用されている技術・テクノロジーについて述べる。

第 1 節　「パフォーマンス」をめぐる視点の変化

　パフォーマンスとはアウトプットを意味するが、パフォーマンスを最大化させる、といった時にはアウトプット単体で最大値を目指すケースと、インプットに対するアウトプットの比率、すなわち変換効率（≒生産性）の向上を目指すケースがある。事業活動においてリソースが無尽蔵であることは稀であり、故に生産性（収益性などに読み替えられることもある）という視点から取り組みが行われてきたことは序章にも述べた。

　個人のパフォーマンス、という視点ではこの取り組みはかなり前から研究されてきており、それがインプットからアウトプットまでを数式化する、つまり、投入資源が成果になるまでに関与する変数（効率性に影響を与える因子）を明らかにし、その変数に働きかけを行おう、というアプローチである。

　この努力は、コンピテンシー、エンゲージメント、スキルセット（人材開発）、ウェルネス、EVP（ロイヤルティー、およびエンプロイーエクスペリエンス）という形で影響因子を定義し、それらを向上させ得る「制度・仕組み」へと落とし込むという方向から人事のコア業務となってきた。つまり誤解を恐れずに言えば、モデル的な人物のパフォーマンスを高めることが人事業務の目的であり、そこで語られるモデル的な人物というのは大多数の従業員に当てはまる（はず）、大多数をカバーできるモデル的な人物（ペルソナ）を描くことこそが重要である、という考え方に近い。

　他方、本章の主題となる組織のパフォーマンスという視点は、個人の

パフォーマンスの総和と必ずしも一致しないという点において重要であると認識はされてきたが、個人パフォーマンスに対する取り組みに比してあまり解明が進んでこなかったのが現状である。しかし、個人パフォーマンスに対する取り組みが進むにつれ、および新しい技術・テクノロジーが出現するにつれ、個人パフォーマンスばかりを追求するのではなく組織パフォーマンスも同時に探求する必要性がうたわれるようになってきたのがここ10年、「働き方改革」の時代と言えよう。

　時を同じくしてダイバーシティという概念が広がってきたことも少なからず影響している。個人パフォーマンスの時代、「モデル的な人物」をベースにさまざまな施策展開をしてきた人事が個性の壁にぶつかった結果として、個々人の数式構成は違う（単一モデルでは説明に限界がある）という前提に到達する。そして、数式がバラバラであることを是としたうえで、組織・チーム全体としてパフォーマンスの総和を高めていくにはどうすべきか、という視点から新たな探求が始まったのである。

　その探求は当初、社員に選ばせるところからスタートした。例えば福利厚生をカフェテリアプランにする、例えばスーパーフレックスで就業時刻の自由度を高める、例えばABW（Activity Based Workplace：業務内容に応じて執務スペースを選択するフリーアドレス）で作業環境を選択させる、などが該当する。つまり、どれが適しているかは人それぞれ、選択肢は用意するから自由に選んで、そして社員が自分で自分のパフォーマンスを最大化させてくれ、というものである。

　選択肢拡大戦略もモデル社員一本の旧来施策に比べれば一定の効果はあったと思われるが、実際のところ効果検証までできている例はほぼ皆無であり、経済学的に言えば「社員が十分に賢く、常に自身の効用を最大化させる行動を取る」という古典経済学の域を出ない。心理学的に言えば「選択肢が増えすぎることで逆に選択できなくなり満足度が下がる可能性」さえ考慮できていない旧式なやり方である。人事としても早晩、無尽蔵に選択肢を広げるわけにいかなくなり、では効率の視点から選択肢の絞り込みを行おうかと検証視点が加わることとなり、現在に至る。

　もう少し平易に表現すれば、人事や経営がモデル社員を掲げてこの通りやれば成果が出ると社員に押し付け、そんなわけない、個人差があるだろと陰で反論され、成果がでなかったらモデルが悪い、社員が悪い、と言い訳を探していたのが個人パフォーマンスの時代、それもこれも十人十色の社員がいる前提で、チームとして高めていこうというのが組織パフォーマンスの時代だ。後者は現時点で必ずしも大きな成果が出ているとまでは言えないが取り組みは始まったばかりであり、今後その重要性はますます高まっていくであろう。

第 2 節 ｜ 組織パフォーマンス向上に取り組む 2大アプローチ

　現在、組織パフォーマンスの向上に取り組むアプローチは大きく2種に大別される。

　一つは、個人パフォーマンスのそれを踏襲するもの。

　組織開発（Organization Development）と呼ばれる領域があるが、この領域で組織を形作る因子として挙げられているものはコミュニケーション、リーダーシップ・信頼関係、パワー・政治（意思決定のメカニズム）、コンフリクト、文化である。筆者はこれにいくつかの要素・視点を加え、ダイナミズム、カルチャー、プロトコル（ルール・プロセス）、ストラテジー、リーダーシップ、就業環境が組織パフォーマンスの影響因子と考えているが、これらの影響因子（構成要素とも言える）の一つ一つを、できる限り正確（定量的かつ客観的）に捕捉・把握し、データ化し、分析するというアプローチである。

　挙げた要素を見ていただければ分かるだろうが、これらを正確に捕捉・把握する、というのは難しい。目視（観察）や主観評価（アンケート）程度しか手段がなかったというのが実情であり、故に「経験・勘」に大きく依存したまま取り組みが進んでこなかった。それが、昨今の技術革新により、大きく状況が変化した。業務の大半がデジタル化される

図表4-1　組織パフォーマンスの二大アプローチ

伝統的な人事の基本思想

組織パフォーマンスへのアプローチ①　伝統的な人事の基本思想を受け継ぐ手法

組織パフォーマンスへのアプローチ②
全体最適を実現する資源配分を探索する手法

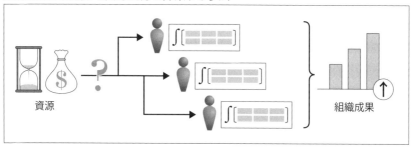

ことで、コミュニケーションというものが記録として残るようになったのである。例えて言えば、視診・触診・問診でなんとか診断をしていた医師に、体内をめぐる血液や体液という別の評価手段が与えられたようなものと言っても差し支えない。

　この視点をとっかかりに、新しい角度から組織パフォーマンスを説明する因子を明らかにする取り組みが進んでいる。筆者が第一に挙げた「ダイナミズム」という組織パフォーマンス因子、すなわち、組織内あ

るいは組織間でどのような動き・やり取りが行われているかをコミュニケーションデータから明らかにしようというリレーションアナリティクスがその典型である。

デジタルコミュニケーションの外でも相対位置情報や生体情報（発話量や緊張度など）を組み合わせ、コミュニケーション分析を行おうという取り組みも進んでいる。他にもコミュニケーションデータとは異なる角度からの取り組みではあるが、就業環境（照度・輝度・室温・湿度・臭気強度など）分析も、一領域を形成する勢いで成長しつつある。

逆に言えば、組織開発視点から組織パフォーマンス因子を研究しようというアプローチにおいては、カルチャーやプロトコル、ストラテジー、リーダーシップといった要素がまだまだ旧来のアナログ手法に大きく依存している領域だということでもあり、ここは今後、よりサイエンティフィックなアプローチの出現が期待される領域とも言えるだろう。

そしてもう一つが、最適化問題を解くというアプローチである。

このアプローチでは、個人単位でインプット/アウトプット関数が多数存在する世界をまず定義し、その世界で限られたリソースをどこにどのように分配・投下すれば全体のアウトプット・効用が最大化できるか、という問題に置き換えることで、全体最適を追及する。あるいは個人を世界と置き換えるケースもある。例えば、会議室という限られたファシリティを誰がどのように使うと組織パフォーマンスが最大になるのか、または上司の時間という限られた資源を誰にどの程度割くことが個人効用の総和を最大化するのか、あるいは個人を世界と見ればどの時間帯にどこでどんな業務を行えばパフォーマンスが最大になるのかといったものもこのアプローチの範疇である。

これはAIによってその実現可能性が高まった分野である。最適化問題を解く手段の一つに数理計画法という手法があるが、いくつかのパラメータをあらかじめ設定する（いわば確度が高い影響因子仮説を並べ、その相互作用を数式化する）分析担当者の才能と、そして複雑な数式を処理する高性能なCPU（かつてはスーパーコンピュータの世界であっ

た）がそろわないとどうにもならなかったと言えばイメージいただけるであろう。それが、AIの学習機能を活用することで、無造作なデータ群から数式を導出するというアプローチを取れるようになってきた。また、パソコンの処理能力も飛躍的な向上が続いており、スーパーコンピュータが無くてもある程度の複雑な計算が処理できるようになった。この2点の変化により、関係しそうなデータ群をとりあえず集めて、そこから最適化問題を創出する、つまり潜在的なデータ間の関係性を明らかにしようという取り組みができるようになったのである。

　コミュニケーションマネジメント、リソースマネジメント、というのはいずれも人事というよりは現場裁量に委ねられてきた領域だと言えるだろうが、これらが科学的に捉えられるようになったこと、そしてこれらの影響因子の一つに社員の個性（個人由来の特性）という人事情報が含まれていることにより人事が担うこととなる可能性が高く、今後の人事業務を語る上で外せない分野になりつつある。

第3節　リレーションアナリティクス

　第2節で概説したアプローチのそれぞれについて、第3節、第4節では例を用いてご紹介する。まずはコミュニケーション情報を用いたリレーションアナリティクスである。

　図表4-2左側にアナログ手法として示したのは、某社で実施したコミュニケーション調査である。ありがちな設問、ありがちな結果ではあるが、こういう調査を受けたことがある方、または実施した方も多いだろう。なぜこんな調査をするのか、という疑問を持つ方もいるかもしれないが、そこは後段でご説明するとして、情報収集方法に着目していただこう。打ち合わせや会議をよく行う相手先部門を知りたい、それを各人に対しどう思うかと聞いて、主観的回答を集計するという手法である。しかし、知りたいことが打ち合わせや会議の相手なのであれば、これはスケジューラ上にデータが存在するので、それを引っ張り出して集

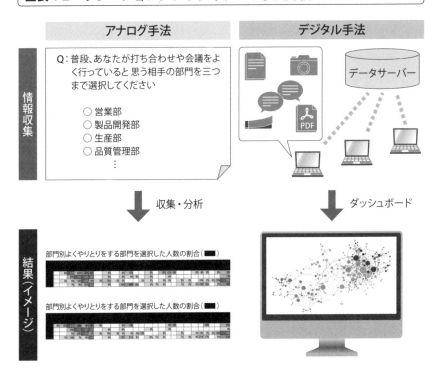

図表4-2　リレーションアナリティクスの手法比較

計すれば一瞬で終わる上、より客観的かつ正確であろう、という考え方の元に近年増えてきたのが右側のデジタル手法である。さまざまな事業活動がPCやサーバーにログとして残るようになっている昨今、このデジタル手法でカバーできる領域は打ち合わせや会議に限らない。メール、チャット、あるいは資料作成やウェブ閲覧など、ログが残る行動であれば全て、ほぼ負荷をかけず集計、分析が可能なのである。

　デジタル手法ではそれらコミュニケーションデータを収集・分析するダッシュボードさえ設計しておけば、どの部署とどの部署がどの程度密接にコミュニケーションを取っているかはほぼリアルタイムに一目瞭然となる。アナログ手法とは信頼性の点においても分析工数の点においても違いが見てとれるであろう。このような技術は既に存在しており、次

なる問題は、これを何に使うのか、である。

　組織パフォーマンスという観点から活用する取り組み例としては、元来のアナログ手法が目的としていた組織風土（タコつぼになっていないか、風通しが良いか）の評価というものが代表例として挙げられる。また、何も古い企業組織のタコつぼでなくとも、例えばM&Aで新たに増えた部署が既存部署とうまく溶け込めているだろうか、などのシチュエーション評価に応用することも十分可能であろう。

　他にも組織効率の評価方法として、チーム内のコミュニケーション密度と、メンバー間でのチーム外ネットワークの重複度というものも注目されつつある。効率的にパフォーマンスを上げるチームというのはチーム内コミュニケーションが活発であり、かつチーム外ネットワークはあまり重複していない（チーム外のリソースに効率的にアクセスができる）、といったような形で、コミュニケーション状況を指標化し、組織パフォーマンスに影響を与える因子を変数化していくのである。

　あるいはまた別の使途としてチェンジマネジメント領域では、このコミュニケーションデータを組織パフォーマンスと個人パフォーマンスの中間的なところで活用しようという取り組みも進んでいる。真っ先に挙げられるのは、その組織内でのネットワークハブとなっている人間、つまり組織に対して影響力を有する個人を明らかにし、大変革の際にChange Agentとして機能してもらうことで効率よく情報コントロールを図ろうというものである。

　これを応用した形で、さまざまなネットワークとの接点が多い人間ほど触れる情報が広がりやすく、結果的にイノベーティブな発想にたどり着きやすいのではないか、などの仮説も立つであろうし、研究はされていくであろう。ただ、先に挙げた組織パフォーマンス使途とは異なり、個人の特定が必要となるような使途ではプライバシー・個人情報が問題視されて取り組みが頓挫するケースもあり、その辺りは今後、本分野が優先的に解消すべき課題点である。

第 **4** 節 ｜ 機械学習・深層学習

　リレーションアナリティクスに代表されるアプローチを因子分析アプローチと仮に呼んだ場合、第2節で紹介したもう一つのアプローチは学習アプローチと呼べる。ここでの学習は人工知能の文脈における機械学習や深層学習などの学習を指し、「複雑多岐に渡るパラメータ群の関係性を明らかにし、有益な傾向を探る」といったような意味である。この二つのアプローチを明確に切り分けることは困難だが、明確に区分すること自体にはさしたる意味が無いため定義は他所に譲り、実例をいくつかご紹介する。

1.　採用AI

　AIの導入が最も進んでいる人事領域は、採用である。例えばエントリーシートをAIに分析させて採用プロセス効率を上げているソフトバンクの例は有名だ。他にもユニリーバは採用候補者にゲームをやらせて論理性やリスク選好度をAI評価している。あるいはHireVueという企業は、オンライン面接・ビデオ面接を通じて表情や声のトーンなどをAI解析し、優秀者選定に貢献できるとしている。これら3社は扱っているデータ項目こそ異なるものの、いずれも何の要素がどうであれば優秀と判断するかの仮説が無いままに大量の情報を集積し、「過去に採用に至った者」や「採用後に活躍している者」に共通して認められる傾向を探り、各候補者にその傾向が認められるかを評価する流れである。

2.　タレントマネジメントAI

　タレントマネジメントと表現すると焦点が定まらなくなるが、採用と同程度にサービス開発が進んでいるのが配属である。ある社員をどの社員とチームアップすれば良いか、どのチームにジョインさせると全体最適になるか、を膨大な変数から割り出そうという取り組みを指し、日本では相性などという名前で呼ばれているケースも多い。単純にSPIや適

性診断結果、職歴などから1対1の組み合わせ効率を探るものはタレントマネジメントツールに多く見られる。その他の例としては、Septeni社ではAIを用いて各人に最適な配属部署を割り出す努力をしており、IBM社は逆に経験・知識・保有ネットワークなどの情報から最適なチーミング（人選および役割配置）をはじき出すAIの開発を進めている。

3. 労務管理AI

例えば退職や心身の不調など、回避したいイベントの傾向・予兆を探ろうという領域でもAIの学習機能が活用されている。日本ではどうしてもメンタル不調などのプライベートな部分に踏み込んだサービスが市場受けするようで実例はあえて挙げずにおくが、海外では例えばOracle社は従業員の勤怠データをAIに読み込ませ、変則的なインプットがあった際に当該従業員の上位マネージャーにアラートが出るような仕組みを構築している。組織パフォーマンスというよりは個人パフォーマンス寄りの使い方ではあるものの、機械学習・深層学習を用いたリソースマネジメントの一例としてご紹介する。

4. 人材開発AI

研修受講管理などを中心に、人材開発でもAIは使われている。オリジナリティある使い方としてON Semiconductor社では、当人のケイパビリティ、組織内の空席情報などを掛け合わせることでストレッチアサイン候補（社員の成長を促すためのチャレンジングな異動先）をはじき出す取り組みを行っている。

以上、機械学習・深層学習を用いて組織パフォーマンスを向上させる取り組みをいくつかご紹介した。領域が絞られているので一つ一つの例は大きなインパクトがあるものではないかもしれないが、AIの学習機能は第2節にてご紹介したようにファシリティの使い方、時間の使い方、などへのさまざまな応用可能性があり、今後その活用範囲・インパ

クトともに大きく伸びると予想される。

第5節 分析結果の活用の方向性 —地域別の特徴

　第3節および第4節でご紹介したようなデータ分析をどのように活用するか、という点でも試行錯誤が進んでいる。現時点で本領域をけん引する北米地域においてはワークフォース・アナリティクスやワークフォース・マネジメントと呼ばれる探索型のビッグデータ・アナリティクスが多く見られる。まずは既存のものも含めデータをかき集め、そこから既知・未知問わず「人間」の傾向を探ろうというものである。グローバルに見ても北米がいち早く本領域に取り組み始めたこともあるだろうがプレーヤー数が多く、システムベンダーや技術的専門家へのアクセスの良さが市場形成に貢献している。ただし「人間」の傾向を探ろうとするアプローチであるため、Amazon社が女性差別を助長しかねない採用AIの開発を中断した例にも見られるように、得られた結果が「人間全般」の傾向なのか観察対象となった特定集団の傾向なのかという点で似たような議論が繰り返されている印象もある。

　北米に次ぐ市場である欧州では、特定の目的に特化した形でAIを強化していくデジタル同僚（Digital ColleagueまたはDigital Co-Worker）という活用法が広まっている。大雑把に表現すると北米の探索型に対し、欧州は問題ありきでスタートし、その問題に最適なソリューションを開発していくという流れと言える。Digitalなアプローチで問題を解決する手段、という意味でRPA（Robotic Process Automation）などの自動化技術もデジタル同僚と呼ばれることがあり、北米より広義である。また、従業員満足度やエンゲージメント、スキルタレントのリテンションなどどちらかと言えばソフトなテーマを扱うケースが多く見られ、従来の人事と社員の中間的なところから双方を支援するAIが志向されているようである。こちらの特徴は「同僚」という言葉にも表れているが、AI単体で何かをするというのではなくAIの目的はあくまで人

間のサポートにある点で、その活用プロセスや体制面をよく検討する必要がある。

　アジアの市場規模は現時点で大きくないものの、今後の成長率という点では欧米より期待が持てる。日本ではデータとデータ、データとユーザーを「つなぐ」ことで新たな価値を創り出そうという取り組みに市場の期待が高く、人事データだけでなく生産性やエンゲージメントなど幅広い領域でBIツールを使ったソリューション開発が進んでいる。対象領域が広くなりすぎて焦点が定まらないことや、ガバナンス・リテラシーなどのデータ活用土壌の未熟さが今後の課題である。

　日本以外のアジアの国では、中国とインドに着目しておきたい。中国は国策として独自路線を行く可能性が高く、潤沢な資金力と市場ポテンシャルを武器に種々開発が進む。労働人口の多さからか現時点では自動化への注目が高いようではあるが、政府の強力な支援で一気呵成に完成度が高まる可能性もある。インドは欧州に近く、デジタルアシスタント機能に注目が集まる。HCMがプラットフォーム化（PaaS化）してユーザーニーズに応じたカスタマイズを売りにしつつあるが、未熟なユーザー側がHCMソリューションに依存してしまうケースも見られ、市場全体の成熟度を高めていくことが求められている。

第6節　今後の展望 ─日本企業での導入に向けて

　日本でも今後、これらの技術の活用・応用が進むと考えられるが、その際に留意すべき事項を最終節にまとめたい。

1. データリテラシー

　どのような活用方法を採用するとしても等しく言えるのは、AIは結論を出すのではなく分析結果を出すにすぎないということだ。2021年時点ではAIに方針を委ねることは説明責任の放棄と見なされるため難しいが、そうでなくとも観察結果をベースにした分析はあくまでも分析

であり、そこから示唆を出すのも、ファクトと観察結果のギャップを考慮するのも人間の役割だ。つまりAI一任ではなくアウトプットを読み解いて人が方針を決定する必要があり、そこに一定以上のデータリテラシーを有する人材が必要となるのは明らかだ。理系、データサイエンティスト、などの人材ラベルはその素質を有する人材である可能性を上げるだろうが一致はしない。よってこれらの技術活用・応用を進めようとする企業においてはデータリテラシーを保有する人材を選抜・育成し、きちんとアウトプットを読み解ける体制を敷くことが肝心である。

2. 法規制

　前節で紹介した使途に地域別の特徴が見られるのは、地域性に加えて法規制の影響が否定できない。代表例は欧州のGDPR（General Data Protection Regulation）という個人データの保護規則だ。これにより欧州経済領域内で取得した「個人データ」を域外に移転することが規制され、そのためデータストレージを域内に移すことが求められた例も多い。米国は2021年時点では連邦法としてデータアナリティクスを規制する法律は無い（Algorithmic Accountability Actという学習システムによる差別の監査法が提出されたことがあるが未成立である）。そのため州レベルの規制でデータ使途開示義務や（技術的な）利用方法の説明義務が定められており、州単位での慎重な配慮が必要となる。中国はサイバーセキュリティ法の中でデータ移転に対し政府承認とセキュリティ審査を求める動きを見せており、こちらも該当するケースでは継続的な動向把握が求められる。このように地域ごとにできることできないことが分かれてしまっているのが実態であり、それら規制類を正しく把握し、適切に対応することも、データ活用する上で必須の取り組みである。

3. ハイブリッドチーミング

　データドリブンで組織パフォーマンス向上に取り組む場合、人事情報という機密データや、プライバシー情報・機微情報の含まれた個人デー

タを扱うことが多くなる。したがって既存の人事という組織で推進することになる可能性が高くなるが、これまでご紹介した通り既存の人事が扱ってこなかった領域分野の知見も多分に必要となってくる。よって新たな組織としてクロスファンクショナルなチームを組成し、そこに人事スペシャリストを配する形にするのも一案である。いくつかの理由があるが、一つには現場やバックオフィス系組織管理など、多様な知見保有者を活用しやすくすること、もう一つには「既存人事」というしがらみにとらわれすぎず新たなチャレンジを重ねやすくすることだ。なお、人事外からの登用に際して個人情報・機微情報への繊細さや感度を備えた人を選ぶ必要がある点が既存人事との差異を不明瞭にしやすい（選考基準が人事への登用と同質になりやすい）ため、新領域チャレンジのための別組織として従来の人事組織とは明確に区分することも検討に値する。

4．チャレンジ環境

　米国でどこまで一般化できているかが論争になり、欧州やインドで領域最適・カスタマイズが広がることからも分かるように、データアナリティクスというのは科学的なアプローチではあるが、自然科学と違い個別事情・個社事情とは切り離せない部分も大きい。現時点での活用においては自社組織へのカスタマイズや最適化が不可欠であり、そのために既製ソリューションであったとしても一定の自由度を持たせたテスト環境が必要である。ある意味この点が一番の導入課題であるとも言え、前述のリテラシーを有したハイブリッドチームが法規制に従った形でデータ活用目的を明確にしても、成果が曖昧なテストへの投資を渋る企業は多い。無論、そこには企業の自由な判断があってよいが、従来人事が世界規模で不連続な進化を遂げつつある中、日本企業もその活用で遅れを取らないよう積極的なチャレンジを期待したい。

本章のまとめ

☑ コンピテンシー、エンゲージメント、スキルセット（人材開発）、ウェルネス、EVP（ロイヤルティー、およびエンプロイーエクスペリエンス）などの人事コア業務の基礎となる考え方は個人パフォーマンスに着目したものであったが、新しい技術・テクノロジーの出現や社会思想の変化などを受け、組織パフォーマンスという考え方が出始めている。

☑ 組織パフォーマンスをひもとくアプローチには、個人パフォーマンスと同様に影響因子をダイナミズム、カルチャー、プロトコル、ストラテジー、リーダーシップ、就業環境といった単位に分解・再構築して向上施策を考えるものと、個人パフォーマンスが集合した社会のどこ（誰）にどれだけ資源投下すれば全体効用が最大化されるかという最適化問題を解こうとするものの二つが存在する。

☑ 因子分析アプローチの代表例は組織内外のダイナミズムをコミュニケーションデータで捉えようとするリレーションアナリティクスであり、客観的かつ正確な状態把握に留まらず、チェンジマネジメントやイノベーションマネジメントなどの領域への応用研究が進む。

☑ 学習（機械学習・深層学習）アプローチは採用、タレントマネジメント、労務管理、人材開発といった人事領域ごとに目的を定めたAI開発が進んでいるだけでなく、ファシリティ管理（総務）、時間管理（個々人の業

務スキル）など従来の機能や業務の枠を超えた応用可
能性を有している。

☑ これらの分析結果の活用方針には地域差があり、北米
ではビッグデータ解析を通じて確立された科学的な行
動モデルの全社適用を目指すワークフォース・マネジ
メントが多く、欧州ではデジタル同僚（Digital
ColleagueまたはDigital Co-Worker）という目的特化
型のAI強化を目指す動き、日本ではデータ掛け合わせ
への期待が多く見られる。

☑ 今後、これらの組織パフォーマンス向上策に取り組も
うとする日本企業には、データリテラシー、法規制、
ハイブリッドチーミング、チャレンジ環境といった要
素に十分配慮し、グローバルに遅れを取らないデータ
活用を推し進めることが期待される。

第 **5** 章

エンプロイーエクスペリエンス
―従業員エンゲージメントを高める新戦略

第1節　エンプロイーエクスペリエンスとは何か

　2020年に新型コロナウイルス感染症の影響を受け、多くの企業が在宅勤務や時差出勤を導入するなど、いま、企業経営を取り巻く環境が大きく変わろうとしており、特に従業員の安心・安全の確保や生産性の向上といったテーマへの関心が高くなってきている。

　従業員の声や意識は「従業員エンゲージメント（Employee Engagement）」と表現されることが多いが、その普遍的な定義は存在しないと言われている。しかしながら、一般社団法人　日本経済団体連合会（経団連）が、企業の労務担当役員などを対象に行った調査の結果によると、回答企業の51.4%（実施予定も含めると54.9%）が従業員のエンゲージメント向上のために経営トップからのメッセージ発信を強化し、また42.1%（実施予定も含めると56.6%）が上司・部下との定期的なコミュニケーションの実施に取り組むなど、従業員エンゲージメント向上に対する日本企業の関心の高さがうかがえる（**図表5-1**）。

図表5-1　従業員のエンゲージメント向上に関する取り組み

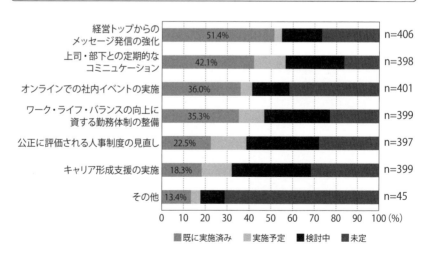

出典：一般社団法人　日本経済団体連合会「2020年人事・労務に関するトップ・マネジメント調査結果」2021年1月29日

　また近年では従業員エンゲージメントの支援要素として、「従業員エクスペリエンス」または「エンプロイーエクスペリエンス（Employee Experience：[EX]）」が共に論じられる機会も増えてきている。

　まずはこれらの言葉の意味について、従業員に対する意識調査の変遷と共に紹介したい。

●満足度からエンゲージメントへ

　今日、企業が実施している従業員意識調査は、第一次世界大戦中に米軍が実施した「部隊の戦闘意欲」の調査に起源を持つといわれている。戦争終結後、これらの調査を行った多くの専門家が民間企業に移籍し、軍における心理学的知見を従業員に応用した。当初これらの調査は企業の経営者が労働組合と戦う方法を編み出すために利用され、給料や上司の監督といった要素に従業員が満足しているかどうかに調査の重点が置かれた。

　これが日本でよく知られてきた「従業員満足度」調査の原点である。所属する組織の戦略や方針、上司や他の同僚との人間関係を含む職場の状況、自身の担当業務や報酬などについて従業員が「自分の物差し」で評価をし、「満足した従業員は生産的な従業員である」という考え方が広まっていった。しかしながら、従業員の満足度が高まった結果、企業の業績も上がるというデータが検証されなかったため、徐々に下火となっていった。

　1990年代に入り、アメリカ・ボストン大学の心理学者、ウィリアム・カーン氏は、従業員の仕事への心理的・感情的な打ち込み度合いが、個人業績ひいては企業業績を左右するという見方を示し、その後オランダ・ユカレヒト大学シャウフェリ教授らが2004年の論文で、仕事に関連するポジティブで充実した心理状態を「活力」・「熱意」・「没頭」と捉える「ワーク・エンゲージメント」の定義を打ち立てた。

　これらの研究により、それまでの従業員に対する考え方は「コスト」あるいは「資産」であったのに対し、従業員は個々に経験や能力・意欲や興味を持っており、会社の成長に対して必要な「投資」として捉えら

れるようになった。

　従業員エンゲージメントは「会社・組織の方針や戦略に共感し、誇りを持って従業員が自発的に仕事に取り組める状態が存在していること」であり、エンゲージメントが高い社員、すなわち「エンゲージしている従業員」は単に満足している従業員とは異なり、会社・組織のために自ら積極的に行動を起こす人々と定義できる。従業員満足度と異なり、今度は「会社が目指す方向性や姿」を物差しとして、自発的な貢献意欲、自社に対する愛着や誇り、継続勤務意向、仕事のやりがいを評価しているのである。

●エンゲージメントからEXへ

　個人の理解、共感、貢献意欲、体力などがどれだけあろうと、効率的に働けない環境、強い不安やプレッシャーがある環境では従業員は働けず、エンゲージメントも長続きしない。

　「満足している従業員は本当にハイパフォーマーか？」という疑問が従業員意識調査を満足度からエンゲージメントへと変化させたように、「エンゲージしている従業員は継続的に実力を発揮しているのか？」という疑問が、企業にエンゲージメント水準を支える要素に関心を向けさせ、EXの概念が生まれた（**図表5-2**）。

　EXは「日々の業務や会社関係者との関わりなど、会社とのあらゆる接点を通じて従業員が体験したことならびに感じたこと」であり、従業員エンゲージメントが「結果」を指しているのに対し、EXはその結果を引き出すための「要因となるもの」という位置づけの違いがある。

　時々EXを従業員ライフサイクル（Employee Life Cycle：[ELC]）と捉えるケースがある。ELCも確かにEXの一部ではあるがそれは限定的なものである。採用、入社時研修、人材開発、昇進、退職者面談などは、会社から従業員に共通して提供する重要なイベントやプロセスであるが、EXは会社が従業員に与えたものの直接の産物ではなく、その従業員が与えられた体験をどう認識しているか、また、それが従業員自身

図表5-2　従業員意識調査におけるメインテーマの変遷

満足度

満足している従業員は
ハイパフォーマーか？

エンゲージメント

エンゲージメントしている従業員は
継続的に実力を発揮しているか？

エクスペリエンス

エンゲージメントだけではなく
従業員のさまざまな体験を多面
的に把握すべきではないのか？

・誇り・愛社精神
・自社推奨意向
・継続勤務意向
・自発的取組意欲

従業員は会社・組織、他の社員、戦略・方針、自身の担当業務などに対して満足しているか？	従業員は会社・組織の方針を理解・納得し、自社の一員であることに誇りを持って、自発的に仕事に取り組んでいるか？	入社から退職に至るまでの会社・組織とのさまざまな接点において、従業員の感情や行動に影響を与える体験はどうなっているか？

の期待に沿うものかどうかの表れである。意識調査で測定するEXは期待のギャップ、すなわち従業員が抱いていた期待と、会社が予想している与えたイベントに対して従業員が抱くであろう期待との差異である。従って、誰もが喜びそうな特典（高い報酬や福利厚生）をいくつか投入すれば最高のEXを作ることができ、誰もが喜んで働ける会社を名乗れる、というわけではない。残念ながらそうしたことをしても従業員は依然不満げであり、もっと自分に合ったEXが得られるところへ移ってしまうという人材の流動化を促進してしまうので注意が必要である。

●EXと業績の結びつき

EXと対をなす言葉としてカスタマーエクスペリエンス（Customer Experience：[CX]）がある。商品やサービスの機能・性能・価格といった「合理的な価値」だけでなく、購入するまでの過程や使用する過程・購入後のフォローアップなどの過程における経験かつ感情的な価値の訴求を重視するものである。

2019年にCitrix社が実施した日本を含むグローバル規模の経営幹部ら

に対する調査によると、何のためにEXを向上させるのかという質問に対し、回答者の31%が「収益性の向上」と回答し、さらに36%が「CXまたは顧客満足度」の向上を期待するためとしている（**図表5-3**）。

　この調査で重要な示唆は、企業がCX戦略に資源を注ぎ込むことで直にCXを刷新しようとしても、それはEX向上に比べて効果が薄いということに気づいている点である。EXの改善が従業員エンゲージメントの向上を呼び、従業員の貢献意欲や革新性、生産性が向上することにより商品・サービスの質も上がり、結果的にCXの改善につながるという道筋が考えられる（**図表5-4**）。さらにCXの改善は顧客のロイヤルティーや商品・サービスの口コミの評価を上げ、それが業績アップへとつながることが予想される。業績が上がれば人材へ投資する金額も増加するので、企業は再度EXの改善に資源を投入することができるのである。

図表5-3　経営陣・上級管理職がEX向上に期待すること
（項目を選択した回答者の比率）

世界8カ国の経営陣・上級管理職を対象に2019年3-4月に実施した調査

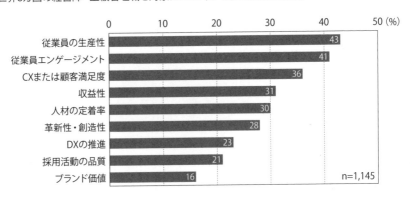

出典：“The Experience of Work” The Economist Intelligence, 2019

図表5-4　EXと収益性との関係

「従業員第一」が、結果として「顧客第一」につながる

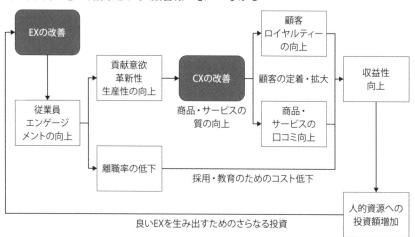

第2節　エンプロイーエクスペリエンスをどう捉えるか

　EXを可視化する本来の意味は、従業員が感じていること、体験していることの見える化により、組織作りや人作りのためのインプットを得て、現場を変えることである。

　組織が変わるためには現場を正しく理解すること、すなわち「問題に関するデータを集めること」が欠かせない。変革を実際に行うのは現場を率いるマネージャーやリーダーであり、彼らが「なぜ変革が必要なのか」をデータとして見せて現場を率いないと、変革は成功しない。

●パルスサーベイ（Pulse Survey）の台頭

　「サーベイ（Survey）」はsurface（表面）のsurとvey（見る）という意味から、上辺をさっと見る、見晴らすという感じが転じて「調査」という訳語が与えられており、従業員エンゲージメント・EXのサーベイには質問表による調査（オンラインでの実施も含むアンケート調査）

が一般に使用される。これはあらかじめ設定された質問項目に対して、「(1) まったくあてはまらない」「(2) ややあてはまらない」「(3) どちらとも言えない」「(4) ややあてはまる」「(5) かなりあてはまる」などの5段階から回答させるもので、特に具体的に質問したい項目については自由コメントを求めることもできる。この形式の良いところは、一度に大量の従業員を調査することができ、かつデータを数字化できるため比較・整理がしやすく、加えて時系列順に組織のデータを集め、その時系列変化を追うことができることである。

　従来、日本企業における従業員意識調査は、従業員の声に基づく社内の課題を網羅的に把握するために、エンゲージメントを中心として幅広いテーマを一度に扱っていた。そして全従業員を対象に半年または一年に一回という頻度での実施が一般的であった。経営陣・各組織を巻き込んで調査を企画するため、全社の一大イベントとすることが多く、準備に非常に手間のかかるものであった（**図表5-5**）。

　近年では変革のスピードに合わせ、よりリアルタイムに近い形での調査が求められるということで台頭してきたのがパルスサーベイである。通常10個以内のポイントを絞った質問から構成され、短時間で回答が完了することから回答率が高く、短期的なトレンドを把握しやすいという特徴を持つ。脈拍（パルス：pulse）チェックのように定期的に高頻度でチェックするということから、このような呼称となっている。

　パルスサーベイは、先の大規模な年次調査で明らかになった特定のテーマを深堀りする際に有効である。そのためテーマに対する影響がより大きそうな組織に絞って実施したり、小規模かつ関係者が少ないため、毎四半期または毎月に一度のペースで調査を実施したりすることも可能であり、小回りがきく。

　毎週、毎日のペースでデータを取得したいという声も聞くが、結果の解釈やそれを経てのアクションなどの調査運営を効率的に実施しなければ調査結果が積み上がるだけでなく、従業員にとっては「伝えたのに問題が解決されない」というストレスが発生してしまい、結果として悪いEXを与えることになるので実施頻度には注意が必要である。

図表5-5　年次調査とパルスサーベイの違い

	年次調査	パルスサーベイ
調査目的	従業員の声に基づき、社内の課題を網羅的に把握する	・特定のテーマの変化を追跡する ・各種施策や課題に対するアクションの効果を測定する
調査内容	網羅的なテーマを扱う リーダーシップ、戦略、顧客志向、権限・裁量、業績評価、報酬・福利厚生、キャリア開発、人材育成、CSR、など	・年次調査で明らかになった特定の課題やテーマの原因や背景、アクション候補を探す ・浸透させようとしている経営理念や経営戦略の理解度や実践度を把握する
調査対象	全従業員が基本	全従業員または一部に限定 ・課題がより深刻な組織 ・フォーカスするテーマに該当する組織 ・特定の職階、属性条件に該当する社員
実施頻度	・毎年 ・2〜3年に一度（中期経営計画策手時期と連動）	・毎月 ・四半期 ・半年

第5章

●EXを把握するタイミング

EXの要である従業員の期待は多くの要因に影響されるが、最も強く影響するのは就職・求職活動や採用、入社後のオンボーディングプロセス時である。これはこの期間に企業から従業員（潜在的に採用される人員含む）に対して、ある種の明示的な約束、すなわち報酬や労働時間、パフォーマンスの評価方法、労働に対する期待が提示されるからであり、このタイミングで従業員の会社に対する期待もはっきりと形成されるからである。またこの期待の形成はここで終わらず、ELCを通じて常に変化、または新たに生まれるので、会社および現場のリーダーたちは、そのギャップを認識・理解・管理して、従業員エンゲージメントへのダメージを最小限に抑えることが必要である。

EXは従業員が入社する前から始まっている。就職・転職時に募集要

項が検索しやすいかや読みやすいか、また昨今のコロナ禍を意識してオンラインでの書類の提出や面接が認められているか、などだ。これらの意見を収集することで採用チャネルやプロセスの品質向上および採用コストの最適化への取り組みが進展する（**図表5-6**）。

　オンボーディングにおけるEXはどうであろうか。従業員にとって入社後数週間は、自分が企業に受け入れられているか、そして「そのような扱いを受けているか」を、最も感じる時期である。特定の研修を受けた後の従業員の期待や不安、また働き出して1カ月ほどした従業員の体験を把握することは、新しいタレントの短期生産性を上げる方法や、より効果的なメッセージの伝達方法や効率的な研修の実施などを検討するトリガーとなり得る。

　直接的なELCイベントには含まれないかもしれないが、リーダー

図表5-6　従業員ライフサイクルにおけるEXの測定ポイント（例）

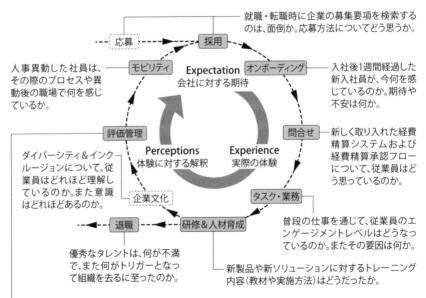

シップや企業文化について尋ねることも、パルスサーベイであれば簡単にできる。会社が支援・実行しているダイバーシティ＆インクルージョンの活動の認知度や、社員の男女平等問題に対する従業員のEX・意識を理解することで、社員の男女比率の見直しや多様性改善に努めることができる。

　休職予定・休職中の従業員についても忘れてはならない。出産や育児などで休職する彼らは、いくら会社としての制度が整っていたとしても「ブランクが怖い」、「これまでと同じように仕事はできるのか」、「復職した時に知識が遅れないか」などの不安を抱えている。そのため休暇取得前・取得中・職場復帰後それぞれの体験フィードバックを得ることは雇用主としてのブランドの向上や離職率の低減のための施策を考えることに有効だ。ちなみにEYでは育児休暇者にiPadを貸与し、トレーニングやコミュニケーションの機会を提供しており、メンタリングによるキャリアや働き方の支援も行っている。

　このように、より良いEXと重要な成果を生み出すためには、従業員の入社から退社まであらゆる段階で鍵となるEXを測定し、最適化することが現場リーダーたちの最も重要な仕事の一つである。

第3節　デジタル時代のエンプロイーエクスペリエンス

　クラウド・AI・ビッグデータ・モバイルなどに代表される最新技術の利便性は、主に「消費者」を対象・中心に活用されてきたが、「良いCXの源泉は良いEX」であることから、今度は従業員を会社内部の顧客とみなし、従業員に対してデジタルテクノロジーを活用する動きが高まっている。また、今後会社を構成する人員は、テクノロジーが発展する中で育ってきたミレニアル世代と、テクノロジーが成熟した中で育ってきたZ世代が中心となってくるため、EXの向上にデジタルテクノロジーが関与することは必然となってきている。

　本節では、把握したEXを基に変革を起こすため、どのようなテクノ

ロジーが世に存在し活用されているのか、HR Techの事例と共に紹介していきたい。

●応募

　採用選考で落ちた求職者が、SNSや口コミサイトに意図的に会社の悪口を投稿するケースは少なくない。合否に関わらず、この会社に応募して良かったと思ってもらえるような応募者体験を提供することへの企業の意識は高まっている。

　採用活動を行っていると、「募集を開始したものの、なかなか応募が集まらない」という悩みが発生する。母集団が形成できないことは採用計画が実現できないことを意味するが、単に人材をたくさん集めればよいというわけでなく、ターゲットとなる人材を集めることが重要である。

　2018年9月にアメリカのラスベガスにて開催されたHR Technology Conference&Exposition（以下HRTC）のPitchfestにて特別賞を受賞したTalVistaは、採用側に発生する無意識な偏見（アンコンシャスバイアス）を取り除くためのSaaSプラットフォームを提供している。海外では特にJob Descriptionが採用上重視されているため、TalVistaは求人の掲載内容をAIを使ってターゲットが魅力的に感じるように作成したり、その後の面接時に使用する質問項目を作成したりするサービスを提供している。使う単語や文章によって、男性と女性がそれぞれ魅力に感じるかどうかが変わってくるという統計データに基づき、男性と女性の候補者が均等に応募するように調整することが可能で、またリアルタイムでその文章の評価をし、フィードバックをしてくれる点で注目されている。

　求職者側のメリットは、履歴書を企業に提出する際に、偏見を引き起こす可能性のある情報（氏名や住所、出身校など）を隠すことができるため、スキル・能力・経験などの重要な情報のみで採用の合否判断がなされる点である。また、このことは多様性を持った母集団を形成することにもつながり、結果として会社側にも良い点が多い。

●採用

　採用担当者は応募書類の確認、候補者との面談日程調整、そして実際の面談と、時間の制約がある上に一度に多くのタスクをこなす必要がある。そのため面談の日程調整に充てる時間の効率化は課題の一つである。

　世界的に展開しているあるホテルグループにおいては、採用までにかかる日数が業界平均の2倍の42日であった。優秀な人材は採用のスピードに対して敏感であるため、採用期間の短縮は人事担当者としては重要な課題の一つであったが、業務の性質上、面接は不可欠かつ重要なステップでもあった。この非効率さを解決するため、当グループはオンライン面接を導入した。今でこそオンライン面接は当たり前になりつつあるが、ここで重要なのは採用担当者がリアルタイムで候補者の面接に臨むのではなく、応募者が好きなタイミングで採用サイトへログインし、あらかじめ会社側が設定した質問について「回答する動画をアップロードする」という手法を採用したことにある。

　これにより会社の人事担当者は、面接のための日程調整に煩わされることがなくなった上に自身の好きな時間にまとめて候補者を確認することができ、飛躍的な時間短縮につながった。またAIを搭載した同採用プラットフォームの活用により、動画で話している応募者のジェスチャーや表情から、ホテル業務で重要なビヘイビア要素についても評価を行うことで、結果として合否判断のスピードの向上をもたらした。

　応募者にとっては、コロナ禍においてわざわざ外出が求められなくて良いことに加え、24時間365日いつでも応募することが可能という接続性、利便性が高いことに加え、面接官と対峙した際に緊張してしまいうまく話せないといったこともなく、さらにはやり直しがきくという点にメリットがある。

●従業員エンゲージメントの醸成

　2017年10月のHRTCのメガセッション「Discovering the Next Great

HR Technology Company」にて「BlueBoard」が優勝を飾った。BlueBoardは、マネージャーが従業員に向けて報酬として「体験」というギフト（贈り物）をし、従業員のエンゲージメントを向上させるプラットフォームを開発した。我が国においても近年「asoview!（アソビュー）」や「TABICA」などの体験型の旅行パッケージを提供するサービスや、旅行に限らずさまざまな体験型のギフトを贈ることのできる「SOW Experience」が注目を浴びている。

　報酬すなわちギフトを与えたい従業員がいた場合、誰に、どのようなレベル（ギフトの価格）で、何に対する評価として贈りたいのかをオンライン上のプラットフォームに入力すると、対象の従業員にメールが届く。従業員はメールでギフトを確認し、プラットフォーム上にある自分が好きなアクティビティを選択することができるという仕組みである（**図表5-7**）。

　このHR Techが評価された点は、社員のエンゲージメントを上げる方法として「金銭やギフトカードなどの報酬」から「体験（アクティビティ）の報酬」に価値観を変えた点にある。ギフトカードや現金な

図表5-7　BlueBoardの仕組み

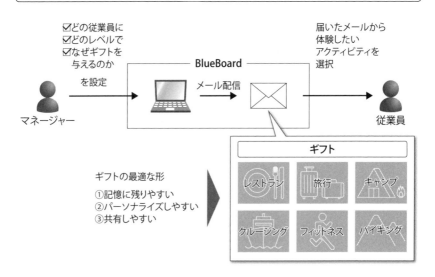

どの"モノ"の贈り物は、非常に短期的で思い出に残らず、かつ何に使ったのかさえ忘れてしまうが、アクティビティ（体験）は、よりパーソナライズすることができ、その従業員にとってより思い出深いものになる。さらに、誰かに共有したくなるのが、"体験"の特徴である。そのためアクティビティの体験者が自発的に、社内のコミュニケーションツールなどで、自分の体験を共有することもあるので、それがまた本人の承認欲求を満たし、チームビルディングにもつながることが見込める。

　このように従業員、会社双方にメリットが大きいHR Techの起用は、ぜひとも会社として検討していくべきものである。

●人材育成

　日本は今や、経済や人口が右肩上がりであった時代から、低成長と人口減少の時代に突入している。企業戦略達成に必要な人材確保のために「人材を代替させる」のではなく、「現有の人材を変化させる」ことを計画的に管理・実行しているのにも関わらず、しばしば特定の従業員が「そこで優れた成果を上げている」という理由で、同一のマネージャーと長期間仕事をさせられてしまったり、同一の部署やプロジェクトに長期間滞留させられてしまったりという事態が起きる。特に昇格・昇進がかかった場面において、他のスキルの獲得や新たな経験が必要だったのにも関わらず、会社都合で適切なローテーションや異動が行われなかったためにその機会を逸したりした場合は、当該従業員の退職リスクが大きく高まるということは容易に想像できる。

　あるグローバルIT企業においては、タレントマネジメントとアサインをAIにて管理し、個々の従業員の成長ニーズに合わせてアラートを発信する仕組みを運用している。具体的には、1年間同じ部署やプロジェクトにアサインされている場合には、その従業員のキャリアを管理するマネージャーに長期アサインを知らせるアラートメールを自動で配信する。また当該従業員が今の現場で昇進に必要なスキルを既に獲得済みである場合に、新たな仕事の機会を促すようにマネージャーに推奨する。アラートに対してマネージャーが具体的な行動を起こさず現状が改

善されない場合、さらなるアラートが人事部担当者にも配信される。当該従業員の退職リスクやモチベーション低下を防ぐべく、会社側の早期介入を提案するようにデータが連携されるようになっている。このような仕組みは、マネージャーに対して、人事部が実施してほしいと思っているアクションを推奨・実行するよう促し、組織のタレントマネジメントワークや人材育成をより効率化するだけでなく、マネージャー・人事部・従業員の三者が、適切な育成の機会に対し常に適切なアクションを取れるよう支援することで、EXの向上に努めている。

●学習

e-LeatningやLearning Management System（LMS）を使った企業向け研修サービス市場は日本でも増加傾向にあり、特に新型コロナウイルス感染症の影響に伴いテレワークの増加、研修のオンライン化の促進がそれを後押ししている。

BtoBをメインとするLMS市場のトレンドは、個人に最適な学習機会を提供し、自律的な成長を促すプラットフォームの開発であり、従業員のプロフィール情報、評価情報、社内掲示板の閲覧履歴や検索履歴データを基に、学習推奨されるコンテンツを表示し、学習を促進していく仕組みを自動化しようとする動きが強い。従業員は推薦された研修をクリックすることで、会社のイントラネット上で科目の概要を閲覧でき、もし学習したければ「登録」ボタンを押すことで、簡単に受講登録を行うことができる。もちろん、スマホや携帯電話からも受講可能であり、必要なときに必要な場所で簡単に学習できるようになっている。

従業員の学習時間とエンゲージメント・レベルとの間には統計的相関性があり、また学習意欲が高い人材は全体的に成果が高いことが判明している。そのためより良い学習体験を従業員に届けることは、会社の成長に不可欠といえる。

近年ではスウェーデンのSana Labs社のように、企業が自社の教材コンテンツで従業員の個別最適化学習（Adaptive Learning）が提供できるようにAPI型ソフトウェアを開発する企業も出てきている（**図表**

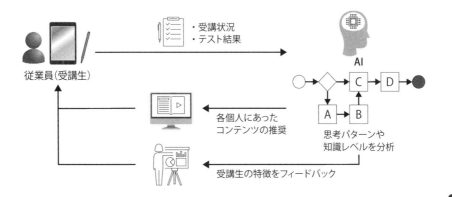

図表5-8 テクノロジーを活用した個別最適化学習の概要

5-8）。またこの製品は、学習する従業員の正誤だけでなく、何を理解しているのか／していないのか、どのような方法で一番理解できるのかといった学習プロセスの一連の情報もAIにて特定し、トレーナーにデータとしてフィードバックする仕組みを持っている。今後AIが個人の問題解決データを利用して、正解した人にはより発展的な問題を、間違えた人には不足している意識の補完問題を、といったように専門のチューターが常に寄り添ったような学習体験の提供が主流になってくると予測される。

●安定した成長

新型コロナウイルス感染症の影響により、緊急かつ半強制的に導入されたテレワーク施策は、従業員が家庭において仕事と私生活を上手に切り離すことができないままで働く事態をもたらした。Oracle社が2020年8月に、自社11カ国の12,000人以上の社員に対して実施した調査によると、従業員の85%が、仕事でのメンタルヘルスの問題が、家族関係の悪化、友人からの孤立、幸福度の低下、睡眠不足などの原因となっていると回答している。

一方で従業員は、チームから外されたり、解雇されたりすることを恐れているため、自身のメンタルヘルスの悪化を上司には簡単に報告でき

ないというジレンマを抱えている。特に、コロナ不況と言われ、雇用機会が減少している今、それを伝えるのはかなり勇気のいる行動である。この調査によると、回答者の68％は職場でのストレスや不安についてマネージャーよりもロボットに話したいと考えており、また80％はセラピストやカウンセラーにロボットを起用することに前向きであった。

　2019年10月にラスベガスで開催されたHRTCのPitchfestで優勝したアメリカのPILOT社は、AIを活用して従業員へのコーチングを行うソリューションを発表した。PILOT Coachingはスマホやパソコンを利用し、週に10〜15分のコーチングを受けた結果についてインパクトを分析し、次のコーチングに反映する。AIが各社員へのコーチング結果を分析し、その結果を次回以降のコーチングに反映することによって、コーチング担当者の負荷を大幅に軽減するだけでなく、コーチング精度の向上も実現するソリューションである。また、アメリカのGinger社は総額200億円以上の資金調達を完了し、従業員に直接カウンセリングサービスを提供するチャットアプリケーションを提供している。そのアルゴリズムは、人が使用する単語を分析し、20億を超える行動データサンプルや、4,500万のチャットやメッセージ、200万件を超える臨床評価から得た結果に基づいて、従業員の推奨アクションを提案する。

　企業は、テレワークによりコラボレーションツールやビデオ会議ツールが大量に採用された現在、従業員自身が「テクノロジーが自分たちをサポートできる」という意識が高まっていることに気づき、職場のストレスやメンタルヘルスの問題に対処するのに役立つソリューションの起用を積極的に考えるべきである。

本章のまとめ

☑ エンプロイーエクスペリエンス（EX）は、日々の業務や会社関係者との関わり、会社とのあらゆる接点を通じて従業員が体験したことならびに感じたことであり、従業員エンゲージメントを育む支援要素である。

☑ EX向上の目的は、従業員を単に幸せにするためではなく、企業の最終利益を拡大する従業員エンゲージメントを育むためであり、カスタマーエクスペリエンス（CX）が利益に影響を与えるのは明白だが、良いEXを生み出さなければ良いCXは生まれない。

☑ パルスサーベイを用いて捉えることができるのは、EXそのものではなく、従業員が抱いていた期待と、会社が予想している与えたイベントに対して従業員が抱くであろう期待との差異である。

☑ EXは恒常的なものではなく、従業員ライフサイクル（ELC）の中で、絶えず新しく生まれ、変化する。そのため従業員の入社から退社まであらゆる段階で鍵となるEXを測定し、最適化することが現場リーダーの最も重要な仕事の一つである。

☑ ミレニアル世代やZ世代の優秀な層を確保するために、HR Techを活用して良いEXを作り出す動きが世の中のトレンドであり、新型コロナウイルス感染症の影響によるテレワーク化、オンライン化の促進がそれを後押ししている。

☑ EXを提供するHR Techは、「AIの活用」や「ダイバー

シティ経営」、「パーソナライズ化によるパフォーマン
ス最大化」が特にクローズアップされており、従業員
もあらゆる領域においてテクノロジーの活用を望み始
めている。

第 **6** 章

DXの離陸と加速を支える
アジャイルアプローチ

第1節　組織にアジャイルの風穴をあけよ

　新型コロナウイルス感染症が、デジタル化のトレンドを加速させている。消費者行動や働き方の急激な変容に呼応して、多くの企業がDXの名のもとでデータとテクノロジーに立脚したビジネスへの変革を推進している状況だ。ところが、DXに対する誤った解釈（DX＝レガシーシステムの刷新といった誤解）や、旧態依然とした組織風土（閉塞的な人材活用やコラボレーションを阻む人事評価制度など）が改革を阻害しているという[1]。

　DXを継続的な取り組みとして組織に根付かせるには、新しいアイデアを歓迎し、挑戦を称える組織風土が必要だ。しかしながら長年、"事業の選択と集中"や"徹底した効率化"をあるべき戦術として追い求めてきた経緯から、イノベーションに必要な組織力や仕組みが失われている企業が多い。つまり、ビジネスモデルや組織ガバナンスを洗練してきた企業ほど、創業期への回帰にも似た意図的な組織風土のパラダイムシフトが必要な状況といえる。

　その変革を支える手法として注目されているのが、GAFAや新興IT企業が採用するアジャイルアプローチだ。アジャイルには"俊敏な"という意味があり、一般には、最初から完成形を目指すのではなく、顧客の反応を見ながら素早く改良を重ねていく手法などと説明される。では、なぜDXにアジャイルアプローチが有効なのか。それは、DXの取り組みが（単発の製品開発とは異なり）テクノロジーで顧客接点を強化し、そこで得た情報で次のサービスを提案する"サイクル"の構築を目指す点にある。"ECプラットフォームをリリースし、顧客の反応を見て改良する"、"製品を投入し、購入後の使われ方を解析して新たなサービ

---

[1] デジタルトランスフォーメーションの加速に向けた研究会の中間報告書『DXレポート2（中間取りまとめ）』経済産業省

図表6-1 戦略・組織文化・プロセス改革の必要性

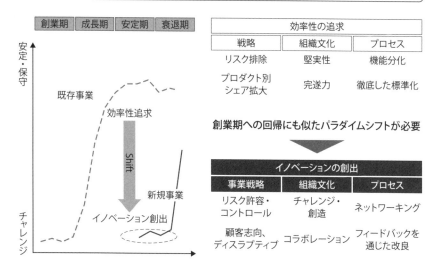

効率性の追求		
戦略	組織文化	プロセス
リスク排除	堅実性	機能分化
プロダクト別シェア拡大	完遂力	徹底した標準化

創業期への回帰にも似たパラダイムシフトが必要

イノベーションの創出		
事業戦略	組織文化	プロセス
リスク許容・コントロール	チャレンジ・創造	ネットワーキング
顧客志向、ディスラプティブ	コラボレーション	フィードバックを通じた改良

スを提案する"といったサイクルの構築には、我々が得意としてきたゴールから逆算して作業を組み立てる手法では立ち行かない。その時々の状況や顧客ニーズの変化に合わせてゴールを動かし続ける必要がある。アジャイルなアプローチこそ、「未知なる問題にいかにスピーディーに対処するか」という枠組みを与えてくれる。

本章では、アジャイルのコンセプトを説明した上で、組織と人の動きを中心に置いてDXの進め方を紹介し、アジャイルな発想と"うごき"の必要性を述べる。そして後半は、アジャイルを許容し奨励する組織への変革に向けた人事施策の検討方向性を解説する。

第6章

第 **2** 節 | DXの推進にはアジャイルな発想と "うごき" が必要

●アジャイルとは何か

　アジャイルをDXの取り組みとひもづける前に、ソフトウェア開発におけるアジャイルを簡単に説明しておきたい。アジャイル型開発とはスクラム、リーン、XP（エクストリームプログラミング）といったソフトウェア開発手法の総称であり、この言葉自体は、開発メソドロジーが乱立した2000年初頭、有志の開発者たちが各メソドロジー共通の原則をアジャイルマニフェストとしてまとめたものが始まりといわれている。

アジャイルマニフェスト[2]
　プロセスやツールよりも個人と対話を、
　包括的なドキュメントよりも動くソフトウェアを、
　契約交渉よりも顧客との協調を、
　計画に従うことよりも変化への対応を、
　価値とする

　マニフェストが示す通り、"個人（＝顧客）"、"ソフトウェア（＝アウトプット）"、"顧客との協調（＝コラボレーション、フィードバック）"、"変化への対応（＝フレキシビリティ）" がアジャイルの原則だ。そしてこの原則に則って、開発とリリースを短いサイクルで繰り返し、顧客からのフィードバックを得ながら効果のエンハンスを図るというのがアジャイル開発の大まかな流れである。単にトライアンドエラーを繰り返し、設計書通りに完成させるものではない点に注意したい。アジャイル型で開発されるソフトウェアは、リリースとフィードバックを繰り返す度に改良され、当初目論んでいた効果や利便性を超えていくのだ。

---

[2] http://agilemanifesto.org/iso/ja/manifesto.html

図表6-2　ウォーターフォール型とアジャイル型のアプローチ

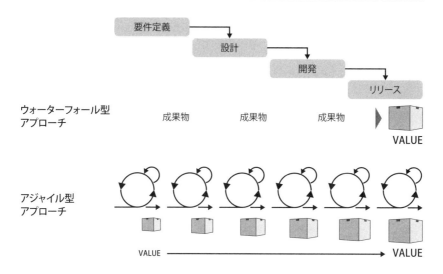

　これに対し、従来から広く活用されている方式がウォーターフォール型だ。ウォーターフォール型ソフトウェア開発では、要件を明確化した上で、設計や開発といった工程を一つずつ順番に終わらせる。各工程は、一度限り実施することが望まれ、原則、後戻りはしない。そして、長い時間をかけて全ての工程を終えた時、多くの機能が一斉にリリースされる。ウォーターフォール型で開発されるソフトウェアは、当初の設計書に記載された価値の実現と、予定され文書化された通りのスピードで仕上げることが重視される。このため、目的や要件、スコープが明確で変動しないプロジェクトであれば、リソース計画や進捗管理の容易さの面で優れており、そのような開発案件においては今なお重用されている。

　まわりを見渡せば、ウォーターフォール的な発想や仕事の仕方がいたるところに浸透し、さまざまなルールやプロセスがこれを支えていることに気付くだろう。もし、これらの仕組みが従業員の自主性やコラボレーション、そして変化やニーズに柔軟に対応する姿勢を拒んでいるならば、組織にアジャイルの風穴を開けるべきだ。DXに取り組む人事部

門は、DX を阻害する仕組みを排除し、組織のアジリティーを高める施策を練る必要がある。

　では、組織や社員のうごきをどのような方向へ転換すれば、組織的なアジリティーが高まるといえるのか。その示唆を得るため、アジャイル型とウォーターフォール型それぞれの特徴を対比して整理する。

【スタート位置】

　アジャイル：顧客視点に基づくハイレベルなビジョンを描き次第

　ウォーターフォール：具体的な要件が固まり、合意形成され次第

【チーミング】

　アジャイル：自発的なチーミングとコラボレーションを奨励。コラボレーションの土台となる専門性、リスクリテラシー、IT リテラシー向上に向けて、個々のメンバーの自己開発が求められる

　ウォーターフォール：メンバーの経験と専門性に基づき、プロジェクトマネージャーがチームを編成。通常、工程ごとに機能や業務領域別でチームが編成され、流動性はない

【価値創出のタイミング】

　アジャイル：アウトプットサイクルが早いため、早い段階で価値を創出。さらに仲間や顧客からのフィードバックを繰り返し、その価値を向上させる

　ウォーターフォール：全てのパーツが出来上がり、一斉にリリースされるタイミングまで、価値は創出しない

【柔軟性】

　アジャイル：設計、開発、テスト、リリース（この反復単位を"スプリント"と呼ぶ）を短期間で繰り返す中で、変化する顧客のニーズや新たなトレンドを柔軟に取り込む

　ウォーターフォール：当初に文書化された仕様に則って作業が行わ

れ、原則として仕様からの逸脱は認められない

【作業の優先順位】

アジャイル：パーツごとに重要性が評価され、人的リソースや予算、リリース時期に係る優先順位が設定される

ウォーターフォール：プロジェクト全体に対して重要性が定められ、プロジェクト内の個々のタスクには、実施すべき順序があるだけで優先順位は設定されない

【コスト投下タイミング】

アジャイル：パーツごとにコストが投下される。また市場環境や顧客ニーズの状況に応じて短いサイクルで調整される

ウォーターフォール：全体、および工程単位で見積り、消化する。工程途中でのコスト増要求は極めて難しい

【リスク管理】

アジャイル：各パーツの依存関係や相乗効果を考慮し、全体を俯瞰した高度なリスク管理が必要。プロジェクトがパーツ化されているため、一部のパーツが失敗した際の損害は小さい。各パーツは小規模なチームで自律的に推進されることから、プロジェクトメンバーの多能工化やリスクリテラシー向上が求められる

ウォーターフォール：一斉に多くの機能がリリースされるため、失敗時の損害は大きい。リスク管理は、プロジェクトマネジメントオフィスで一元的に管理され、工程ごとに成果物を厳しくチェックする形で評価され、問題発生時にはプロジェクト全体が止まる

●DXの推進に求められるアジャイルな発想と"うごき"

先に触れたように、DXは、ゴールから逆算して作業を組み立てるウォーターフォール的なやり方ではうまくいかず、アジャイルな発想や"うごき"を取り入れて推進する必要がある。では、DXの取り組みの

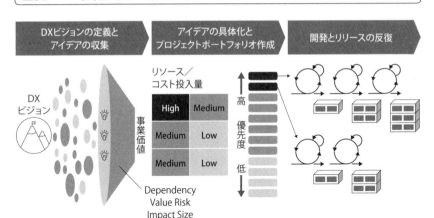

図表6-3　組織と人の動きを中心に置いたDXの推進アプローチ

どのような局面でこれが必要とされるのか、そのイメージを具体化していただくため、組織と人の動きを中心に置いてDXの推進アプローチを紹介したい。

フェーズ1：DXビジョンを定義し、アイデアを収集する

　まず、自社が顧客にどのような体験を提供し、どのような新しい関係を望むのかを、DXビジョンとして定義する。アジャイルの原則でいう"顧客志向"が重要となるフェーズだ。これまで"製品を販売する"というゴールに向けて戦略や品質、コストを研ぎ澄ませてきた企業であれば、その製品を顧客との一つの"接点"と捉え、他の"接点"（ECプラットフォームやリアルの店舗、サポートデスクなど）と組み合わせ、どのような新しい体験を顧客へ提供するのか、その世界観を整理していく。

　大手重機メーカーでは、ビッグデータを活用し、販売した重機のメンテナンス情報や故障予測を発信することで、顧客の安全で確実な事業遂行に貢献している。また、音楽や映像をサブスクリプション型で提供するプロバイダーでは、顧客がサービスを利用するほどその好みを汲み取り、パーソナライズしたコンテンツを提供することで、顧客に"とって

おき感"を与えている。このように、企業がしつらえた体験に乗せられた顧客は、そう簡単にはその製品やサービスから離れられないだろう。

　歴史ある企業ほど、これまで重視してきた理念やパーパスがあり、顧客へ提供すべき価値が決められているはずだ。そういった会社のDNAと、テクノロジーやデータの可能性を突き合わせ、自社製品やサービスの枠を超えたビジョンを掲げよう。

　そして、そのビジョンの具体化につながるアイデアを募る。アイデアは、限られたメンバーからの発信に頼るのではなく、極力、全社レベルで募集したい。全ての部門が、それぞれの役割や日々扱うデータの見地からアイデアを発信してこそ、人材、データ、業務知見といった会社の総力を事業活動に投入し、新しい製品やサービスに反映するサイクルが出来上がる（**図表6-4**）。さらに、社内の大勢を巻き込むことで、DXが限られたメンバーによる閉鎖的な取り組みと誤解され、社内が白けてし

図表6-4　DX時代のカスタマージャーニーとエンプロイージャーニー

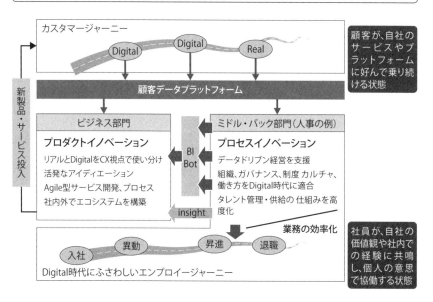

まうリスクを排除できる。

　全社規模でアイデアを募る際には、各部門の"顧客"を明確にしておこう。特に、人事・経理・総務といったバックオフィス部門は、自社製品のユーザーたる顧客との接点が少なく、顧客志向が低いケースがあるためだ。各部門から筋の良いアイデアを得るには、プロダクトイノベーションのターゲットである事業推進上の"顧客"と、プロセスイノベーションを推進する上での社内の"顧客"を切り分け、各部門の「顧客」を明確にすることが有効である。人事部門を例に挙げれば、その"顧客"は自社人材の可能性や充足度を踏まえて事業戦略を策定する経営陣であり、現場の従業員を管理し、鼓舞する管理職であり、多様な働き方やキャリアを志向しながら仕事にまい進する従業員である。会社全体が、自らの"顧客"を再認識し、提供するサービスの利便性や質、エクスペリエンス向上に向けて活発に議論する姿を目指したい。

　そしてもう一つ配慮すべきは、実現性にとらわれずさまざまなアイデアを収集することだ。これまで「堅実さ」や「実行力」が重視されてきた組織では、前例や実績の無いアイデアや突拍子もない思いつきは敬遠されがちだろう。だがこれからは、アイデアを出さずに失敗を避けるよりも、失敗が課題を発見するための重要なプロセスという認識のもと、コラボレーションやテクノロジー、データを武器に課題と対峙する新しい"うごき方"が求められているのだ。

フェーズ２：アイデアを具体化し、ポートフォリオを構築する

　アイデアの具体化プロセスでは、"顧客志向"に加え、"コラボレーション、フィードバック"を取り入れた"うごき"が重要である。顧客の立場に"共感"しながらニーズや問題点を発見し、その解決方法を仲間との協議や実証実験を用いて繰り返し検証していくという流れだ。

　例えば、Amazonの"置き配サービス"は、宅配ボックス、玄関、ガスメーターボックス、車庫、自転車のかごといった極めて生活感溢れる

選択肢から置き場所を指定し、配達されると写真付きの確認メールが送られてくる。また、サービスの展開地域は、盗難をはじめとするリスクに対する実証実験を踏まえて定められているという。顧客の状況や意向（到着予定時刻の行動や荷物受け取りの緊急度合い、盗難や雨に濡れたりするリスクへの感度など）に寄り添いながら、データや実験で解決できる問題とできない問題を切り分けて着地点が見出されたサービスといえよう。この事例が示す通り、アイデアの起点は、顧客に対する深い"共感"である。このようなレベルまでアイデアを具体化するには、専門家の知見やデータの裏付けが必要であり、自組織におけるコラボレーションの質の向上が欠かせない。

　具体化したアイデアをある程度収集したら、一つのアイデアを一つのプロジェクトと見立て、プロジェクトポートフォリオを作成する。顧客へ提供できる価値の大きさやリスクの大きさなどを基準に、大胆な賭けに出るプロジェクトと堅実に成功させるプロジェクトを仕分けるのだ。全体で一つのプロジェクトとせず、ポートフォリオ化することで、一部のプロジェクトが失敗した場合の損失を小さくすることができ、生き残ったプロジェクトにいち早く資源を振り向け、さらなる価値創出を狙っていく。

　話の視点は変わるが、イノベーション戦略の70：20：10という考え方をご存じだろうか。イノベーション活動の70％を既存の中核事業の活動に、20％をこれに隣接する活動に、そして10％を破壊的な改革に割り振る企業は、同業他社のパフォーマンスを上回るという。プロジェクトポートフォリオを作成する上でも、プロダクトイノベーションに傾倒し過ぎず、既存事業の改善や社内機能・プロセスの改革に目を向けていくことが重要である。

フェーズ3：開発とリリースの反復

　開発フェーズについては、既に第2節でアジャイル開発の概要に触れているため、その特徴の簡単な説明にとどめたい。アジャイル型開発で

は、通常２週間のサイクルで"計画→設計→実装→テスト"といった工程を繰り返す。ウォーターフォール型開発に慣れ親しんだ組織からすれば、この短いサイクルこそ受入れ難い代物かもしれないが、このスピードこそ重要である。実際、２週間程度のサイクルを間延びさせると、実行計画や振り返りに綿密な文書が必要となるだろう。となると、要件の変更やプロジェクトリスクにいち早く対応できず、失敗時の損失も大きくなり、アジャイルでもウォーターフォールでもない間延びした出来の悪いプロジェクトに落ちぶれてしまう。

　スピードが重要なのは、創造的な製品やサービスをいち早くリリースするためだけではない。一人一人がスピードにこだわることで、「無駄を排除する」「考えを研ぎ澄ます」「コラボレーションで集合知を得て、最適解を見出す」といった習慣を獲得し、社内の熱意や勢いを加速するという副次的な効果が得られる。スピードへのこだわりが、アジャイルな"うごき方"を奨励する組織への第一歩となるだろう。

第3節 | 組織のアジリティーを高めるための観点と手法

　これまで、DXを推進するさまざまな局面でアジャイルな発想と"うごき"が求められることを解説してきた。DXが昨今の複雑で不確実な事業環境からの要請であることを踏まえると、自組織がこれを推進しているか否かに関わらず、組織がアジリティーを身に付けるべき時期に来ていることは間違いないだろう。この潮流を捉え、組織パフォーマンスの最大化をミッションとする人事部門には、組織のアジリティーを高める変革を推し進めてもらいたい。自社の組織風土や業界、職種の特徴を踏まえ、アジャイル固有の発想やプロセスを介在させる領域を見極めて、できる限り小規模な変革で試すことが肝要だ。

　本節では、アジャイルな"うごき方"を許容し奨励する組織へ変革するためのポイントと、既存の組織風土の特徴を生かしながら施策を検討・展開する要領を解説する。

●アジャイルな"うごき"を許容し奨励する組織への
　五つの改革ポイント

　以下を参考に、組織的なアジリティーを身に付けるために必要な改革を見極め、推進していこう。

ポイント①　顧客志向を浸透する

　まず、全ての部門の"顧客"を明確化する。そして、各部門がその"顧客"に思いを巡らせ、何ができるか、他部門と組めばさらに何ができるかを具体化する場を設ける。この場を起点に、各部門のアイデアを有機的に連動させ、自社製品の買い手たる"顧客"への価値提供につなげよう。

ポイント②　意思決定や予算確保の権限を下位組織に委譲する

　アジャイルに事を進めるには、柔軟かつスピーディーにリソース（アイデア、ヒト、技術、情報）を融通する必要がある。意思決定や予算確保の権限が一定程度下位組織に委譲され、自発的な取り組みや意思決定を後押しする状態を目指す。そして、DXをけん引する特命組織が組成されている場合は、その組織の活動スピードを速めるために簡略化した意思決定プロセスや予算獲得プロセス、リスク管理プロセスを整備する。

ポイント③　チャレンジやコラボレーションを奨励する人事制度や部門目標を導入する

　既存の人事評価制度や部門目標は、これまでの仕事のやり方に最適化されている可能性が高い。過度な個人主義／短期成果主義や減点主義、安全主義が横行し、新しい"うごき方"の足枷になっていないだろうか。米・インテル社で誕生し、GoogleやFacebookなどが取り入れているOKR（Objectives and Key Results：目標管理手法）や、部門間の協働を促すKPIの導入を通じて、チャレンジやコラボレーションを奨励しよう。

ポイント④　デジタル時代にふさわしいデータ共有プラットフォームを整備する

　部門やチームごとにデータが散在していると、狭い範囲の情報しか見ることができず、担当領域を超えたインサイトも生まれない。データ共有プラットフォームを整備し、横のつながり、縦のつながりを深めることが重要だ。また、保守的な情報管理ガイドラインが、情報共有の障壁となっているようなら即刻、見直しに着手すべきだ。加えて、DXに関わるメンバーのデータリテラシーやリスクリテラシー向上に向けたコーチングやトレーニングを強化しよう。

ポイント⑤　アジャイルな"うごき"を許容し、奨励する組織風土を構築する

　組織風土は、社内のルールやプロセス、経営陣の言動、過去の成功体験といったさまざまな因子から形成され、従業員一人一人の考え方や"うごき"として表出する。組織風土にメスを入れる考え方については追って触れるが、"会議において謙遜や迎合が蔓延し、意思決定できない"、"アイデアや思考が、部門の役割の範疇に閉じ、小手先の解決策しか見出せない"、"リスク回避の思考が強く、責任の所在が曖昧となりがち"といった課題を払拭する取り組みに着手し、組織と社員の"うごき"をデジタル時代にふさわしいものへ変えていきたい。

●マインドよりも組織の"うごき"の変革に焦点をあてた組織風土改革が重要

　組織風土は、企業が整えた"公式なルール"と、企業史の中で培われた"暗黙のルール"双方の影響を受けた従業員の考え方や行動様式の総和である（**図表6-5**）。"公式のルール"は、組織体制や権限規定、人事制度や業務プロセスなどの目に見えるものであり、"暗黙のルール"は、過去の成功体験やマネジメントの言動から形作られた、部門横断の協働姿勢やマネジメントスタイルなどに表出する組織の"うごき方"である。したがって、組織風土にアジャイルの風を吹き込むには、"公式

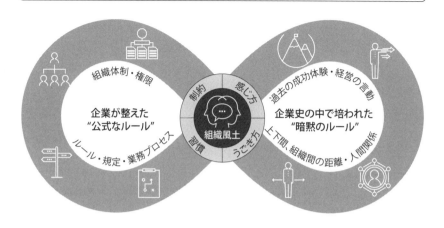

図表6-5　組織風土とは

組織体制・権限

企業が整えた
"公式なルール"

ルール・規定・業務プロセス

制約　感じ方
組織風土
習慣　うごき方

過去の成功体験・経営の言動

企業史の中で培われた
"暗黙のルール"

上下間、組織間の距離・人間関係

なルール"と"暗黙のルール"を組み合わせ、ルールの変更と望ましい
行動様式をセットで示し、組織に周知していくことが求められる。

　そして、改革に着手する際は、アジャイルを適用する仕事の範囲を慎
重に検討すべきだ。組織風土には、市場競争力や事業遂行力の源泉が内
在するため、全社一律でアジャイルの適用範囲を規定することは避けた
い。実際、商品企画部門と、厳格なプロセスに則った仕事こそが"安全"
に直結する航空機整備部門では、アジャイルな"うごき"を適用できる
範囲は異なるだろう。業務分析や従業員サーベイを用いて、アジャイル
の適用範囲に目途をつけた上で、マネジメントや該当部門とコラボレー
ションしながら施策を具体化していこう。

第4節　従業員サーベイで組織の課題を炙り出し、改革の方向性を見極める

　最後に、組織風土の変革方向性を見出し、施策を検討するアプローチ
を紹介する。
　図表6-6は、DXに着手するにあたり、自社組織とアジャイルの原則

との乖離度合いを調査するために実施した従業員サーベイから、変革の方向性をまとめたものだ。

　こうした分析を用いて、組織が変えるべき"うごき"を特定し、具体的な制度・規定やルールのチューニングとその意図にふさわしい行動をセットで提示しよう。変革の方向性を見極められれば、手を加えるべき制度やルールは特定しやすいだろうが、一方で、"暗黙のルール"（＝組織の"うごき方"）をどのようにチューニングすべきかは悩ましいところだろう。

　ヒントは、既存の組織風土にある。ぜひ自社組織風土の特徴を把握してほしい。組織風土は、日常の意思決定の方法や、議論の仕方、役割の

図表6-6　従業員サーベイによる変革の方向性

	ヒアリング・サーベイ／過去調査の声			課題	変革の方向性
公式なルール	過度にリスクカルチャーが浸透し、リスクを伴わない意思決定も上位者が実施している	意思決定が怖い		過度なリスクカルチャーに起因した他責の文化	顧客志向
	似たような委員会が乱立している。いったりきたりで説明している	リスク管理委員会が重視されてない		一部の意思決定プロセスが形骸化	権限移譲
	会議の効率が悪い誰も責任を負いたくないので、意思決定できない	意思決定するための資料作成に時間をかけ過ぎている		不満はあるが変えようとはしない保守性	リスク回避型から革新重視へ
	自部門のKPIを重視し過ぎて顧客中心に考えられない	KPIが重視され、新しい取り組みやタスクは放置されがち	KPIの実績を譲り渡すことになるため、コラボレーションはしない	個人や自部門に傾倒したKPIが、サイロ化や顧客志向欠如の原因	チームKPI長期KPI重視
暗黙のルール	部門内で完結する範囲で顧客の要望に応えている	情報管理ガイドラインが保守的。部門間で情報共有できない	システムの使い勝手が悪く、情報照会が極めて非効率	組織間協働の必要性や機会が不足	コラボレーション
	上位職者に反対意見を言いづらい	役職で人を見下す風潮がある		ファンクショナリズム、上下間の風通しの悪さ	ダイバーシティの在り方再考

捉え方、仕事のルール、働き方・うごき方といった仕事の場面に現れる（**図表6-7**）。自社組織風土の特徴を読み解いてみると、どんな施策が効きやすく、何に注意すべきかが見えてくる。例えば、"パフォーマンス志向"が強い組織には、人事評価や部門目標の改訂をメインとした施策が効くであろうし、サイロ化され自己完結志向の強い組織であれば、部門内に改革推進メンバーを置きつつ、部門内で導入しやすく、効果が見えやすい施策を優先して投入するといった具合だ。

経営陣の掛け声だけでは組織は変わらない。"仕組み"と"うごき"を連動させた意図的な仕掛けで、社員の行動（そして、ゆくゆくはマインドを）デジタル時代にふさわしいものへと変えていこう。

組織風土にアジャイルの風穴を開けることは、実に骨の折れる作業だ。だがこの取り組みは、DXを確実に前進させるだけでなく、デジタ

図表6-7　組織風土の特徴

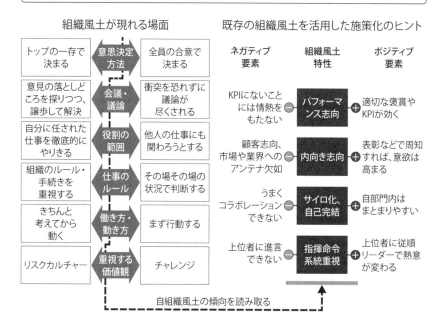

ル時代にふさわしい従業員のキャリア形成をサポートする。アジャイルな"うごき"が組織に浸透する過程で、従業員一人一人が顧客や業界、そして社内の仕組みに関心を抱き、テクノロジーを学ぼうとするだろう。人事部門は、この流れの中で、自己学習やコラボレーションを推奨するインフラを整備し、個々人のスキルや経験にふさわしい活躍の場を与えるタレントマネジメントの高度化を図っていきたい。加えて、従業員の成長と活躍に真剣に取り組むことは、自社の組織・人材のパフォーマンス向上のみならず、これから就職先を選別する若い人たちのニーズも満たし、労働人口減少下における採用戦略に大きく貢献することだろう。組織風土にアジャイルの風を吹き込む試みは、経営に貢献する人事部門への変革にもつながる。

本章のまとめ

- ☑ DXに対する誤った解釈や旧態依然とした組織風土が改革を阻害している。改革を組織に根付かせるには新しいアイデアを歓迎し、挑戦を称える組織風土が必要だ。その手法としてアジャイルアプローチが有効である。

- ☑ アジャイルは、"個人"、"ソフトウェア"、"顧客との協調"、"変化への対応"の原則の下で、開発とリリースを短いサイクルで繰り返し、フィードバックを得ながら効果のエンハンスを図る手法。効果（アウトプット）の発現時期が極めて早く、開発段階でもなお、新しい市場のトレンドを組み込める点が現在の事業環境に即している。

- ☑ DXは、限られたメンバーの取り組みとせず、さまざまな視点からのインサイトを結集し、製品やプロダクトへ反映する"サイクル"の構築を目指すものだ。従って、バックオフィス部門含めた各部門の顧客を明確化し、全社レベルで取り組むことが重要である。

- ☑ 組織パフォーマンスの最大化をミッションとする人事には、組織のアジリティーを高めていく責任がある。自社の組織風土を分析した上で、DX推進のために必要なだけの行動変容を促していくことが肝要。

- ☑ 組織の"行動変容"を促すには、制度・規定やルールといった"公式なルール"のチューニングとその意図にふさわしい"行動"をセットで提示することが重要だ。ま

第6章

た、既存の組織風土の特徴を生かしながら施策を具体
化し、実装していくべきだ。

☑ 組織風土にアジャイルの風を吹き込む試みは、DX を推
し進めるだけでなく、従業員のキャリア形成や採用市
場における競争力向上に寄与する。デジタル時代にふ
さわしい人事部門への変革に向けた取り組みとも言え
る。

第 3 部

人事オペレーティング
モデル

グローバル人事サービス
デリバリーモデル

第1節 日本企業の一般的なHRサービスデリバリーモデルと抱える課題

　HRサービスデリバリーモデルとは、人事部門としてのサービスをどのような体制、役割分担で関係者（ビジネス部門や従業員）に提供するのかというスキームのことである。本章では日本企業におけるHRサービスデリバリーモデルがどのような変遷を経てきたのか、さらにそこに内在する課題、ニューノーマルの時代に求められているチャレンジとそれらを踏まえてどう進化すべきかということを論じたい。

　日本企業では、人事部長をトップとして、その下に機能ごとの課がぶら下がるような、文鎮型のHRサービスデリバリーモデルを伝統的に採用してきた。そこには、領域ごとの課題には専任チームがしっかり対応できるというメリットがある一方、組織横断のテーマへの対応や、ビジネスサイドからのリクエストにスピーディーに対応できないといった課題がある。とはいえ、多くの日本企業が文鎮型のモデルを採用していたのは、ビジネスモデルに合わせた合理的な判断の結果だったといえる。

　グローバル化が加速した80年代以降、日本企業は、海外でビジネスを展開していたとしても、トップに駐在員を派遣して数字上のビジネスを管理するモデルが主流で、ビジネスが本当の意味でグローバルもしくはリージョナルに統合されてはおらず、人事の領域でもグローバルでの制度統合や現地法人から本社へ、また現地法人間でのモビリティという要件もほとんどなかった。そのためビジネスサイドのニーズとして人事部が国内に閉じて各課が担当領域について粛々と業務を遂行するというモデルで特段の問題が発生していなかったといえる。

　また、人事サイドの事情として新卒一括採用・終身雇用という日本型雇用が大きく影響していた。人事部に配属されるメンバーも新卒入社でスキルや知識レベルに差がないため、ある程度粒のそろった業務機能ごとに並列に配置された組織の中で担当者ごとの業務を難易度も量も同じ程度にそろえることで、担当者間の不公平感をなくし、かつ人事部内でローテーションさせることで、モチベーションを維持しながら人事部員

をジェネラリストとして同質的に成長させていくことが、人事部として
も都合がよかったのである。

　ただしその結果として業務が担当者ごと、課ごとに閉じて横の連携に
欠けるような組織体になってしまいがちであった。ありていに言うと、
サイロ化しやすいということである。これは、人事に限った問題ではな
く、自部署の目線だけで考えがちで、会社全体、あるいはビジネスサイ
ドにとって有益な動きにつながりづらい、ということがいたるところで
発生している。人事部門でいえば制度と業務運用とシステムの整合性が
とれておらず業務上の課題が発生しているケースは、企業規模に関わら
ず多く見られる。デジタル人材を例にとると、多くの企業でデジタル化
が重要な経営テーマになる中で、デジタル人材の需要はかつてないほど
に高まっているものの、自社内に十分なデジタル人材を確保できている
企業は数少ない。企業の戦略としては外部からの採用を検討するが、そ
ういった希少な人材を採用するのに必要な報酬額が、それまで企業内で
設定している等級とそれにひもづく報酬レンジから逸脱することはごく
ごく当たり前に発生する。採用を担当するチームが制度面で新たな職種
を定義し、従来の枠組みとは異なる報酬額で採用を進める一方で、その
動きが給与を担当するチームやシステムを管理するチームに連携されて
おらず、採用チームが人事システムにインプットした情報では給与シス
テムで正しく計算できずに例外処理（等級情報から算出される基本給に
調整給を加えた上、例外対応をしていることを本人に知らせないために
給与明細上は基本給として合算して表示する、など）を非常にタイトな
スケジュールの中で強いられるといった、部署・チーム間での連携漏れ
による不整合は珍しいことではない。

第2節　HRターゲットオペレーティングモデルへの移行

　一方、欧米では、20年以上前からターゲットオペレーティングモデ
ルとしてHRBP/CoE/HR Operationの3ピラーモデルが主流となり、多

くの会社が採用してきた。このモデルはミシガン大学のデイビッド・ウルリッヒ教授が20年以上前に提唱したもので、以下の三つの役割から人事のオペレーティングモデルを規定したものである。

① HR Business Partner（HRBP）：ビジネスと人事の両方の高い知見に裏付けされた戦略的なアドバイスをビジネス部門に提供する
② Center of Excellence/Expertise（CoE）：人事の中でも報酬や人材開発など特定の領域で、高い専門性を駆使して人事制度や施策の立案を推進する
③ HR Operation：各種人事データのメンテナンスや手続き・申請処理などの定常業務を効率よく遂行する

　既に多くの欧米企業がグローバルレベルでこのターゲットオペレーティングモデルに基づいた設計の人事組織に移行しており、人事に関するプロセスやシステムの標準化・効率化・高付加価値化を進めてきてい

図表7-1　HRサービスデリバリーモデルの比較

従来の"文鎮型"の人事	ウルリッヒの3ピラーモデル
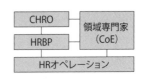	
人事部長 — 人事労務・人材開発・給与	CHRO / HRBP / 領域専門家（CoE） / HRオペレーション

	従来の"文鎮型"の人事	ウルリッヒの3ピラーモデル
日本におけるビジネス環境	・植民地型の海外現地法人管理でビジネスは国、もしくは地域で閉じていた ・人のモビリティも日本本社から海外現地法人という一方向の流れだった	・事業部制導入やビジネスの多角化が推進され、企業の中でもそれぞれのビジネスに即した人事戦略の必要性が高まった
モデルの特徴	・グローバル連携の必要性が高くなければ一定程度は機能する ・ジョブローテーションによって高度な専門性の習得は難しいが、新卒採用・終身雇用に適している ・サイロ化しやすく、横断テーマ検討が弱い	・HRBPはビジネスサイドの目線からより戦略的な人事アドバイスを提供し続ける ・高度な人事知識が必要な領域はCoEとしてグローバルに連携した人事施策を推進する ・定型的で付加価値の出しにくい業務はHRオペレーションとして集約を進めて効率化を図る

る。一方、日本企業でもこのモデルを志向している企業は増えてきている。多角化や事業部制の推進に伴い、異なるビジネスに対して画一的な人事施策での対応に限界が生じたことから、複雑な制度を設計するためのCoEやビジネスサイドからの提言を行うHRBPといった役割が必要になったことが大きな理由である。ただし欧米企業と比較するといずれの役割も十分に機能しているとはいえないケースが多い。CoEとHR Operationについては比較的機能しているケースもあるものの、改善の余地はまだ多く残されている。

　CoEは、領域専門家のチームとして企画や制度を立案することは得意だが、それらを施策として展開する際にイニシアチブを取り切ることに難があるケースが多い。特にグローバルにビジネスを展開する日本企業において、グローバル横断で横串を通した形でのプロジェクト遂行ができず、各国・各地域それぞれで物事が進み、統制が取れなくなる。こうなってしまうと、従来の日本型モデル（文鎮型）との差異はあまりなく、明確なアドバンテージが出せていないということになる。また、HR Operationについては、部分的な改善を積み重ねることには長けているが大胆に痛みを伴うような改革をやり切ることが不得手な日本企業の特性が悪い方に出て、業務の一部分をピックアップする形での業務集約にとどまってしまい、集約効果が限定的となり、結果としてHRBPにオペレーショナルな業務が多く残ってしまうという形でしわ寄せがいってしまっているという企業が多い。

　ただしCoEやHR Operationの課題は比較的限定的な一方で、HRBPに関しては多くの日本企業で十分に機能していない状況である。HRBPには、人事領域全般における知見にとどまらず、ビジネスそのものに対する深い理解とそれを前提とした影響力の行使が求められる。しかし、日本企業では人材の配置戦略として特にキャリアの浅い内は企業内のさまざまなポジションを経験させるローテーション制を採用していることが多く、ジョブローテーションを多く繰り返す中で、ビジネスへの理解は広く浅いものとなり、本来HRBPが行うべき戦略的なアドバイスの提供が難しくなる。結果として、HRBPが本来の役割をなかなか果たせ

ず、部門人事として人事オペレーションを行うことが業務の中心となってしまう。

　また、上記のモデルを問わず、昨今人事部門が抱える挑戦すべき課題は、DX推進の遅れである。例えば、RPA（ソフトウェアロボットによる業務自動化）による効率性の向上、すなわち、より戦略業務に時間を割くための打ち手は、まだまだ道半ばである。さらには、さまざまな人事関連データを分析し、経営に資するインサイトを導き出してあらゆる情報を一目で把握できるように指標やデータを視覚化するといったピープルアナリティクスの活用は十分進んでおらず、そのため経営層との接点が薄く、連携が強化されづらい。また当然のことだがDXは人事部門に限らずあらゆる部門で企業一体となって推進していく必要があるものの、DXを推進できる人材がそろっていない、そしてどういった人材を育成すればいいのかも明確な答えを持っていないという、DX人材育成という観点でも課題を抱えている。

　以上のように、多くの日本企業はHRサービスデリバリーモデルに構造的な課題を抱えている。その一方で、DX推進に課題を抱えているにも関わらず、"ニューノーマル"環境下では、変革要請が一層強まっており、人事部門は非常に難しい状況に置かれているといえる。

第3節　ニューノーマルの時代に求められる HRサービスデリバリーモデル

　日本企業がオペレーティングモデルに構造的な課題を抱えている中、ニューノーマルの環境下において、具体的にどのようなオペレーティングモデルが求められているのだろうか。これまでの議論を踏まえると、人事部門に必要な要件は下記の3点であると考えている。

① 横断的な変革テーマ（＝経営アジェンダ）に対し、経営層と連携し、グローバルで対応すること

② デジタルの活用により、従業員体験・業務効率を向上させつつ経営

図表7-2　ピープルバリューチェーンモデル

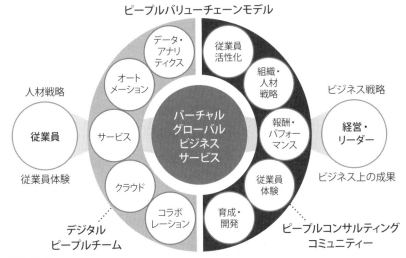

ピープルバリューチェーンモデル

データ・アナリティクス
オートメーション
サービス
クラウド
コラボレーション
従業員活性化
組織・人材戦略
報酬・パフォーマンス
従業員体験
育成・開発
バーチャルグローバルビジネスサービス

人材戦略
従業員
従業員体験
デジタルピープルチーム

ビジネス戦略
経営・リーダー
ビジネス上の成果
ピープルコンサルティングコミュニティー

機能構成

 ピープルコンサルティングコミュニティー（People Consulting Community）
経営層に対する人事関連の戦略的なガイダンスと課題解決を担う

 デジタルピープルチーム（Digital People Team）
デジタル・テクノロジーの導入・従業員サービスの高度化を担う

 バーチャルグローバルビジネスサービス（Virtual GBS）
オペレーション拠点がバーチャルで連携し、高効率なサービス提供を担う

に資するインサイトを提供すること

③ オペレーションを集約化し、より戦略的な業務にシフトすること

　これらの三つの要件を具備した、次世代型のグローバル人事オペレーティングモデルを、我々は「ピープルバリューチェーンモデル」として提唱している。

　このモデルの特徴は、経営から従業員に至る一連のステークホルダーへの価値提供をバリューチェーンとして捉え、人に関する経営アジェンダへの対応、従業員サービスの高度化、効率的なオペレーションを一気通貫シームレスに行うことにある。大きく三つのファンクション（機

能）から成っており、それぞれ次のように呼んでいる。

・ピープルコンサルティングコミュニティー（People Consulting Community）
・デジタルピープルチーム（Digital People Team）
・バーチャルグローバルビジネスサービス（Virtual GBS）

順にそれぞれの機能の概要を説明したい。

●ピープルコンサルティングコミュニティー（People Consulting Community）

この機能は、経営層に対する、人事関連の戦略的なガイダンスと課題解決を担う。

人材育成・人材開発、組織・人材戦略、従業員活性化、報酬・パフォーマンス、従業員体験、といった人事領域における各テーマの専門家をそれぞれコミュニティーとしてグローバル横断で組成したものであり、これらの専門家集団が、グローバルで連携しながら、人事テーマをプロジェクト型で推進していく。どういうテーマにどういう順番で取り組むのか、そのゴールは何か、という点を経営・ビジネスサイドと連携し、合意する。そして、そのテーマに応じて、最も適したメンバーを、専門家チームを中心にプロジェクトとして組成し、サービス開発から課題解決までを担当する。プロジェクトメンバーは、グローバル横断で人材を探してアサインし、協働する形となるので、人事領域における「社内ギグエコノミー」ともいえる。領域専門家によるチームという点ではCoEに近いが、CoEとの違いは、センターではなくコミュニティーであることである。つまり、コミュニティーリードの拠点は本社に限らず、グローバルで最も適した人材がいる場所となる。

このピープルコンサルティングコミュニティーにより具体化された人事サービスやアウトプットは、必要に応じ、次に説明するデジタルピープルチームと連携しながら、実行可能な形に落とし込んでいく。

●デジタルピープルチーム（Digital People Team）

　この機能は、デジタル・テクノロジーの活用を通じて、従業員体験・サービスの高度化や経営へのインサイト提供を担う。

　データ・アナリティクス、オートメーション、サービス、クラウド、コラボレーションの五つの領域に分かれており、それぞれがデジタル化を推進し、運営していく。データ・アナリティクスの領域では、評価や業績を含む、あらゆる人事データを分析し、経営判断に資するインサイトを提供する。オートメーションの領域では、AIやRPAを活用するなど、各種人事サービスの継続的な自動化を推進する。サービスの領域では、従業員接点としてのサービスマネジメント（問い合わせ・ケース管理）を強化し、チャットボットを活用した問い合わせ対応など効率化を実現する。クラウドの領域では、人事システムの定期的な見直し対応や従業員セルフサービスの支援を行う。コラボレーションの領域では、リモートワークを支える各種ツールをはじめ、さまざまな従業員間のコラボレーションを促進しながら、従業員エンゲージメントを定期的に計測し、より良い従業員体験を提供する役割を担う。3ピラーモデルにおいては、デジタルあるいはHRISに関する担当が必ずしも明確には定義されていないが、昨今のデジタル時代の到来に対応し、HRオペレーティングモデルとしてもデジタルをテコに付加価値を高める役割が求められているといえる。

●バーチャルグローバルビジネスサービス（Virtual GBS）

　バーチャルグローバルビジネスサービスは、グローバル・各地域リージョンにおけるオペレーション拠点がバーチャルで連携しながら、サービス提供からデータの管理まで、一元的に実施する機能である。

　まずオペレーションの拠点については、運用コストや人件費の観点から、グローバルで最適な配置を目指す。ただし、昨今の新型コロナウイルス感染症のパンデミック（世界的大流行）を受け、経営上重要なオペレーション拠点は、必ずしもグローバルで一つに集約するのではなく、

リスク分散の観点から適切に分散配置することが望ましい。業務の標準化が前提となるが、同じく新型コロナウイルス感染症の影響により、地域特有のニーズや法規制対応の在り方が変わることが想定されるため、柔軟に対応する態勢を整えるという観点からも、何をどこまで標準化するか、というポリシーの整理も肝要である。

　オペレーションの遂行に当たっては、同一のテクノロジープラットフォームによりデータを一元管理し、拠点間でバーチャルに連携していく。さらに、テクノロジーの活用を通じて最大限に効率を追求しつつ、達成すべきKPIやサービスレベルを目標値として設定し、継続的な改善を進める。なお、あえてビジネスサービスと題しているのは、人事に限らず、経理財務、調達、総務などさまざまな他の業務を集約したオペレーション拠点を目指しているためである。経営全体を見据えた効率化、データ活用の観点からは、業務機能間での連携が望ましい。3ピラーモデルにおいてもオペレーションの集約は大きな特徴ではあるが、本モデルでは、よりグローバル・リージョナルな広がりを重視していること、そして、各集約拠点がデータ・プラットフォームの連携を基軸としてバーチャルに機能する形を志向していること、が主な進化ポイントといえる。

　以上のように、ピープルバリューチェーンモデルでは、三つの機能がそれぞれ連携しながら、対経営から対従業員まで一気通貫に課題解決およびサービス提供を行う。ウルリッヒ教授の3ピラーモデルからの変更点で言えば、HRBPとCoEは統合されてピープルコンサルタントとしてコミュニティー化し、従業員接点および経営に対するサービスはデジタル化され、各拠点のHR Operationは、同一プラットフォームの下で拠点間連携の在り方がバーチャル化される。このように、キーワードは、生産性と従業員体験を向上させるための「デジタル化」、グローバル横断でテーマを検討する組織を形作る「コミュニティー化」、各地域におけるオペレーション拠点をつなぐ「バーチャル化」といえる。

第 **4** 節　モデル構築におけるコスト構造の最適化

　当然ながら、オペレーティングモデルには機能面だけでなく、コスト面での最適化も求められ、同じ程度に重要である。では、このようなオペレーティングモデルへの変革に向け、コスト構造がどのように最適化されるのかを見ていきたい。

　図表7-3は年間のHRコストの構造を例示したもので、内訳としては、経費、外部委託費、IT費用、そして人件費が並んでいる。そして、オペレーティングモデルの変革に際して、追加となるコストを中央の黒線より上に出ているバーで、削減されるコストを黒線の下半分に出ているバーで示している。以下、当モデルにおけるコスト構造の変化につい

図表7-3　オペレーティングモデル構築におけるコストの最適化

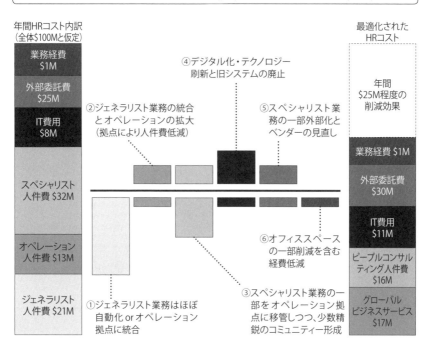

て当社によるシミュレーションの概要を示す。

① ジェネラリスト人件費

　自動化やオペレーション拠点への業務の徹底集約によって完全に削減される。

② オペレーション人件費

　オペレーション拠点への業務集約や拠点の統合により、一部費用は増加しつつも、拠点によっては人件費の低減が見込まれる。

③ スペシャリスト人件費

　HRBPやCoEに代表されるスペシャリストの業務のうち、可能な限り業務を集約しつつ、組成するコミュニティーを少数精鋭化することにより、人件費を削減しつつ、一部不足する組織能力を増強する。

④ IT費用

　デジタル化・テクノロジーの刷新を積極的に行うことにより、IT費用は増加する。

⑤ 外部委託費

　見直しによる低減はありつつも、プロジェクト型の課題解決に当たり、外部化領域は一部拡大が見込まれる。

⑥ 業務経費

　①〜⑤により全体的なヘッドカウントが減り、オフィススペースの一部削減を含む業務経費の低減が期待される。

　このように、オペレーティングモデルを進化させつつも、年間のHRコストは25％ほど低減できるというのが、当社によるシミュレーションを通じた見立てである。

第5節　サービスデリバリーモデルの進化に向けて

　ここまで、オペレーティングモデルに起因する課題、そしてグローバ

ル人事オペレーティングモデルの進化形としてのピープルバリュー
チェーンモデルについて解説してきた。とはいえ、本モデルへの移行、
つまりサービスデリバリーモデルの進化は多くの企業にとってそう簡単
なものではない。よって、将来のモデル変革を見据えて、どこからどの
ように手を付けていけばよいかについて、「デジタル化」「コミュニ
ティー化」「バーチャル化」の三つのキーワードに沿って、幾つかアイ
デアを提示するとともに、多くの日本企業にとって何がチャレンジとな
るか論じたい。

●デジタル化

　人事部門だけではなく、IT部門や全社のデジタル担当チームと連携
しながら、人事オペレーションのデジタル化を推進するチームをまずは
組成することが必要である。そして、デジタル化に向けたロードマップ
を描き、順次実行するとともに、徐々に定常組織化していくことを目指
す。
　既存のHRビジネスの効率化の推進に寄与するデジタル技術とその活
用イメージとしては主に以下のようなものがある。

RPA：採用候補者のパイプライン拡大・スクリーニング・面接などの
調整、内定者の入社前手続き、給与や報酬関連のデータ作成、勤怠デー
タ集計の自動化
Chatbot：従業員からの問い合わせ対応
Workforce Planning：フルタイム／パートタイム、外部リソースの要素
を絡めた要員計画予測
Enhanced ESS/MSS：スマートフォンも含めた従業員の自立的なオペ
レーション
On-demand Reporting & Dashboard：ビジネスリーダーへの各種デー
タ提供

　デジタル化を進めるにあたっての最大の障壁は人材不足ではないだろ

うか。人事部門内にデジタルの素養のあるリソースを多く抱えている日本企業はそう多くない。RPAによって業務を効率化したものの、数年後にはロボの開発者が異動してしまいメンテナンスできるメンバーがいなくなって無用の長物と化しているようなケースは多い。また、人事の戦略に沿ったデジタル技術の活用を企画できるほどデジタルへの理解が高いマネージャー層の厚みもまだまだ十分ではない。

　デジタル技術を扱える人材を継続的に養成し、その技術を正しく理解して人事の戦略とひもづけてデジタル化のロードマップを描くことのできるマネージャーの配置が重要になってくる。

●コミュニティー化

　多くの企業で人材育成、報酬、評価といった人事の各領域の専門家は、チームあるいはCoEとして存在しているが、それらを国や事業単位で閉じるのではなく、グローバルでネットワーク化し、CHRO（Chief Human Resource Officer：最高人事責任者）・人事統括にレポートラインを統合する。その際、各領域のリードは、グローバルで最も適した人材に任せることが肝要だ。そして、今どういうテーマに取り組むべきかを人事部門発でテーマを挙げ、経営と議論・合意していく。それは社内プロジェクトを立ち上げるイメージに近い。また、専門性の蓄積については、短期的に解決できるものではなく、ジョブ型への移行によるポジションの明確化と中長期的な育成など、雇用体系の見直しも段階的に進めていく必要があるだろう。

　グローバルにビジネスを展開する日本企業の多くは海外現地法人の主要なポジションに日本本社から社員を駐在させて配置する、いわば植民地型のガバナンスを効かせているケースが多い。そうすると現地法人の管理部門は本社からの指示をベースとして現地の法制度を守りながらオペレーションするだけの組織になりがちで、本社管理部門と比較して成熟度に大きな隔たりが存在するというのが実情である。そういったケースではコミュニティー化を推進するとともに各地域・各国の人事部門の潜在的な優秀人材を早期に引き上げて各領域のリードに据えるべく育成

し、地域格差をできるだけ早く解消させるような施策が必要になる。

●バーチャル化

「バーチャル化」は、オペレーションの標準化、集約化、拠点間連携というステップであるが、まずは標準化に向けて人事ポリシーのハーモナイゼーション、つまり、業務としてどこをグローバル標準とし、どこをローカル独自で行うのかをはっきりと規定することから始めるのがよいだろう。そのポリシーに沿って定常業務の仕分けと標準化をグローバル・地域単位で進めていく。その上で、既存のオペレーション拠点をうまく活かしながら、徐々に統合・集約化していくとともに、サービスマネジメント・ケース管理やサービスレベルの管理を導入していく。また、データの一元化、オペレーションの集約には、プラットフォームとしての人事システムのグローバルでの整備が求められるが、これは第一歩というには、かなり大掛かりな取り組みであるため、現状のシステム構成を踏まえ、現実的なプランを描いて、中長期的に実行していく。

肝要なのは一足飛びの進化や全面的な刷新を目指すのではなく、将来像を描き、着実な変革ロードマップを定めていくことだと考える。

特に日本企業の人事業務には新卒一括採用や1日／16日付けのみの発令といった日本固有の業務が数多く存在している。無理に標準化を推進しても業務にひずみが出るため、グローバル標準のモデルを最初から一つに集約せずに「欧米型」と「日本・アジア型」のようにパターン化して段階的に標準化を進めるなどの柔軟な対応が求められる。

これらは順番があるものではなく並行して取り組んでいくことが必要だが、デジタル化を推進することでオペレーション（バーチャルグローバルビジネスサービス）に必要なリソースが削減されるのでピープルコンサルティングコミュニティーやデジタルピープルチームにさらにリソースを投入することができ、コミュニティー化のレベルの深化やさらなるデジタル化の促進が期待でき、好循環を生むキードライバーになると考えている。

第 6 節　HRDX を促進させるための HR サービスデリバリーモデル

　HR サービスデリバリーモデルの進化は、デジタルの力によって人事部門がトップマネジメントにも従業員にもどちらに対しても価値を向上させることができるという点において、DX をドライブする原動力となる。

　例えばダッシュボード機能によってトップマネジメントは企業における人材に関連した数字を多角的に把握できスピーディーなビジネス判断が可能になるし、ピープルアナリティクスによってハイパフォーマーや離職リスクの高い従業員を把握して適切なアクションを取ることができる。また、ESS/MSS やチャットボットを基盤としたオペレーションのグローバル標準化はエンプロイーエクスペリエンスの向上に貢献する。

　これらは全てデジタルとは切り離せないものであり、これからの HR サービスデリバリーモデルには、前述の通りデジタルを担うチームが欠かせないというのが我々の考えである。

　コロナ禍以前より、人事部門は大きな環境変化への対応が迫られてきた。労働力人口の減少、少子高齢化と定年延長といったマクロな社会構造の変容や、副業、フリーランスの増加、ダイバーシティなどの労働環境の変化といった、いずれも一筋縄ではいかないものばかりだ。加えて、コロナ禍後の世界は、企業活動を取り巻く環境がさらに大きく変わり、それに伴って、人事部門が直面するテーマはより多様で複雑なものになっている。そのため、人事部門が果たすべき役割はかつてないほど大きくなるが、多くの企業において、こうした新しいテーマに十分対応できるオペレーティングモデルには必ずしもなっていないのが現状である。

　本稿では、そうした現状認識を踏まえたグローバル人事オペレーティングモデルの進化型について説明してきた。コロナ禍後の世界を見据えつつある今こそ、企業活動を支え、ドライブしていくことを可能にする

グローバル人事オペレーティングモデルへの進化を目指す絶好のタイミングなのではないだろうか。

第7章

本章のまとめ

- ☑ ビジネス上の合理性、新卒採用・終身雇用といった日本型雇用の特徴により、日本企業では文鎮型のサービスデリバリーモデルが主流であったが、一方で、サイロ化しやすいという課題を抱えていた。

- ☑ ビジネスの多角化や事業部制の推進といった背景を受け、日本企業でも欧米型のHRターゲットオペレーティングモデルが採用されつつあるが、必ずしも機能しているとは言えず、デジタル化の進展を受け、モデル自体の進化が求められている。

- ☑ デジタル時代、ニューノーマルの時代においては、「デジタル化」「コミュニティー化」「バーチャル化」をキーワードとしてHRターゲットオペレーティングモデルを進化させたピープルバリューチェーンモデルへの移行が、一つの解となり得る。

- ☑ ピープルバリューチェーンモデルへの移行は人事部門のパフォーマンスの向上だけでなくコスト面での最適化も期待できる。

- ☑ コロナ禍後の世界を見据えつつある今、人事オペレーティングモデルの進化を目指すタイミングに来ていると考える。

第 **8** 章

HRプロセスとオペレーション
の高度化と効率化

第1節 これまでのHRプロセス改革

　少子高齢化による労働人口の減少、就業世代の価値観の多様化、デジタル化促進に伴う求める人材像の変化など、急激な環境変化に対する経営・事業からの要請を受け、人事部門は多種多様な課題・取り組みテーマを抱え続けていることだろう。普遍的なテーマであるオペレーションコストの削減に加え、このような新たな取り組みへのリソース捻出のため多くの企業がHRプロセス改革を推進してきたと認識している。

　昨今のHRプロセス改革では、"シェアード化／BPO（Business Process Outsourcing）導入"のように組織・役割の抜本的な再編から取り組むケースと、業務プロセスにフォーカスしたBPR（Business Process Re-engineering)／オートメーション化を推進するケースに大別され、これらの改革に関して多くのクライアント企業から相談を受けている。"シェアード・サービス・センター（SSC：Shared Service Center）を設立して業務と要員を移管したが、品質面・コスト面ともに想定した効果が創出できない"、"工数半減を目標にプロセス効率化を実施しかなりスリム化できたが、いつの間にか元の姿に戻っていた"、"オートメーションチームを立ち上げ多くのRPAを開発・導入したが、全体的な業務工数が減った感覚が無いし、一部のRPAは稼働しなくなってしまった"など、さまざまな取り組みに着手しているものの成功している企業は多くはないようである。

　シェアード・サービス組織の立ち上げとBPR／オートメーション化を同時に推進したA社の取り組みを見てみよう。

　煩雑な人事オペレーション業務に多大な工数を投入し、人事課題解決へのリソースアサインが進まなかったA社では、自社での余力創出に向けたHRプロセス改革に着手した。長い歴史を有するA社では従来から"公平・公正な人事制度"を追求し続け、例外ケースが発生するたびにきめ細やかに規程を追加・修正することを繰り返してきた。その結

果、当時の人事規程は数百ページを超える膨大なものとなり、もはや全体を把握する者は存在しないレベルにまで達していた。またこのような膨大な規定があるが故に、A社人事における従業員に対する"サービスレベル"とは手取り足取り従業員をサポートすることであり、分からないことがあれば即時・その場で対応すること、場合によっては従業員に成り代わりプロセスを完結させることでもあった。この複雑怪奇な規定と誤ったサービスレベルの認識が改革の足枷となっていたようだ。

　A社が実行した施策においては、影響分析・組合交渉・暫定措置などさまざまな対応が必要となる制度・規定の見直しには一切言及しなかった。また各部門・事業所で従業員をサポートする体制を変えることなく設計されたシェアード・サービス組織の担当業務は、判断を伴わず従業員との直接的なコミュニケーションも行わない単純作業にフォーカスされ、結果的に本社人事・部門や事業所の人事担当との間で何度も行き来する非効率なプロセスとなっていた。さらにこのような役割分担・プロセスをベースに実施されたオートメーション化においても限定的な作業レベルの改善がなされただけで、人事課題解決の取り組みにリソースを再配置するだけの余力を創出することはできなかった。約2年にわたる大改革の顛末は、トップマネジメントから「抜本的に再検討せよ」と号令を下されることとなった。

　A社と似たような経験を持つ企業は少なくないだろう。同じ轍を踏まないためにはどのように改革に取り組むべきであろうか？

　解決すべき課題および改革の目的を明確化して推進することは言わずもがな、従来の常識を捨てゼロベースで組織・プロセスの再構築に取り組むことが最も必要なことである。進化が著しいテクノロジーの活用、新型コロナウイルス感染症により加速した働き方・仕事環境の変化など、従来の常識を捨て去るには良いタイミングとも言える。この好機を見逃さずに、前向きに抜本的な改革に着手するべきであろう。

　本章第2・3節ではHRプロセス／オペレーション改革を実行する上で

今や欠かせないテーマである“シェアード化／BPO活用”と“BPR／オートメーション化”について事例を交えつつ解説するとともに、第4節ではさらなるプロセス高度化に向けた新たな視点について解説したい。

第2節 ┃ シェアード化／BPOの活用

●シェアードの高度化

　各部門や事業所などに散在する人事業務、グループ会社個別に実施している人事業務を集約化した人事シェアードを設立した企業の多くは、「業務品質の向上」「業務効率の向上・コスト削減」をビジョン・ミッションとして掲げている。このビジョン・ミッションを実現するためには、“シェアード化のスコープ”と“シェアード組織の機能配置”が大きな鍵となる。

　シェアード設立時には「より多くの業務を移管し効果を最大化する」という旗印のもとに検討を始めるケースが多いが、各業務担当者と検討を重ねていくと、「この業務は判断業務なのでシェアードへの移管は難しい」「この業務は専門性が必要だから本社に残すべき」といった理由から、細切れになった限定的な“作業”だけがシェアードに移管された、という事例が多数存在している。一連の業務プロセスが本社人事／部門・事業所人事とシェアード間で分断されることにより、業務プロセスの責任の所在が曖昧になるだけでなく、シェアードが主体的に品質向上・効率化に取り組むことができるスコープが限定的になってしまう。これではビジョン・ミッションを達成することは非常に難しい。

　また業務品質・効率を向上させるということは、すなわち「業務改革」を実行することであり、現行業務分析から実際の新プロセス導入およびその後のモニタリングまでをミッションとした組織・人材を配置することが必要である。しかし現実としてはシェアード内に業務改革を

ミッションとする専門組織を配置しているケースは少なく、また業務改革専門組織を有していたとしても十分な経験・ノウハウを有した人材を配置できていないケースが多く見受けられる。つまり業務担当者に改革・改善を任せっきりにしてしまっており、慣れ親しんだ業務を変えることへの抵抗から改善すらもなかなか進まない、というケースが多々発生している。

　それではシェアードにおけるビジョン・ミッションの実現に向けて何をすべきだろうか？

　まずはシェアードの業務スコープを見直すことから始めるべきである。基本的にはEnd To Endでプロセス全体をシェアードへ移管することが望ましい。組織間を往来するプロセスを排除し、プロセス全体の責任をシェアードに移管することにより改革のオーナーシップ自体をシェアードに移管することが必要である。もちろん採用・人材育成や評価・昇格といった業務はEnd To Endでプロセス全体をシェアードに移管することは難しいが、このようなプロセスでは極力一塊にした "タスク

図表8-1　シェアード組織高度化に向けて具備・強化すべき機能

シェアード・マネジメント機能	・管理指標（サービスレベルや業務遂行におけるKPI）の設定 ・管理指標の定期的モニタリング（業務品質／工数・パフォーマンスのマネジメント） ・業務担当者のスキル把握・育成および最適人材配置 ・業務コストの可視化・把握およびコスト目標の設定
	・業務課題の抽出・整理 ・見直すべきプロセス・ステップの特定
業務改革推進機能	・業務改革施策の企画・新業務プロセスの設計 ・改革施策における期待効果の設定 ・AI/PRAなどITツール・アプリケーションの開発 ・改革施策導入に関するコミュニケーション計画策定・実行 ・SSC業務スコープの拡大（本社組織・グループ会社へのさらなるSSC移管の企画および業務移管実行）

群"をシェアードへ移管し、組織間での往来を極力減らしたプロセスとして設計することが有効となる。

　同時にシェアード内の組織・機能強化を進めることが必要である。改革推進を実現するためにシェアードとして具備・強化すべき機能として、大きくは「シェアード・マネジメント機能」と「業務改革推進機能」がある。

　これらの機能は専門組織として徹底的な可視化・定量化を通して品質・効率の向上を実現するものである。近年ではセルフサービスを含む人事基幹システムが包括的に機能を備えるとともに、ワークフローやBIツールなどの周辺テクノロジーの進化も著しい。これらテクノロジー活用を前提とし業務プロセスを確立することにより、業務処理量・投下工数やエラー・差し戻し件数などの定量的把握が容易となり、シェアード・マネジメントにおいては定量データに基づいた業務課題の抽出・改革推進を可能となる。

　またさらなるシェアードの高度化として、"経営・事業への貢献"をビジョン・ミッションとして強化を目指す取り組みも始まりつつある。先に述べたテクノロジー活用により業務を通してさまざまなデータが蓄積される。具体例は第4節で触れたいが、蓄積された各種人材・人事データを活用し、経営・事業に新しい提言を行い貢献することが人事に期待される大きな役割となる中で、オペレーションの現場こそがそのデータの源となり得る。そのためシェアード組織内に人材データ分析機能を具備することにより効率的にインサイトを抽出することが可能となり、本社・事業部人事とアラインすることにより人事部門全体として人的側面からの経営・事業貢献を図ることが可能となる。

　しかしながらこのような機能を社内人材のみ、ましてや人事部門内で充足させることは非常に困難であろう。部門を超えた全社機能として保持することも一案であるし、不足するリソース・ケイパビリティの補完として外部の経験・ノウハウを活用することも一案である。昨今ではテクノロジー活用を前提としたBPOプレイヤーも台頭しており、デジタ

ル化に伴うこれらケイパビリティの外部からの獲得は大きな選択肢の一つとなっている。

●BPOの活用

　BPOと聞くといまだ"定型業務の外注化"と認識している方が多く存在している。このような認識の企業からは"シェアード化するかBPOを活用するか、どちらの道を選択すべきか？"との相談を受けることも多々あるが、シェアードとBPOは異なる選択肢ではなく、相乗効果を生み出すことも可能である非常に親和性の高いソリューションであることを理解して欲しい。世界約80カ国に100以上の法人を有するグローバル消費財メーカーB社におけるHRトランスフォーメーション・プロジェクトを例に見ていきたい。

　B社では新興国での企業買収によるビジネス拡大、製品ブランドの選択・集中を進める中、人事部門ではボーダーレスでのフレキシブルなリソースシフトの実現に向けた人事基盤整備が急務であった。"ワン・グローバル・カンパニーとして、人事組織・プロセス・システムをグローバルレベルで統一化"すること、その実現を企画から2年という短期間で完了させることを求められていた。最も大きなハードルは各国・各法人に散在するオペレーションの統一化、つまりはグローバルシェアードの構築であったが、B社は当初からシェアード組織はBPOにより実現する前提を描いていた。なぜなら低コスト拠点に一から自社シェアードを立ち上げることに限界があることを認識していたからである。拠点の選定、ファシリティ構築、そして何よりもリソース確保、これらシェアード立ち上げ期の難所をBPO活用により補完・短縮化することを選択したのである。このBPOパートナーの選定に際しては、シェアード立ち上げにおける拠点・ファシリティ・リソースの充足度に加え、プロセス・システムに関するノウハウ・実績も重要な評価要素であった。オペレーションのベースとなる人事基幹システムおよびグローバル標準形のプロセスを保持しており、その運用実績があることが必須の条件で

あった。

　このような厳しい基準をクリアするBPOパートナーを選定することにより、自社だけでは実現が難しいシェアード構築を含む基盤整備のリードタイム短縮化を図っていったのである。

　次に実運用に目を向けてみよう。B社HRオペレーションの基盤となるシェアード組織は、既存および今後のビジネス展開を見据え、欧州・北米・アジアの3極にBPOパートナーの拠点を活用したリージョン・シェアードセンターを設立している。各リージョン・シェアードセンターからリモートでは提供できない一部のサービスについては、各法人・拠点からのサポートも実施している。従来であれば拠点をまたいだプロセスは非効率の温床となりやすいものであるが、グローバル全体で共通の人事システムやワークフローを導入しステータス管理・プロセスコントロールすることを可能とするプロセスを構築したため、効率性を担保したまま満足度の高いサービス提供を実践していることも特徴である。

図表8-2　B社におけるシェアード／BPO

シェアード／BPO拠点の展開

グローバル標準プロセスを構築し、四つのロケーションにオペレーションを移管・統合

→ 各国拠点からの
　業務移管イメージ

グローバルシェアード組織（概要）

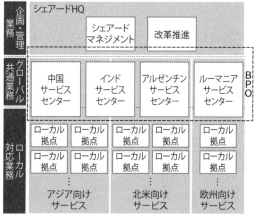

　これらテクノロジーを活用したプロセス設計／導入においては、BPOパートナーのノウハウ・実績をフルに活用したことは大きな成功要因の一つであろう。またテクノロジー導入だけでなく、先でも触れた「シェアード・マネジメント機能」「業務改革推進機能」についても、BPOベンダーのノウハウとリソースを最大限活用している点にも触れておきたい。

　この事例のように、取り組みの目的や制約に照らして自社の強み・弱みを正しく認識し、それらを補完するパートナーを正しく選定した上でBPOを活用することは非常に有効な打ち手であると言えよう。

第3節 | BPR／オートメーション化

　本節では、オートメーション（自動化）という視点でHRプロセスやオペレーションの効率化・高度化に向けた活動を考えたい。基本的に定型業務、すなわちルール化・ロジック化できる全てのプロセスはオートメーション化の対象となり得る。HRプロセスでいうと、身上変更・支給控除申請・通勤費申請・勤怠申請など、従業員が発生源となる各種申請における審査・認定・データ登録に至る一連のプロセスは制度・規定に則りルール化されているため、全てがオートメーション化の対象となる。しかし第一節で触れたA社のように例外ケースも含めると膨大なルールに則ることが必要となるケースも多く存在し、この複雑さはオートメーション化の核となるRPA開発の難易度を高くし、開発工数の肥大化の最も大きな原因となっている。また制度・規定においてささいな改定が行われた際もプログラムの修正が必要であるため、RPA運用における工数の肥大化の大きな要因でもある。

　第1節で触れたA社におけるHRプロセス改革 再検討でのオートメーション化事例をベースに、メスを入れるべき課題とその対策を見ていこ

う。

　HRプロセス改革の再検討は現行業務分析からの再出発であった。定量的に可視化できる業務処理量およびパターン別処理件数や、各業務への担当別投下工数などを徹底的に調査・可視化し、優先的に解決すべき課題とその原因を明確化した。工数肥大化の原因を突き詰めていくと、やはり注目すべきは「複雑怪奇な制度・規程」であった。人事規程が数百ページにわたることは先でも触れた通りであるが、勤務規定や通勤費・各種手当に関する規程を深掘り分析したところ、今では該当者が存在しないケースや、数名のみが対象となっているケースも多数残存していることが判明し、このような極少ケースも含めた都度の確認作業に多くの時間を費やしていることが浮き彫りになった。また複雑な規程に起因するもう一つの顕著な現象は、エラー対応の多さであった。申請者である従業員・その承認者である上長がともに人事任せになっており、「規程を読んでもよく分からないからとりあえずこれで申請しておこう。違ったら人事が指摘・修正してくれるから……」と問い合わせ対応を含むエラー対応にも人事担当の相当の時間が費やされていた。特に顕著であったものとして、勤怠に関わる申請では全体の約10%、通勤費に関わる申請では約12%が人事側でエラー対応が必要であった。

　これら課題・根本原因を再認識し、オートメーション化にあたり二つの視点からプロセスの再設計を行った。

　一つ目は制度・規程の見直しである。特に申請数・エラー数が多く対応に時間を取られているものから優先的に"規程の簡素化"に着手した。具体的には通勤費関連、異動関連（特に転居を伴うケース）、勤務形態に関わる手当などの細かな規程を見直し、レアケースの統廃合・大括り化によるシンプル化を断行した。

　二つ目は真のセルフサービス化の実現である。ここでいう"真のセルフサービス化"とは、単純に従業員が発生源入力し上長が承認するというプロセスを指すのではなく、"人事任せ・人事への甘え"を排除する従業員の意識改革でもあった。入力者・承認者がその情報を入力・承認する意味・責任、つまりはこれらの情報がどのようなアウトプットにつ

ながるのか、間違いや手戻りが起こることによりどんな悪影響があるのか、を理解してもらう地道な草の根活動を並行して実施した。例えば残業手当、深夜・休日勤務手当などにつながる勤務実績の入力は正しい情報をタイムリーにインプットしないと、最終的には財務諸表の間違いにつながるだけでなく、企業としてのコンプライアンス意識を疑われ風評被害にもつながりかねない。一人一人の情報入力が企業の財務諸表や風評を形成している、その重要性・影響を伝え、新プロセスの理解を得ていった。

　このようなＡ社の取り組みからも分かるように、オートメーション化はルール・ロジックの前提となる制度・規定の見直し、およびプロセス全体の清流化と共に実施されるべきであり、ここまで踏み込んで取り組まないと特に人事プロセス・オペレーションにおける効果は限定的である。

　もう一点紹介したい施策として、プロセスおよび制度・規定の見直しに伴う従業員向けポータルサイト・FAQの見直し・充実化と共に実施したAIチャットボットによる問い合わせ対応が挙げられる。既に導入している企業も少なくないが、昨今のAIの進化に伴い、Q&Aデータや利用者の質問ログをAIが自動学習することで回答精度が上がり、同時に対話を積み重ねる中でAIが適切な質問内容を対話の内容から絞り込むことで最終回答に到達する速度が向上しており、非常に有効な施策である。さらに感情分析機能により、対話の内容からイライラした感情を検出し、お詫びの一言を発せられるとともに、AIが対応できない問い合わせには自動的に有人チャットやオペレーターへの切り替わる機能が加わり、問い合わせ側のストレスも随分低減されている。A社における新サービス導入直後のサーベイでは、質問者の95％以上がAIチャットボットによるサービスに満足しており、回答を得られるまでに要した時間も短くなったと評価していた。

　また、当初は想定されていなかった効果であったが、AIチャットボットは24時間年中無休で対応しているため、勤務時間外の深夜・週

末でも、質問がしたいときはいつでも話をすることができる。リモートワークが拡大する環境下では、使い手にとってはありがたい対応であった。

　このような一連の取り組みを実行することにより、A社人事部門の従業員サービス品質に関する認識は、"手取り足取り従業員をサポートして満足してもらうこと"から"従業員自らが適時適切にアクションするためにしかるべき情報・ツールを提供すること"に変わっていった。

　オートメーション化の真の意味合いは単なる工数削減のための効率化ではなく、テクノロジーを活用したミッション・マインドセットの変革と捉えることができる。

第4節｜DXによるさらなるプロセスの高度化

　前節ではHRプロセスにおけるオートメーションの課題とその対策について解説した。本節では、テクノロジー進化がもたらすHRプロセスの高度化について考えてみたい。前述の通り、HRプロセスは細やかに設計された人事制度・規定がベースとなる少量多品種型であり、例外も含めると膨大なルールに則る必要がある。この制約は、HRプロセスの自動化適用範囲を狭め、また、その効果を限定的にしてきたが、一方でAIやロボットの対応能力は大きく向上し、人事機能が果たし得る貢献の範囲は急速に広がりつつある。人事業務の効率化という管理部門に閉じた内向きの目線から、人事部門以外、企業全体に目を向けることで、サービスの受け手にとっての価値が向上し、そしてそれが企業価値向上にも貢献し得ることを以下二つの観点でご紹介したい。

1) プロダクトアウトからマーケットイン＝サービスの受け手である従業員の価値向上
2) 経営・事業への貢献強化＝他部門保有データの活用

について事例を交えて解説する。

●1) プロダクトアウトからマーケットイン＝サービスの受け手である従業員の価値向上

　これまでオートメーションの取り組みは単純作業を対象とした効率化のみを追求し、サービス提供側に主眼が置かれたいわば「プロダクトアウト」の視点で行われてきた。しかし少量多品種型の人事業務ではスケールメリットを活かし切れず、その取り組み自体が頓挫、形骸化してしまうことが散見された。デジタル化の進行に伴い、そういった単純な効率化のみならず、サービスの受け手に主眼を置いた「マーケットイン」視点でのプロセス再整理が求められている。この着眼点は第5章でご紹介したエンプロイーエクスペリエンス向上に他ならないが、第5章ではその定義、捉え方について述べたのに対し、ここでは人事部門が従業員に提供するサービスの高度化という観点で説明する。特に「デジタルネイティブ」と呼ばれるミレニアム世代（1983〜94年生まれ）が世界の労働人口の過半を占めるようになりZ世代（1995〜2002年生まれ）の社会人も増えていく中で、そういった若い世代が日頃体験しているサービスと同等の使いやすさや便利性をもった経験・サービスを提供していく意義についても触れたい。

金融サービス業C社のプロセス改革

　海外の例であるが、従業員の価値向上を着眼点に、人事プロセス改革を実施した事例を紹介したい。C社は2017年より全社的な変革活動を開始し、第4章で紹介した組織の"アジャイル化"に取り組んできた。人事部門の一つであるTalent and Culture Division（T&C）は、従業員向けサービスの変革の最初の取り組みとして、入社後2年間に焦点をあて、新しいオンボーディングプロセスを構築した。前半は、プロセス設計の観点でマーケティング手法にも用いられるジャーニーマップの作成に触れ、後半でテクノロジーの活用について述べる。

【ジョイナーズジャーニーマップの作成】

　マーケティングの世界では、顧客を対象としたカスタマージャーニーマップを作成するが、エンプロイーエクスペリエンスの世界では、当然のことながら、従業員を対象としたエンプロイージャーニーマップを作成する。エンプロイージャーニーマップは入社から退職までのライフサイクルの流れを一つの「旅」と捉えることが一般的であり、C社も長期ビジョンではそう位置付けているが、変革活動としての最初の取り組みでは、対象期間を入社後約2年として、候補人材が内定を受けてから入社し、ジョイナーとして組織になじんで戦力になるまでのプロセスに焦点を当てた。

C社のエンプロイージャーニーマップの作成は、次の三つのステップで進められた。
① ペルソナの設定
② 共感マップ（empathy map）の作成
③ ジョイナーズジャーニーマップの作成

① ペルソナの設定：

　ペルソナとはマーケティングでよく使用されるサービス・商品の典型的なユーザー像のことで、ここでは新入社員（Candidate/Joiner）、採用担当者、新入社員の上司の三つの人材像が定義された。年齢、性別、居住地、家族構成がといったパーソナリティーを細かく定義することで、後続の共感定義や対応策がより具体的となる。

② 共感マップ（empathy map）の作成：

　次に①で定義した各ペルソナが期待するものを理解するため、想定され得る各ペルソナの感情・行動を整理し、マップ化する。不安や陥りやすい困難（Pain）だけでなく、期待や要望など成功の基準となるもの（Gain）も想定する。

図表8-3　C社におけるペルソナ設定

Jake – Candidate

「C社で働ける可能性があり嬉しいです。ただ、採用プロセスの期間がどの程度かや、募集ポジションに自分がフィットするかは気になっています。」

C社でのロール—採用候補者

- 28歳
- SOUTH YARRA在住
- 自転車通勤
- 国際関係学科修士（パートタイム）

仕事に求めるもの
・会社のために"ではなく、"会社とともに"働きたいです。個人的なキャリア目標と会社のビジョンが一致していることが重要で、また同僚とは良好な関係を築きたいです。

今後の目標
・ピープルリーダーのポジションで働きたく、将来的にはその部門でシニアリーダーへの昇進を目指しています。転職を繰り返すよりも同じ会社で長く働き続けたいです。

これまでの経験
・大学卒業後、二つの会社で働いたことがあります。そのうちの1社ではマネジメント経験があり、今回の募集ポジションでも経験を活かせると考えています。

仕事の価値観
・自分自身を典型的なミレニアル世代とは思いませんが、職場ではリラックスして働きたいです。ワイシャツやネクタイはあまり着たくありません。

C社で働く理由
・C社は伝統的な銀行とは異なり、より将来を見据えている気がします。そのようなカルチャーが自分にフィットすると感じています。

Clara – Talent & Culture

「適切な人材を採用するのが、私にとって最も重要です。基準を満たさない応募者は早い段階で見極めたいと思っています。」

C社でのロール—採用担当者
（週4日勤務）

- 44歳
- IVANHOE在住
- 電車通勤
- 既婚・子供1人

仕事に求めるもの
・働く場として、多様で柔軟な働き方を認めている会社である必要があります。ワーク・ライフ・バランスを目指した働き方への理解のある会社に勤めたいです。

今後の目標
・キャリアアップしていきたいです。ジョブシェアリングでも構わないので、マネージャーとしての仕事に関わりたいです。

これまでの経験
・採用業界で13年間の経験があります。C社では5年働いており、とても楽しくネットワークも広がっていきました。徐々に成長している実感があります。

仕事の価値観
・仕事は会社で行い、家では家族との時間に集中したいです。毎日、定時に帰る必要があります。

C社で働く理由
・入社してから、C社は私のスケジュールにいつも配慮してくれています。ここでは家族と仕事を両立させるための柔軟な働き方が認められます。

Becca – People Leader

「私は熱意を持って仕事をしており、チームを大切にしています。メンバーが自分らしく働け、楽しく仕事ができる職場にしたいです。」

C社でのロール—ピープルリーダー
（メンバー募集中）

- 35歳
- PRESTON在住
- 車・自転車通勤
- ダイバシティー推進者 子供2人

仕事に求めるもの
・信頼できるメンバーでチームを構成したいです。主体性があり、必要に応じて報連相を適切に行うことのできるメンバーがベストです。

今後の目標
・パートナーや子供とより多くの時間を過ごすため、ワーク・ライフ・バランスをもっとうまく取りたいです。これにはC社のサポートが必要です。

これまでの経験
・大学を卒業した後、ピープルリーダーのポジションでC社に入社しました。入社してから4年が経ち、去年シニアピープルリーダーに昇進しました。

仕事の価値観
・私はチームメンバーに対して、部下というよりも友人として接しています。彼らを育成し成長をサポートすることで、いつか私の隣で働くピープルリーダーになってほしいです。

C社で働く理由
・C社は私を支援してくれていますし、大手銀行の従業員でいることに誇らしく感じています。

図表8-4　Candidate/Joiner に対する共感マップ

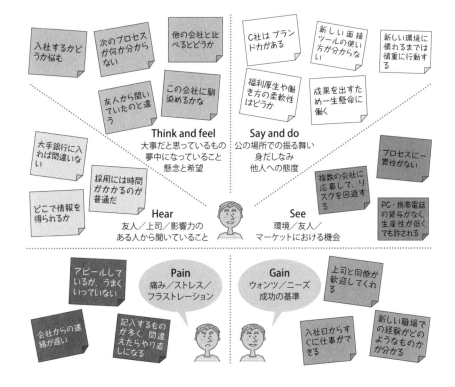

③ ジョイナーズジャーニーマップの作成：

　最後に②で整理された各ペルソナのPainを和らげ、Gainを実現する施策をあるべき姿として定義し、その遂行に必要なプロセス変更やテクノロジーの活用をロードマップ化する。その際、期待通りにならない不安や懸念といった心理状況をエンゲージメントの高低で表すことで施策の連続性を高めることができる。

　C社のジャーニーマップをご覧いただいて、どう感じられただろうか。Jake、Clara、Beccaという愛称や細かく定義されたパーソナリティーにより、かなり身近な印象を持たれたのではないだろうか。こういった「より自分たちに近しい」人材像を基にすることで、その人材像

図表8-5　ジョイナーズジャーニーマップ（1）

プロセス	採用ニーズの発生	募集準備	母集団形成	選考の実施	内定通知・雇用契約締結
ペインポイント	受動的かつ人力に依存した採用活動／採用ポータルが古く不格好／時代遅れのシステム	プロセスが複雑	採用候補のプールがない／ジョブディスクリプションが分かりにくい	都合の悪いタイミングでの面接が多い／多数のシステムがあり分かりづらい／採用担当者の反応が遅い	複数のプロセスがあり標準化もされていない／雇用契約書のやり取りが古臭い
あるべき姿 Clara 採用担当者	コンタクトセンターのチームリーダーの退職リスクを検知した。即座に外部人材に関する調査を行い、マーケットデータをベンチマークした。社内のタレントプールに募集をかけていく。	社内のタレントプールを確認した結果、外部への募集が必要であると判断した。C社に登録している外部人材リストからターゲットを絞り、メールを送付する。	ジョブディスクリプションを作成しポジションの役割を明確にした。メールの送信数や候補者の応募状況をリアルタイムで閲覧することができる。	アセスメントの結果、不採用となる候補者には不採用通知が自動的に送付される。私はその結果にパソコンや携帯電話などの各デバイスからアクセスすることができる。	バックグラウンドチェックが終わり次第、C社の標準プロセスに則り、候補者と採用条件を交渉することができる。
Jake Candidate			自分のスキルセットに合うポジションに関する募集通知メールをC社から受け取った。採用プロセスもシンプルかつ迅速そうで、必ず応募しようと思う。	登録されている自分のデータが正しいかを確認した上で応募した。アセスメントとオンライン面接も完了し、次の面接日程も決まっている。	採用条件の交渉が完了した後は、電子文書にて署名を行い、C社へ返信するというシンプルなプロセスだった。
テクノロジーの活用	SAP SuccessFactors ♡　SAP Analytics Cloud	SAP SuccessFactors ♡	SAP SuccessFactors ♡	SAP SuccessFactors ♡　PSYMETRICS　Hire Vue	SAP SuccessFactors ♡

第8章

図表8-5　ジョイナーズジャーニーマップ（2）

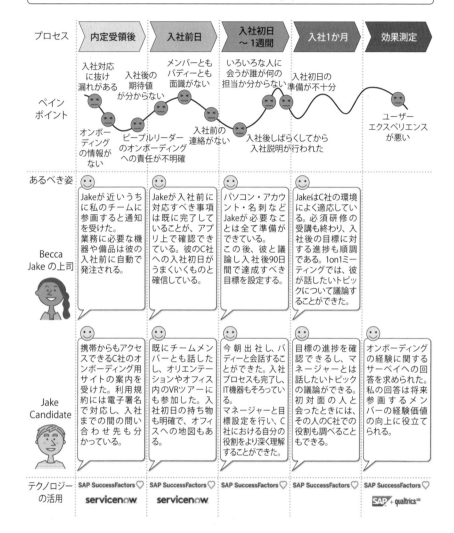

が感じる不安や煩わしさ、そしてそれらをどうすれば軽減できるかを具体的に想定することが可能である。C社はあえてエンプロイージャーニーマップの期間と対象者を絞ることで、より緻密な即効性のある施策を打つことができたといえ、このアプローチは他社や採用以外の業務領域でも有効であるので、是非参考としていただきたい。

【テクノロジーの活用】

　次にエンプロイージャーニーマップで計画された経験価値向上策において、新しいテクノロジーがどう活用されているかを紹介したい。まず、C社にとって新入社員（Candidate/Joiner）は先に述べた「デジタルネイティブ」と呼ばれるミレニアム世代やZ世代の若い従業員であり、日頃体験しているサービスと同等の利便性を提供する必要があった。その観点で後述するモバイルアプリケーションが内定者全員に配布され、また、入社後すぐにアクセスする専用ポータルにはオンボーディング手続きやトレーニングが直感的で分かりやすい形で用意された。

・モバイルアプリケーションの活用：

　C社は、オンボーディング期間のコミュニケーション強化のために、新入社員（Candidate/Joiner）とのコミュニケーションを一元的に管理・実施するモバイルアプリケーションを開発した。Candidateには採用決定後にモバイルアプリケーションをインストールしてもらい、入社後6カ月までそれを通してT&Cリクルート担当と応募・入社に関わるやり取りを行ってもらう。

　入社前にモバイルアプリケーションを開くと入社日までに必要な手続きが一覧で表示され、入社後に上司や同僚となる従業員の顔写真や経歴、趣味なども含めたプロフィールや執務予定のオフィスの地図・画像などを確認できる。入社日には経営者や上司からのウェルカムメッセージが表示されるだけでなく、同僚とのメッセージのやり取りも可能になる。こうしたアプリの活用で新入社員（Candidate/Joiner）の不安を緩和することにより、C社は早期離職者の減少と採用コストの削減で成果

第8章

を上げることができた。加えて、彼らがモバイルアプリケーションを通じてさまざまな情報に触れることにより、自分が歓迎されているということが手軽に実感でき、より早く組織になじめる効果も生み出された。

　以上、C社では対象従業員（ペルソナ）を新入社員に絞り、対策を講じることで即効性のある改革を実行できた。しかし、C社は今回の取り組みはあくまで試行にすぎず、かつ、外部リソースの力も借りて何とか改革の足掛かりを作ったにすぎないという理解をしている。定着に向けての活動を継続的に行わないと、制度が形骸化し、折角のシステムもやがて使われなく危惧がある。そこでC社は、定期的にパルス調査などのモニタリングを実施し、従業員の状況をきめ細かく把握し、制度やサービスの改善を迅速に行っていくことを次の目標としている。

　こういった制度・活動を定着させるために、従業員エンゲージメントを定期的に評価し、活動のPDCAをしっかり回すことが、C社に限らず他のケースにおいても非常に重要なことといえよう。

● 2) 経営・事業への貢献強化＝他部門保有データの活用

　C社のケースでは、サービスの受け手の目線でプロセスやサービスの在り方を見直すことによって、コストの削減だけでなく、受け手の経験価値が向上した事例をご紹介した。次に、同じくサービスの受け手である人事部外への貢献、さらには経営・事業への貢献について、データ活用の観点で考察したい。

　これまで、多くの企業ではHRオペレーションを通してさまざまな人事・人材データが形式・媒体を問わず蓄積してきた。しかしこれらのデータを十分に有効活用している企業はいまだ多くはないのが実態である。「人事・人材データの分析・活用を実施している」という企業でも、あくまで人事部門が保有するデータに限定された分析・活用であり、また一過性の取り組みにとどまっているケースが大半であろう。確かに部門の枠を超えてデータを連携・共有し、膨大な各種データから本当に使えるデータを探し出すことは骨の折れる作業であるし、"無駄な

労力をかけただけ"という結果に終わるリスクもあり、敬遠されがちであるのも実態である。しかしながら実際にこの骨の折れる作業を経て、他部門保有のデータを組み合わせ分析・活用することにより、HRプロセスそのものの意味・価値を高めている企業も存在している。

D社における離職率改善

　人材獲得競争が激化するIT企業D社では、ビジネス拡大に欠かせない人材確保に集中的に人事リソースを投入していた。しかし一方で離職率が上昇の一途をたどり、中でも優秀人材の離職が大きな課題となっていた。このイタチごっこに歯止めをかけ、中期経営計画の達成を確実のものとするため、経営トップからの要請の下、社内トップクラスのデータサイエンティストをアサインした離職率改善の極秘緊急プロジェクトが発足された。まずはD社内に存在するありとあらゆる情報と過去の退職者情報の突き合わせ・分析に着手した。この一見不毛とも思える分析作業を進めた結果、これまでの退職者と非常に強い相関関係が現れたのは、社内マーケティング部門が保有していた全社レベル・各事業部レベルで企画実行される各種イベント（年度初全社会議や部門内交流会・情報交換会、および全社での社会貢献活動など）への参加率であった。特に経年で見た場合にこれらイベントへの参加率が徐々に低下している人材の離職傾向が顕著であった。いわれてみれば当然のことであるが、会社・組織への帰属意識やロイヤリティーが希薄になり、D社の中での継続的キャリア構築の放棄が表れているのであろう。この事実を目の当たりにしたD社人事部門は、

・全社員のイベント参加を一元的に把握・管理し、四半期ごとのイベント参加率をモニタリング
・各部門トップにモニタリング結果をフィードバックし、参加率が低いイベントの見直しを喚起
・参加率が低下傾向にある社員（強い退職傾向が見られる社員）への個別ケアの依頼・モニタリング

をキャリアカウンセリングプロセス（評価プロセスの一部）に組み込む
対応を実施した。また要員計画策定プロセスにおいては、各部門が策定
するドラフトを検証する際に、退職者数予測としてこれらのデータを活
用した検証を行っている。

E社における営業パーソン育成

　顧客からのニーズが多様化し、従来の物売りからソリューション型へ
の転換に苦心していたE社では、マーケットシェア回復のため営業人材
の底上げが急務であった。営業部門内での個人業績の格差は大きく、
“トップ営業の技を盗め”との号令が現場には響き渡っていたが、結果
には結びつかない日々が経過していた。このような状況を打破するため
に、営業部門トップが変わったことを契機に営業・IT・人事部門がタッ
グを組み、ハイパフォーマー分析を通した営業力強化（優秀営業人材育
成）に本格的に取り組むこととなった。ハイパフォーマー分析というと
これまでに取り組まれた企業もあるだろう。しかしこのE社の取り組み
で着目すべきは、行動特性としてコンピテンシーに加え、IT部門が保
有するワークログの分析を取り入れ行動分析を実施したことである。
ワークログを活用することに対しては、これまでも「従業員を監視する
のか？」とネガティブな反応を示す企業が多いことは認識しており、E
社内でも同様の声は多数あったようだ。
　E社では、

・あくまで人材育成のインプット情報として活用することを目的とし、
　個人特定ができる形では他者への開示はせず、また人事評価に関わる
　ことが無いこと
・教育プログラムと並行して行う自己改善のためのインプットとして、
　本人のみに情報開示すること

を宣言し「気付きと行動改善のためのはじめの一歩」と位置づけ、貸与
するPC／モバイルから取得可能な情報（E社がオフィシャルに導入し

ているアプリケーション上での情報）を通した行動予定・実績、ツール活用実績などのワークログ分析に着手した。

　その結果、業績上位20％の営業部員に共通的に見られた特性は以下のようなものだった。

・顧客接点のマイルストーンドリブンで行動計画を策定・実行しており、時間外労働が少ない
・目的に応じてコミュニケーション方法を選択し、PC／モバイルなどのツール・アプリケーションを複数使い分けている
・社内でのコミュニケーションに占める営業部門内比率は10％以下であり、最も多いコミュニケーション先は製造部門であり50％を超える
・顧客への提案資料・コミュニケーション内容として、メリット遡及・事例に関する内容が約60％を占めており、製品紹介や価格に関する内容は最低限にとどめられている

　これらの結果を受け、営業部門内では管理者向けOJTガイドラインの作成、営業資料のテンプレート化などに取り組んだ。また人事は営業と共同で新たなトレーニングプログラムを開発・実行することに加え、ワークログ分析を定期的に実施し各個人へ分析結果を提供する新たなプロセスの構築、および形骸化しがちであった上司・部下のコミュニケーションプロセスの一新を図った。これまでは評価サイクルに合わせた面談を定性的・感覚的な会話で実施されていたが、ワークログ結果を活用した自己分析を事前に行い、これら定量的なデータを用いたコミュニケーションを月次ベースの短サイクルで実施することを推奨し行動を始めている。

　まだ手探り的な部分があることは否めないが、さまざまな工夫や調整を経て、他部門保有のデータを組み合わせ分析・活用することにより、HRプロセスそのものの意味・価値を高めている事例をご紹介した。

　これら一連の流れにおいては相応のリードタイムが必要であることから息切れしがちであるが、取り組みの頓挫・形骸化を回避するためにはファーストステップとして解決すべき課題やプロセス再構築の目的を明確化すること、最終的に継続的なプロセスとして定義・実行し続けることが重要であり、ここまで実施することにより始めて効果を発揮するものである。

　また付加価値の高い取り組みとして目的を達成するためには、非常に高い専門性を有する人材が必要不可欠で、データを適切に扱い・分析作業を実施するだけでなく、検証結果からその先の影響までを見極めた上でプロセス化できる人材が必要である。今後の人事部門には、このような高度な人材を獲得・育成することが強く求められてくる。

本章のまとめ

- ☑ これまでのHRプロセス改革は組織・役割分担、制度・規定などの従来の常識にとらわれた改善レベルにとどまり、十分な効果創出が達成できなかった。

- ☑ シェアード組織の主たるビジョン・ミッションである『業務品質の向上』・『業務効率の向上・コスト削減』を達成するためには、

  - ▶ 単純作業を切り出すのではなくEnd To Endプロセスをスコープとすること。

  - ▶ マネジメント・業務改革機能を具備すること。

- ☑ BPOはシェアードと相対する手段ではなく、自社の弱み・不足ケイパビリティを補完する手段としてパートナー選定・活用することにより価値を発揮する。

- ☑ BPR/オートメーション化はプロセス全体を俯瞰するとともに、根本原因となり得る制度・規定の見直しもセットで包括的かつ抜本的に見直しすることにより効果を創出できる。

- ☑ さらなる高度化に向けたプロセス設計においては、人事業務の効率化という内向きの目線ではなく、人事部門以外、企業全体に目を向け、従業員の価値向上に主眼を置いたサービス提供への転換が求められている。

- ☑ その実現にはペルソナ設定→共感マップ作成を経たジャーニーマップの作成が重要であるが、特に今後の労働市場の主役となるミレニアム世代、Z世代に向けては、進化したデジタルテクノロジーを駆使して日常

第8章

体験と同等以上のパーソナライズした体験を提供できるかが鍵である。

☑ データ活用の取り組みにおいては、HRデータに他部門が保有するデータを組み合わせることで、HRプロセスそのものの意味・価値を高めることが可能で、それらの取り組みの頓挫・形骸化を回避するためには、解決すべき課題およびその目的を明確化することが重要である。

第 **9** 章

HRテクノロジープラット
フォーム活用法

　本章では、HRDXの根幹ともいえるテクノロジープラットフォームについて、変遷と最新状況を紹介。正しく活用するための重要かつ軽視しがちなポイントについて、具体的な事例とともに解説していこう。

第1節　HRテクノロジープラットフォームの概観

　労務管理からタレントマネジメント、要員人件費分析、エンゲージメント活性化に至るまで人事業務は多岐にわたる。その人事業務を下支えするのがHRテクノロジープラットフォームである。HRテクノロジープラットフォームのデジタル化、簡単に言えば担当者レベルでのPCによる業務遂行が一般的となったのは、今から約35年前の1980年代。そして現代に至るまで、さまざまに形を変えて発展し、ここ数年でさらに進化のスピードは急加速している。それは時代に合わせて変遷してきた人事トレンドの影響をつぶさにキャッチし、目覚ましい進歩を遂げてきたIT技術革新のたまものであった。

●日本におけるHRテクノロジープラットフォームの変遷

　1980年から90年にかけて、初めてIT技術を人事業務に取り入れたのは、それまで「紙での手計算」が主流であった給与計算の領域である。担い手は汎用機。手組みのプログラムを独自に開発し、各企業は、膨大な作業量を要していた給与計算の効率化を図ろうと躍起になった。時間と人手を多く要し、正確性を求められる給与計算をITによって短時間で処理できたことは、人事業務全体にITを導入していく流れを必然的に生み出したのである。

　90年をすぎるころから人事業務を含めた全ての社内業務を一つのシステムで統合し、デファクトスタンダードと呼ばれた先進企業の業務を取り入れて効率化を図る、いわゆるERP（Enterprise Resources Planning）システムパッケージが主流となる。人事領域では、給与計算など労務業務での効率化や、給与明細に代表される紙の運用がペーパー

レス化された他、ヘッドカウント・人件費など、人事および経営戦略を考えるインプットとなる人員分析指標の見える化についても、多くの企業で注目を集め始めた。

2000年初頭になると、欧米から導入され、その後急速に広がった成果主義とタレントマネジメントの思想により、日本企業でも、勤怠と給与の労務管理が中心だった従来型の人事システムが、新たに、評価・配置・教育・採用などのタレントマネジメント領域へと拡大していく。これらの領域は、労務管理のようにユーザーが人事部門に限られるわけではなく、一般社員もユーザーである。より使いやすいユーザビリティで構築する必要性が高まり、おりしも、XML、SOAPなど他システムとの連携技術の発達を背景に、ウェブのビジネスユースが一般的かつ至急の課題となり、ウェブ上で動くタレントマネジメントパッケージが求められるようになった。企業はそれまで紙またはエクセルで運用していた目標管理プロセスを、加速度的にウェブベースのタレントマネジメントパッケージに変更していかざるを得なかったのである。

その後2010年代に入ると、クラウドと呼ばれるサーバーを自社に持たない手法が注目されることになる。比較的に短期間で導入できること、自社運用コストを抑えられるなど、さまざまなメリットからHRプラットフォーム領域でもクラウドパッケージが主流となった。また、もう一つの潮流として、一部のグローバル企業において、経営・基幹業務のグローバル一元化を目指す動きが活発化。人事の世界でもグループ・グローバルでの一元管理を目指す企業が多く出現してきたのもこの頃である。特に、タレントマネジメント領域では顕著となり、その結果、多言語管理のできる欧米のパッケージが人気を博すこととなった。

2020年以降は、業務管理のツールであった人事システムにさらに大きな変革が訪れた。目覚ましい発展を遂げるAIなどのIT技術革新の結果、AIが人間の判断を予測できるという新たなステージに突入したのである。課題への迅速な処理という点では異論はないが、運用方法や精確性については今後の技術進歩に期待するところも大きいのが現状である。

図表9-1　日本におけるHRプラットフォームの変遷

	1980年代	1990年代	2000年代	2010年代
	人事業務の システム化	ERPパッケージ システムの登場	タレントマネジメント システムの登場	人事システムの グローバル化
人事トレント	・年功主義からの脱却 ・給与計算など労務管理の効率化	・職能資格制度導入 ・給与計算など労務管理の効率化(デファクトスタンダードによる業務効率化) ・人員分析指標の見える化 ・ペーパーレス化	・成果主義導入 ・タレントマネジメント導入	・グループグローバル共通タレントマネジメントプロセス
IT技術	・汎用機による大量計算	・ERPパッケージ ・データウェアハウス	・ウェブ技術のビジネスユース ・XML、SOAPなど他システムとの連携技術	・クラウド技術 ・多言語での人材管理 ・AI技術

続いて、現在のHRテクノロジープラットフォームの最新動向について、マーケットや企業の導入例とともに、もう少し詳しく解説していこう。

●HRテクノロジープラットフォーム最新動向

最近のHRテクノロジープラットフォーム市場はまさに活況を呈していると言える。日本のHRテクノロジープラットフォーム市場は、創造的な人材活用に向け、新サービスの投入と大手企業の導入加速で、2019年度前年比136.1%、349.0億円へと拡大。年間100以上の新規ソリューションが出現し、年間の出現数自体もこの3年で倍増している。グローバルでもこの流れは同様に顕著であり、2017年ごろからHRテクノロジープラットフォームでの投資額が急増しており、2027年までに381.7億米ドルに達し、2020年から2027年までに11.7%のCAGRを記録すると予測されている。

　2017年以降のHRテクノロジープラットフォーム市場の躍進も、これまでと同様に人事トレンドの変化と技術革新の進歩に起因する点が大きい。

　現在の主たる人事トレンドとは、すなわち、「多様化する人材・多様化する働き方」への対応である。周知のように、日本企業において新卒一括採用に代表される、従来型の画一的な働き方は徐々に崩れつつある。特に、コロナ禍以降では、働き方の多様化が加速度的に進み、従業員が場所や時間を選ばずに働くことについて、企業側が本気で対応を迫られている状況である。この課題を解決するために、例えば、日々の業務をリモートで遂行できるウェブ会議技術を持つコミュニケーションツールなどが次々に出現。対面が当然と考えられてきた採用さえ、今ではオンラインの活用が不可欠である。

　技術革新はさらに目覚ましい変化を遂げている。それは、AI技術の出現だ。AI技術がいろいろな場面、機能で応用されるようになった結果、採用や評価など各種の業務が予測可能になり、一部の領域では、人間の代わりに判断を行うことも可能となった。

　また、デバイスの変化も少なからず影響を与えている。スマートフォンやタブレットの普及に伴い、PCを持たずに業務を遂行するのも今や珍しいことではない。より現場レベルに受け入れられやすい、とにかく分かりやすく簡単に使用することができる利便性の高い、いわゆる機能特化型のソリューションが多く出現するようになった。さらに、クラウド技術の普及で、個々のソリューションが比較的簡便にサービスを開始できるようになったのもここ数年の大きな特徴と言えるだろう。その結果、企業側も比較的簡単にサービスを享受でき、個々の機能に特化したソリューションが無数に登場している。

　では、領域ごとにはどのような特徴があるのか——。

　現在の人事業務は前述したように、労務管理やタレントマネジメント、要員人件費分析、エンゲージメント活性化など、極めて多岐にわたる。それを支えるHRテクノロジープラットフォームには、大きく分け

第9章

ると、総合的なプラットフォームを提供する「統合型ソリューション」と各機能領域に特化した「特化型ソリューション」に二分される。

　まず「統合型ソリューション」は、さらに二つのタイプに分類される。給与計算に代表される労務管理から人材管理、さらにタレントマネジメントに拡張してきたタイプAと、逆にタレントマネジメントから人材管理、労務管理に拡張してきたタイプBがある。前者タイプAは、主に日本の法要件、商慣習に基づく日本的な人事制度に合わせることを得意としており、ワークス社のCompany、ISID社のPOSITIVEなど、国産パッケージが代表例である。一方後者タイプBは、グローバルでのタレントマネジメントプロセスを導入することに長けている、SAP SuccessFactors、Workdayといった欧米系パッケージが主流。後述するが、「特化型ソリューション」と比べて、ここ数年におけるプレーヤーやシェアの大幅な変動は比較的少ない。

　「統合型ソリューション」で昨今、注目すべき点はAPI連携である。APIとはApplication Programming Interfaceの略で、ソフトウェアのインターフェース仕様および機能を外部に公開することである。それにより、異なるシステムのデータ連携を簡便かつ、効率的に実装することが可能となる。ウェブサイトなどでGoogleの地図情報を出しているのが典型的な使用例だが、「統合型ソリューション」においては、他システムへの連携に、この技術が利用され、今まで多額のコストをかけて開発されてきたインターフェース機能のダウンサイジングが急速に進んでいる。HRシステムは、企業内における全てのシステム向けの、人に関するデータベースのマスターとなる役割を担う。そのため、API連携機能の充実さが、今後ますますシステムの価値を決めていく不可欠の構成要素の一つになってくると考えらえる。

　一方、各機能領域での「特化型ソリューション」は、ますます新たなソリューションが創出されている。旺盛な情報一元化ニーズと動画面接がニーズを後押ししている「採用管理」、人材可視化とタレントマネジメントが主導の「人事・配置」、業務自動化の認知度向上と電子申請義

務化で躍進している「労務管理」、SNSとサーベイでエンゲージメント向上の「育成・定着」など、それぞれの領域ごとのニーズをつぶさにとらえて進化し続けている。

中でも、最も活況なのは、採用管理領域である。AIとテキストマイニング技術を活かして履歴書、職務経歴書を自動で一次スクリーニングにかけ、採用担当者の負荷を減らすソリューションや、昨今のウェブ面接需要を捉えて、ウェブ面接を録画する機能はもちろんのこと、その録画をAIで解析し、人の目だけでは見落としてしまう人材を引き上げるツールも登場している。また、多様な働き方が進み、その対応として、企業側でも多様な採用活動が求められており、正規社員はもちろん、アルバイト、リファーラル、フリーランスなどのさまざまな採用形態に特化したソリューションも多数登場している。

いずれの領域においても、担当者レベルで分かりやすく、直観的に使用できるソリューションが多いことも特徴である。何百ページもの分厚いマニュアルを読まなければ操作できないソリューションは、現場では敬遠され、時間のロスになる。資源の有効活用のために導入したITのせいでビジネスチャンスを逃してしまうのであれば、本末転倒と言えよう。

最後に、グローバルの最新動向も触れておこう。

第一に、「HR TechからWork Techへ」の変化である。人事部が利用し、人事部の生産性を上げるためのツール（HR Tech）ではなく、現場のマネージャーや従業員が生産性と創造性を高めるためのツール（Work Tech）に、多くの企業が関心を持ってきている。働き方の多様化や新型コロナウイルス感染症によるリモートワークの普及により、人事部主導ではなく、現場のマネージャーやメンバーが直接的に業務遂行のために活用できるTechnologyニーズが高まったことが主な要因である。Work Techとは、具体的には、Teams、Slackなどのコミュニケーションツールや従業員の身体的、精神的、社会的に良好な状態（ウェルビーイング）を高めるツールなどを指す。特にウェルビーイングに関す

るツールは昨今、特に注目を集めており、HRテクノロジープラットフォームの先進国であるアメリカでは、フィットネス、行動改善、ヘルスチェック、財務状況などさまざまな従業員の状態を保持、トラッキング、分析できるデバイス、アプリなど、多くのソリューションが新しく出現している。

　第二に顕著なのは、タレントマネジメント、エンゲージメントマネジメント、ワーク・ライフ・バランスマネジメントなど、多岐に広がる個々のソリューションとデータを統合し掛け算することで、より総合的な示唆やレコメンドを導き出そうとする「Action Platformの実現」を目指す動きである。総合型ソリューションのSAP社が従業員のエクスペリエンス管理に特化したQualtrics社を2019年に買収した例など、大手プラットフォーム企業による特化型ソリューションの買収が加速し続けている。現在の日本では前述のように、各領域で特化型のソリューションが乱立している状況であるが、今後、大手プラットフォーム企業を中心に同様の動きが起こることは十二分に予想される。操作性の高い「特化型ソリューション」を導入したものの、経営・基幹システムとの連携に課題を抱えるケースも実は少なくない。既に現時点でグローバル動向に5年から10年遅れで追随している日本企業にとって、「Action Platformの実現」は、ここ数年で直面し解決することを避けて通れない大きな壁となるだろう。

　このように、近年、驚くべきスピードで進化するIT技術革新と多様な働き方の推進によって、ソリューション供給側は細分化し、選択肢が無数に拡大した。一方で、日本企業がそれをうまく選択し、自らの人材管理の高度化、効率化のために使いこなせているかというと、必ずしも、そうではないようである。なぜ、うまく使いこなせていないのか――。直面しやすい問題と、さらに対処法について、実際のケースを紹介しながら詳しく分析していこう。

HRテクノロジープラットフォームを正しく導入するために必要なこと

　第1節においては、HRテクノロジープラットフォームが1980年代以降どのように変遷を遂げ、2020年代の現在のトレンドが生まれるに至ったかを紹介してきた。現在、さまざまな最新のソリューションが利用できる状況にある一方で、必ずしも全ての企業においてHRテクノロジープラットフォームが正しく導入され、活用できているわけではない。なぜうまくいかないのか——そこには見落とされがちな課題がいくつもの企業において共通するという事実がある。本節では、HRテクノロジープラットフォームを真に「正しく導入する」ために、具体的なケースを挙げながら基本的かつ不可欠なポイントについて解説していこう。

●イントロダクション：散見される（失敗）例

　読者が人事部門の担当者だったと仮定し、以下の事例を想像してみてほしい。

　事例は特定の企業を想定したものでないが、仮にグローバルに展開している製造業で、従業員数は国内数千名、グローバル全体で数万人。日本以外に米州、欧州、アジア各国に製造拠点や販売拠点を持っている会社をイメージしている。

　ある日突然、経営のトップから「同業他社が導入しているグローバルでのタレントマネジメントをわが社にも導入する」との鶴の一声があり、あなたが担当することになった。

　タレントマネジメントについては本や雑誌を通じて一通りの知識はあるが、具体的に自分の会社で何を実現したら良いのか分からない。［①］

　タクシーの中で見た映像広告にタレントマネジメントを実現するHRテック製品があったことを思い出し、社内のIT部門にも相談の上、複数のソリューションベンダーを呼んで話を聞いてみることにした。ベンダーの営業担当からは「こんなことも、あんなことも実現できます」と

説明を受け、確かに説明された機能が実現できればいろいろと活用できそうとの感触も得た。ITソリューションの調達になるので、IT部門にRFP（Request For Proposal　提案依頼書）というものを作成してもらい［②］、候補ベンダーに提案依頼をした。各ベンダーからデモやプレゼンテーションをしてもらい、IT部門が設定した判断基準に従って機能がそこそこ充実していて価格が一番安いベンダーに決定。ライセンス料を支払う契約を締結した。

　その後、ベンダーから導入担当者が派遣され、プロジェクトがスタート。ベンダーの担当者はその道のプロであり専門家なので、システムのことは全部お任せしておけばよいと思っていた。しかし、逆にベンダーの導入担当者から実現したい要件について細かく質問され、要件が分からないとシステムは作れませんと言われ膠着状態に陥った。そうこうするうちに、一部の機能に関してはそもそも前提となる人事制度がきちんと明文化されていないことに気付き［③］、制度自体を作ることに時間を取られ、さらに制度をシステムにどう落とし込むかを検討するのにも時間を要し、システム導入にはすぐ着手できなかった。また現行システムからの載せ替えになる機能については、現在の業務担当から「現行の業務からの変更は一切認めない」と抵抗を受け、仕方なく現行の細かい業務ルールを全てシステムに実装することになった。［④］このようなトラブルが重なり、当初の計画から大幅に予算も工期もオーバーしてようやく稼働を迎えたのである。

　しかし、新システムは現場からは不評で、特に海外の拠点からは利用する意味や必然性が理解できないとクレームを受け［⑤］、ほとんど使われないまま放置された。新システムは部分的な活用にとどまり、今なおグローバルでのタレントマネジメントは実現できていない。

　上記の例を見て、どの段階で何を間違えたのか、あなたは答えられるだろうか。（以下は上記例における丸数字と連動している）
① 目的がはっきりしておらず、現実的な計画も立てられていない
② IT調達をIT部門に任せきりで、人事部門として調達プロセスに十分

関与できていない

③ ポリシー・制度がないのに、テクノロジーの調達が先行している

④ 現行踏襲で業務・システムの標準化・簡素化ができていない

⑤ 海外を含めた利用部門とのコミュニケーション不足

　この問いの正解を導き出すために、以下、HRテクノロジープラットフォームを正しく導入する上での必須要件について解説していく。

●構想策定の重要性

　HRテクノロジープラットフォームを正しく導入するためにまず必要なのは、導入の目的を明確にすること。第一に経営戦略があり、そのサブセットとしての人事戦略。人事戦略を実現する手段として、人事施策があるべきである。HRテクノロジープラットフォームを導入することでどの人事施策を実現していくのか、目的を明文化するのが最初の段階での大きな鍵となる。

　目的が明確になったら、次に具体的かつ現実的な導入計画（導入ロードマップ）を立案する。導入計画の立案にあたっては、以下に列記する点を検討しなければならない。一部抜粋ではあるが、ステージごとに下記の要件をきちんとクリアできているかどうかを丁寧に検証することで、導入失敗の落とし穴にはまらない道が開けるのである。

1) 人事施策のスコープおよび導入・展開スケジュール

　　□ 導入する人事施策（ポリシーや制度）は十分に整備されているのか？

　　□ 未整備の場合には、その策定にどれくらい時間を要するのか？

　　□ 必要な期間を全て含めて計画を立てているか？

　　□ 今回の人事施策はグローバルに適用する予定か？

　　□ グローバルに適用する場合、何をどこまで統合するのか？　統合深度の計画は立てられているか？

2）HRテクノロジーのスコープ、および導入、展開スケジュール

□ 複数の機能（モジュール）を複数の国・地域に導入する場合、導入順序は？

※大別すると「機能ごとのロールアウト」と「国や地域ごとのロールアウト」の二つの手法があるが、どちらを選択するのか？

□ 現在の人事システムと新しく導入されるシステムの関係性（＝システムアーキテクチャー）をどうするか？

※Single Source of Truth ／吸い上げ型／両者のハイブリッド型の3パターンの中でどれを選択するのか？

□ システムアーキテクチャーに沿ってデータの大きな流れを定

図表9-2　グローバルHRシステムアーキテクチャー

吸い上げ型	Hybrid Model	Single Source of Truth
【概要】 HRデータの諸元はローカルシステムとし、定められたフォーマットで各国から定期的に必要なタレントデータを集約して取り込む グローバル人材管理データを集約するハコとしてグローバルHRISを活用する	【概要】 基準を設定して国や法人を分類し、グローバルパッケージをPrimary HRISとして利用して下流システムに連携するパターンとローカルシステムを残置したまま二重メンテもしくは定期的なデータ更新のパターンを両立させる	【概要】 グローバルで共通管理すべきデータを統合されたメンテナンスプロセスを通じてGlobal HRISで一元管理する 主に給与や勤怠といった各国固有の下流システムには自動連携を構築して二重入力を防ぐ

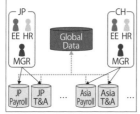 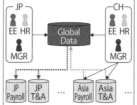 

吸い上げ型		Hybrid Model		Single Source of Truth	
【Pros】 既存の運用と同様のためCM含めてハードルが低い	【Cons】 データの陳腐化が起こりやすい	【Pros】 優先順位をつけて段階的な移行が可能	【Cons】 複数のプロセスが併存することで運用負荷が高まる	【Pros】 プロセスも含めたグローバル統合が進む	【Cons】 導入プロジェクトとしての負荷がかなり高い

Domestic ────────────────────────── Global

義。データ投入準備、必要な場合にはデータ連携の自動化などの工程を計画できているか？

3）導入ロードマップの策定

　□ 1）と2）で検討した計画を一つにまとめる
　□ 全体としての導入ロードマップとマイルストーンを定義する

　ようやくこのような手順を踏まえて導入ロードマップが確定するのであるが、これで終わりではない。社内他部署との調整や導入ベンダーとのコミュニケーションなど、ここからがスタートなのである。

●人事部門とIT部門の連携

　HRテクノロジープラットフォームの導入にあたっては、テクノロジーの調達であることからIT部門と連携して進めることが一般的である。調達プロセスに人事部門の意図や目的を十分に反映させるよう、IT部門と緊密に連携することが必須である。導入のきっかけが現行システムのEOS（End of Service：保守切れ、サポート切れ）の場合には、IT部門が主体となってベンダー選定のプロセスを進めることも多くみられるが、その際、人事部門の意図や目的、要件が十分に盛り込まれないままベンダー選定プロセスが進行するケースが散見される。IT部門が経営および人事部門の意図を理解しないまま、安全なアプローチとして現行踏襲を前提としたRFPを作成し、ベンダー選定を進める。現行踏襲は現在付き合いのあるベンダーに有利に働くので、IT部門にとっても安全なアプローチである。時間をかけた末の決定内容をマネジメントに上申した結果、経営の意図に沿っていないと判断保留、最悪の場合には否決になることも少なくない。このような失敗を避けるためにも、人事部門の中にテクノロジー担当を設け、調達プロセスに積極的に関与していく姿勢が特に求められる。

●ポリシー・制度とテクノロジープラットフォームの整合

　HRテクノロジープラットフォームは人事施策を実現していくための情報基盤であり、前提となるポリシーや制度なしには存在し得ない。極めて当たり前のことと思われるが、実際のHRテクノロジー調達の現場では、ポリシーや制度が曖昧なまま、テクノロジー先行で調達が進むことも稀ではない。例えば、タレントマネジメントと一言で言ってもその対象は等級、評価、報酬、サクセッションマネジメント、キャリア開発、研修管理にまたがっている。人事制度として等級、評価、報酬はきちんと明文化されているが、残りの要素はきちんと定義されていないということも十分あり得る。そのような状況下で仮にサクセッションマネジメントのモジュールを購入するのであれば、前提となるサクセッションマネジメントに関する制度、すなわち候補者選定基準・選定時の参照情報・会議体と役割・責任・ポストオフルールなどを定めていく必要がある。構想策定時には、実現しようとしている人事施策に関連するポリシー・制度の整備状況を確認し、未整備なのであれば、テクノロジーの導入の前段に制度設計を組み込むなど、ポリシー・制度とテクノロジーが十分に整合した計画を策定しなければならない。

●ベストプラクティスの活用（業務の標準化、効率化）

　オンプレミスで構築された人事給与システムは、自社固有の現行の制度や規程・業務を忠実に再現し、複雑な機能から構成される。多数の自社専用プログラム（アドオンプログラム）が存在するなど、維持や保守に多大な工数やコストを負担せざるを得ないものをよく目にする。現場の担当者の目線では、これらの原因となっている制度や規程、業務は絶対に変えられないと思い込んでいる、あるいは慣れ親しんだものを変えることに抵抗感を覚えるケースも多い。

　RFP（提案依頼書）に盛り込まれる機能要件は現行踏襲100％を目指したものとなり、HRテクノロジープラットフォームを導入することで本来得ることができたはずの効率化の果実を得られない結果になりがち

である。一方でクラウドを前提とするHRテクノロジープラットフォームにはベストプラクティス（複数の企業で検証された最も効率の良い業務のやり方）が実装されており、プラットフォームが想定する範囲内での設定変更（コンフィグレーション）のみが可能であり、自社専用プログラム（アドオンプログラム）を作成することができない。HRテクノロジープラットフォームを最大限活用するためには、構想策定の段階で、経営の意図が現行踏襲にあるのか、制度を変えてでもベストプラクティスを追求すべきなのか。経営の意向をきちんと確認した上で、自社が目指す姿（例えば完全に欧米型のベストプラクティスの実現を目指すのか？　あるいはルールを定めた上で日本型の存続も許容するハイブリッド型を目指すのか？）に沿った導入時の大方針（ガイディングプリンシプル）を定めるべきである。

　またシステムの導入手法において、オンプレミスでは「ウォーターフォール型」と呼ばれる手法が主流だが、他方でクラウドを前提とするHRテクノロジープラットフォームの導入は「アジャイル型」と呼ばれる手法で実現することが一般的である。

　「ウォーターフォール型」とは文字通り、滝が上から下に流れるようにシステム導入の各工程、例えば要件定義=>機能設計=>開発=>システムテスト=>ユーザー受入テストといった工程ごとに定められた作成物（設計書などのドキュメントやプログラム）を作成・レビューし、各工程の終了と次工程の開始条件を満たしていることを確認しながら進める手法である。これはオンプレミスにおけるシステムは、設計書に基づいてプログラムを記述し、テストして初めて動くシステムができる仕組みであることに依拠し、ユーザーはユーザー受入テストまで実際に動作するシステムを目にすることができない。そのため、ユーザー受入テストの段階では、期待していたものとシステムの仕上がりに差があるという認識の違いを生じさせることも少なくなかった。

　一方「アジャイル型」では、要件定義=>イテレーション=>システムテスト=>ユーザー受入テストという手順を踏む。イテレーションとは、要件定義で定義した内容をシステムに設定（コンフィグレーショ

ン）し、実際のシステムの見た目や動作をユーザーが確認。そこで出た指摘に基づいて再度設定を変更し、動作を確認する、という繰り返し作業（イテレーション）によりシステムを完成させる手法である。弊社の標準では、通常3回程度のイテレーションでシステムを完成させることが一般的である。設定だけでシステムが動作する仕組みのため、このような手法が可能となっているのがクラウド型HRテクノロジープラットフォームの特徴だ。「ウォーターフォール型」と比べ、ユーザーの理解を得られやすいのが「アジャイル型」の大きなメリット。なおイテレーションはユーザーと導入パートナーの共同作業であり、導入パートナーは設定を行うのみでシステムが正しく機能することはテクノロジープラットフォームベンダーが保証していること、かつ、システムの完成度を順次上げていくという手法の特徴からも、ユーザーと導入パートナー間の契約はウォーターフォール型では見られた請負契約にはそぐわず、準委任契約が選択される。

●現場の巻き込み（チェンジマネジメントの必要性）

グローバルを含め自社グループ会社にHRテクノロジープラットフォームを導入しても使われないシステムとなってしまうことがある。弊社の考えるグループ展開における落とし穴には以下のようなことがある。

・HRテクノロジープラットフォームの導入についてグループ全体での目的や意義・メリットが明確化されておらず、グループ各社がコスト（ヒト・カネ）を割く事に対して反発。その結果、本社のみが利用するローカルシステムへと形骸化する。
・本社の意向・考えのみで構築された要件（プロセス）のため、グループやグローバル全体へ展開・適用するのが難しい。

多くの場合、関係者に目的や意義が伝わっておらず、コスト（時間やお金）を負担することに納得感を得られていないことが原因である。こ

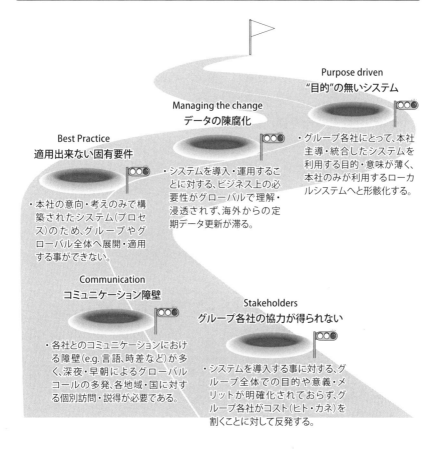

図表9-3　グループ・グローバル展開時の落とし穴

**Best Practice
適用出来ない固有要件**

・本社の意向・考えのみで構築されたシステム（プロセス）のため、グループやグローバル全体へ展開・適用する事ができない。

**Managing the change
データの陳腐化**

・システムを導入・運用することに対する、ビジネス上の必要性がグローバルで理解・浸透されず、海外からの定期データ更新が滞る。

**Purpose driven
"目的"の無いシステム**

・グループ各社にとって、本社主導・統合したシステムを利用する目的・意味が薄く、本社のみが利用するローカルシステムへと形骸化する。

**Communication
コミュニケーション障壁**

・各社とのコミュニケーションにおける障壁（e.g. 言語、時差など）が多く、深夜・早朝によるグローバルコールの多発、各地域・国に対する個別訪問・説得が必要である。

**Stakeholders
グループ各社の協力が得られない**

・システムを導入する事に対する、グループ全体での目的や意義・メリットが明確化されておらず、グループ各社がコスト（ヒト・カネ）を割くことに対して反発する。

のような状況を避けるためには、構想策定段階でHRテクノロジープラットフォームを導入する目的（人事施策）を明確化し、早い段階から導入先のグループ各社に対してコミュニケーションを図っていく必要があろう。

　円滑にコミュニケーションを図っていくためには、「チェンジマネジメント」という手法を適用したい。「チェンジマネジメント」は制度、プロセス、システムの変更に伴い、それを使うヒトのスキルや意識はどう変わらなければならないかを定義し、変更に向けて導いていく手法で

ある。要約すれば、変革の目的を明確化しビジョンを共有。変革を阻害する要因を一つずつ取り除いていくことで、最終的には社員が働きやすい環境を得られるという意識を作り上げる。これにより、今までHRテクノロジープラットフォームの導入に懐疑的だったグループ・グローバル会社の関係者にも理解を得られ、導入への動きがスムーズに進むのである。

弊社の2020年調査では、変革を目的とするプロジェクトにおける完全な成功はわずか19%であり、この数値からも変革の難しさがうかがえる。また従業員の賛同を得た変革は、賛同を得ていない変革より、成功率が高いことも明らかであり、チェンジマネジメント活動を行うことで、行わない場合の倍近い賛同が得られることも判明した。変革の成功のためにはチェンジマネジメント活動を通じた現場の賛同を得ることが成功要因である。

第3節　HRテクノロジープラットフォーム導入事例

本節では第2節で説明したHRテクノロジープラットフォームを正しく導入できた事例をケーススタディーとして紹介。「いつ」「何を」「どう」進めたのか——貴重な成功例からぜひ学んでいただきたい。

●シスメックス株式会社におけるグローバルタレントマネジメントの導入

シスメックス株式会社は1968年創業、神戸市に本社を置く臨床検査（血液・尿などの検査）機器および検査用試薬のトップメーカー。世界各地域に拠点を持ち、190カ国以上に製品を輸出するグローバル企業である。1995年には海外関係会社5社、海外売上比率45%であったが、2018年には海外関係会社56社、海外売上比率85%に達し、急速にグローバル化が進んだ。グローバル化の初期に各地域の成長を支えた経営

人材は世代交代の時期を迎え、経営幹部の後継者不足や、グローバルリーダーおよび専門人材の不足、競争力のある報酬パッケージおよび働き方の多様化によるキャリア選択などさまざまな課題を抱えていた。さらなる成長のためにはと、2018年10月、社を挙げて次世代グローバル人材マネジメントシステムの構築が着手された。

　プロジェクトの詳細は以下の通りである。

【プロジェクトの目標】

✓グローバルでの次世代人材マネジメントシステム（One SYSMEX）の確立

　・働く場所、時間、雇用形態に関わらず世界中の人材（タレント）が活躍できる仕組み・制度の整備

　・多様な個を尊重し、強みを活かすことで一人一人の働きがいを実現する組織風土の醸成

　・日本も含めたグローバル統一のマネジメントシステム

✓グローバルでの計画的なサクセッションプランニングとタレントマネジメント

　・事業や地域特性を踏まえた組織人材開発

　・多様な個の強みを活かす配置と組み合わせ

【プロジェクトの進め方】

　プロジェクトは以下に示すステップで進行した。

ステップ1：グローバルHRポリシーの策定

　等級制度、報酬制度、評価制度、人材育成に関するグローバルHRポリシーを策定し、管理職以上の人事制度をグローバルに統合する方針を定めた。

・等級制度は管理職層の職能資格を廃止し職務等級に変更し、職務記述書に基づき等級評価（Job Grading）を行う。評価は外部企業の職務評価ツール（グローバルに標準化されたシステム）をベースにシス

メックスでの役割、特徴を加味して最終評価を行う。

・報酬制度は新等級制度の職務評価に基づき報酬水準を内部公平性に加えて外部競争力を加味した報酬レンジを設計することとした。

・評価制度は固定の年2回評価から継続的に目標設定と評価を繰り返すCPM（Continuous Performance Management）システムへ変更し、報酬へ反映する最終評価は年1回とした。MBO（業績成果目標）およびコンピテンシーの内容を変更し、MBOは賞与、コンピテンシーは昇給・後継者育成（昇進・異動）に反映することとした。

・人材育成については、後継者育成計画（サクセッションプランニング）の仕組みを整備した。

　グローバルHRポリシーの策定後、各地域の人事責任者、人事担当者との間でワークショップを開催し、新しいHRポリシーを導入する意義や目的を説明し、各地域の人事責任者の同意・コミットメントを得た上で後続のステップに入った。

図表9-4　制度・システムの統合ロードマップの例

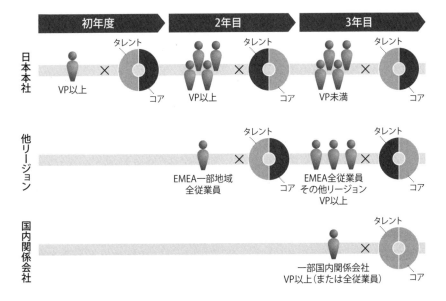

ステップ2：制度・システムの統合ロードマップの策定

　グローバルHRポリシーを踏まえ、人事制度およびシステムの統合ロードマップを策定した。具体的には人事制度については、グローバルでの管理職（※）以上のタレントマネジメント制度の導入、統合を優先し、国内関係会社の一般職向けの制度の統合をその後に実施することとした。※特定の職務等級以上（上位3階層）

　システムアーキテクチャーとしては長期的にはSingle Source of Truthを目指すものの、各地域の人事責任者からヒアリングをした現状も踏まえて当面のターゲットとしてはハイブリッドモデルを達成することを目標に計画を策定した。

　またHRテクノロジープラットフォーム導入における方針（ガイディングプリンシプル）を策定し、プロジェクト推進における判断基準を定

図表9-5　ガイディングプリンシプルの例

HRマスターデータを事実上の単一ソースとする
グローバルHRISを、シスメックスの従業員データおよび組織データ全体のレコードのマスターとする

システムの機能ならびにベストプラクティスを最大限活用
プロセス設計とシステム構成のベストプラクティスを最大限活用して、新しい仕事のやり方を実現する

グローバルで標準化したプロセスを採用する
業務プロセスはグローバルで一貫しているべきであり、地域の規制や法律の逸脱のみが許容されるべきである

経営者と従業員の関係強化
管理職と従業員の関係を強化することで従業員のエンゲージメントを高め、生産性を向上させる

責任を明確にする
従業員および関連部門は、人事データの正確性に責任を負う。人事部門は、ビジネスと連携してHRプロセスを管理および設計する

シンプルに
直感的、効果的、効率的な操作に重点を置く

めた。

　作成されたロードマップを踏まえ、本社向けの人事制度設計、および
それに対応したシステムの導入計画を立案。合わせてグローバルでの展
開計画も策定した。

ステップ３：新人事制度の設計および新人事制度に対応したシステムの　導入

　計画に沿って新人事制度の設計、およびそれに対応したシステムの導
入を行った。実際の進行にあたっては、制度の設計を先行させ、システ
ムの設計を制度の設計の後半と重ねた。制度設計チームとシステム設計
チームの間で密に連携を図り進めることで、システム設計チームは十分
な制度理解の上でシステム設計を進め、制度設計チームは細かいところ
でシステムの制約も理解した上での制度の詳細化を進めた。

【プロジェクトの成果】

　人材マネジメントに係る取り組みでは、効果が得られるまで年単位の
時間を要するのが一般的だが、人事施策およびそれを実行するためのイ
ンフラとしてのHRテクノロジープラットフォームの導入により、本プ
ロジェクトでは現時点で以下のような効果・影響を得られている。

✓グローバル共通の人材マネジメントポリシーをベースとしてタレント
　マネジメントまで踏み込んだ「ガバナンス強化」
　・グローバルHRポリシーに沿った人材情報の可視化、後継者育成管
　　理のベースとなる情報基盤の確立
　・可視化された人材情報から新たな人材活用の取り組みを開始
　・市場競争力のある報酬コンポーネントによる有用な人材確保、およ
　　び適正な人件費マネジメントの基盤整備
✓市場競争力を有するプロフェッショナル人材が"活躍しがい"があ
　る、シスメックスらしさが活かされた環境の整備

・シスメックスでキャリアを閉じない「ボーダーレスキャリア」の実現に向けた仕組みを構築
　・自主・自律的なチャレンジと周囲からのレコグニション
　・会社との対等な関係性による従業員エンゲージメントの向上
✓国内関係会社の人事給与制度・システム統一によるガバナンス向上
✓グローバル全体での個人情報の管理強化
　・情報管理プロセスの統一とトレーサビリティの確保によるリスクマネジメントの向上

【事例から導き出される帰結】

　シスメックスの成功例を理解したなら、第2節冒頭で挙げたモデル企業のシステム導入が①〜⑤のどの段階で失敗したのか、もうお分かりだろう。最大の理由は、構想策定の欠如＝①、つまり最初の段階のつまずきである。構想策定を行わない結果、目的の不在、人材ポリシーの策定や現場の巻き込みも含めた現実的な計画とならなかったことが起点となり、②以降の後続の失敗につながっている。

　一方でシスメックスは、目的が明確だ。中でも「グローバルでの次世代人材マネジメントシステムの確立」という第一義的な目的を立て、それを実現するためのHRポリシーの策定と、HRテクノロジープラットフォームの導入を正しい順序でかつ両者を連携させながら進行させたことが成功要因である。「システム」と「制度・業務」は表裏一体の関係にある。HRテクノロジープラットフォームの導入を成功させるためには、この両方を切り離すことなく俯瞰して計画を立てなければならない。そして、その計画を確実に遂行できる「チームの存在」が重要である。

第9章

本章のまとめ

☑ 日本企業において、1980年代から現代に至るまで、人事システムの有り様を決めてきたのは「人事トレンドの変化」と「IT技術革新」。

☑ 近年、多様化する働き方の推進、クラウドやAIなどのIT技術、デバイスの変化により、ソリューション供給側はますます細分化し、選択肢も無数に。

☑ グローバルでは、「HR TechからWork Techへ」「Action Platformの実現」を目指す新たな動きがある一方、いまだその段階にない日本の人事システム。数年以内に課題解決に取り組まなければならないことは必至。

☑ システム導入を成功させる最大のポイントは、構想策定である。構想策定を行わない場合、目的の不在、人材ポリシーの策定、現場の巻き込みなども含め、計画が頓挫してしまう。

☑ シスメックスの例では、明確な目的があり、「システム」と「制度・業務」を切り離すことなく俯瞰して計画を立て、それを遂行したことが成功につながった。

第 4 部

コンプライアンス・ガバナンス統括

第 **10** 章

新たな
労務マネジメント

第1節 | ハイブリッドな働き方

　近年、日本では長時間労働などに起因する低労働生産性、少子高齢化と生産年齢人口の減少および働き手のニーズの多様化といったナショナル・アジェンダに対応すべく、官民一体となり、働き方改革を推進してきた。この改革下で、各種関連法の段階的な適用や企業の自助努力により、一定の成果を実現してきたものの、依然として、長時間労働とメンタルヘルス、障害者雇用や出産、介護に伴う離職など、引き続き解決すべきことは多く、その改革は道半ばと言えるだろう。

　この状況下で、2019年に端を発した新型コロナウイルス感染症の問題は、企業・組織に、既存の労務マネジメントに関する新たな課題を提示した。現在のコロナ禍への対応とその後の後遺症からの回復も非常に重要だ。だが、災害（・震災）や感染症など、ビジネスに甚大な影響を与える変化は、今後も短期的・反復的に発生する。複数の調査・研究によると、これまで反復的に発生してきたパンデミックの発生間隔は短縮傾向にあるという。「疫病と投資 歴史から読み解くパンデミックと経済の未来」によると、この20年間で急速に進んだ経済のグローバル化がその背景にあると推測している[1]。そのため、今後は後手に回ることなく、いち早くこうした変化に適応可能な労務マネジメントをいかに実現するかが重要である。換言すれば、レジリエンス（変化への適応・回復力）の高い労務マネジメントである。また、同時に、都市部から都市近郊、地方への人口移動といった、今回の問題が拍車をかけた社会情勢の変化、その他の雇用問題など、引き続き対応が必要な多くの社会課題にどう向き合うかという点も考慮することが求められる。

　このような社会的趨勢の目まぐるしい変化の中、オフィスでの仕事と在宅での仕事、つまりオフィスとリモートのハイブリッド型の働き方が

---

[1] 『疫病と投資 歴史から読み解くパンデミックと経済の未来』中原圭介　ダイヤモンド社. p18-19.（2020年）

図表10-1　オンサイトとリモートワークという新しい組み合わせ

65%
企業の生産性向上につながると思う、強く思うと回答した従業員の割合

65%
企業の創造性を助長すると思う、強く思うと回答した従業員の割合

54%
企業の効率的な問題解決能力に好ましい影響をもたらすと思う、強く思うと回答した従業員の割合

65%
管理職や経営層はオンサイトやリモートに関係なく、リーダーシップを発揮することができると思う、強く思うと回答した従業員の割合

出典：EY Work Reimagined Survey

今後の有力なオプションの一つとして着目されている。

　EYが2020年に日本を含む世界各国のビジネスパーソン15,000名以上を対象にした「Work Reimagined Survey」では、この固定的でない新たな働き方への良好な反応が確認できた（**図表10-1**）。その他の主要な傾向としては、仕事における勤務場所・時間の柔軟性を求める回答者がそれぞれ、87%・88%に達したことに加え、こうした柔軟性が提供されない場合、退職もあり得るとした割合が54%であったという点も見逃せない。このような働き手は、平均して週に2～3回はオフィスでの勤務をしながら、リモートでの仕事を希望する。

　ただし、ここで気をつけねばならないことがある。このハイブリッドな働き方について、グローバル全体では65%が生産性の向上を感じている一方、日本単独では39%と低い傾向にある点である。日本においてもハイブリッドな働き方についての期待があるものの、生産性の向上という点では、まだ課題が多いということだろう。これは、業務プロセスのデジタル化などの遅れに加え、日本固有の問題も含む、労務マネジメントの難しさにある。

第 2 節　ハイブリッドな働き方に必要な 三つの重要事項

　「『デジタル』になりきれない企業の形　テレワークとDXを活用した新たなマネジメントに向け　働き方改革の本質」によると、産業革命以後、家庭と労働を区分して、都市部での労働とその周縁部での家庭生活を分割し、労働環境を集約させることは、規模の経済性や企業内での取引コストを最適化する上での暗黙的な十分条件の一つであったという[2]。

　また、2000年頃になるとICTの急激な発展・普及により、リモートワークやSOHO（Small Office Home Office）が登場し始めたが、これは一部の先進企業などが特殊な状況下にある働き手に向けたオプションの一つであり、あくまでも中心はオフィスであったと言える。

　しかし、コロナ禍によって、オフィス中心の働き方から、リモートやハイブリッドへの期待や要請が高まりを見せている。ただし、そのためには労務マネジメントとして、日本企業ならではの課題を含む「労働時間管理」・「健康管理」・「パフォーマンス管理」という三つの重要事項をクリアする必要がある（**図表10-2**）。

① 労働時間管理

　まずリモート・オフィスのいかんを問わず、労働時間は労働基準法、労働安全衛生法などの法律により、適切な把握・管理が求められる。また、昨今の働き方改革の中で、厚生労働省が示した「労働時間の適正な把握のために使用者が講ずべき措置に関するガイドライン（平成29年1月20日策定）」では、労働時間の適正な把握のための使用者向けの新たなガイドラインとして、労働状況の把握に関する適用範囲や労働時間の考え方、および労働時間の適正な把握のために、使用者が講ずべき措置の見直しが行われた。

---

[2] 「『デジタル』になりきれない企業の形　テレワークとDXを活用した新たなマネジメントに向け　働き方改革の本質」原泰史他　一橋ビジネスレビュー2021（SPR）68巻. 4号 東洋経済新報社. p53.（2021年）

> **図表10-2　ハイブリッド（リモート）の推進に必要な労務マネジメントの三つの重要事項**

オフィスで 可能だった点	リモートに よる変化	リスク	ハイブリッドにおける重要事項	
その場や出先で共に働くことで勤務状況を把握	ウェブ会議やチャットなどの仮想空間化での確認 ・ 多くはブラックボックス化	三六協定違反	働く場所に左右されない労働時間管理	HRDXの 有効活用と 業務プロセス のデジタル化
直接表情や言動から健康状態を把握		疾病や心理的安全性の低下による離職	働く場所に左右されない健康管理	
その場での協業による帰属意識などの醸成とパフォーマンス管理	細かな指示・管理は不可能・非生産的	従来のマネジメントの行き詰まりとパフォーマンス低下	働き手の自律性を促すパフォーマンス管理	

　例えば、リモート下においても客観的な記録などにより、従来以上に適正な労働時間の管理が求められる。ここでは、「始業・終業時間の確認」「在席（プレゼンス）確認」および「総労働時間の確認」が必要である。また、「みなし労働制（事業場外みなし労働時間制）」については、2021年3月にリニューアルされた厚生労働省の「テレワークの適切な導入および実施の推進のためのガイドライン」などに示されたように、「情報通信機器が、使用者の指示により常時通信可能な状態におくこととされていないこと」、および「随時使用者の具体的な指示に基づいて業務を行っていないこと」がリモート下でのみなし労働制の適用条件となるなど、働き方改革や新たな生活様式を受け、労働時間管理は新たな局面に入りつつある。

　こうした労働時間管理をめぐる環境が複雑化する中、HRDXツールは、総じて、デジタルが故に、使用者や上長による効率的かつ、場合によっては恣意性を排除した客観的な労働時間管理の可能性を提供できる。

② 健康管理

　前出の「テレワークの適切な導入および実施の推進のためのガイドラ

イン」では、リモート下においても、安全衛生関連法の適用を求め、労働者の安全と健康を確保するための措置を講じることが必要とされた。この中では、過重労働による健康障害の防止、ストレスチェックの活用と産業医との連携に加え、自宅などでテレワークを行う際のメンタルヘルス対策の留意点やチェックリストが示された。また、同ガイドラインでは、労働災害（労災）についても、「テレワークを行う労働者については、事業場における勤務と同様、労働基準法に基づき、使用者が労働災害に対する補償責任を負うことから、労働契約に基づいて事業主の支配下にあることによって生じたテレワークにおける災害は、業務上の災害として労災保険給付の対象となる。ただし、私的行為等業務以外が原因であるものについては、業務上の災害とは認められない」というように、リモート下での適切な健康状況の把握と報告の仕組みが求められることになる。

　このような健康管理に関する部分についても、労働時間管理のHRDXツールを組み合わせながら、効率的な管理が可能になりつつある。例えば、スマートフォンやウェアラブルデバイスを活用し、本人の感情や健康状態を可視化できるテクノロジーなども登場しつつある。軸となるのは、過剰な労働時間となっていないかの管理になるが、こうしたHRDXの活用も現実性を帯びつつある。ただし、このような労働時間や健康管理を効率的かつ適正に行うためには、過剰な監視にならないような配慮に加え、それらを点ではなく線としてつなぐチームマネジメントが不可欠になるだろう。

③ パフォーマンス管理

　リモートワーク下では、オフィスにいるからこそ可能であった対面での細かな指示・管理による、従来の管理手法は通用し難い。むしろ、遠隔地の働き手の自律性を促進するマネジメントが必要である。同時に、その中で、部下やメンバーの勤務時間や健康状態の適正な把握やリスク察知と対応が求められる。この点は、特に典型的な日本企業にとって、極めて大きなチャレンジである。

　典型的な日本企業のオフィスには、物理的に個人の執務スペースや組織・チームの「島」があり、そこで上司は、個々の表情や進捗を見ながら、柔軟に個々の役割を見直し、都度細かい指示を出すことでチームを運営してきた（最大限のパフォーマンスを引き出せていたかは、議論の余地はあるが）。また、メンバーはその場にいるからこそ、何を目標として仕事をしているのか、互いにどのような役割や業務を行っているか、自分がどのように気遣われているかなど、比較的分かりやすい環境下にあったと言える。

　他方リモートでは、そのような強度での管理は難しくなる。同じ強度や頻度で電話やメール、チャットなどを送り続けることは非現実的であり、できたとしてもコミュニケーションコストが増加し、非効率的である。また、リモートでは、一人であるが故に孤独感が高まる、心理的安全性が低下する、組織目標と自身の貢献が見えにくくなるなどにより、エンゲージメントとパフォーマンスが低下するリスクが高まる。さらに、オフィスでの対面コミュニケーションの機会が減ることは、情報共有やイノベーション創発の機会を減じるという問題がある。

　日本企業は、リモートになり、従来の上司とメンバーの関係性を前提としたパフォーマンス管理に行き詰まることとなったのである。

●リモート下でメンバーの自律性を促すチームマネジメント：OKR

　メンバー一人一人の自律性を促しつつ、そのパフォーマンスを最大限引き出すマネジメントの有力なフレームワークになり得るのが、「目標と主な結果：Objectives & Key Results（OKR）」である。もともと、OKRはインテルにより広められ、その後、Googleを始め多くの企業に採用されてきたフレームワークである。

　なお、頻繁に引き合いに出されるフレームワークに「目標管理：MBO（Management by Objectives）」がある。概念として、多少近い部分があるため簡単に説明しよう。

　MBOはメンバーの日々のマネジメントというよりは、むしろ評価制度の側面が強い。半期に1度のパフォーマンスレビューというように、

サイクルが比較的長いことも挙げられる。経営環境が目まぐるしく変わる中、目標が固定的でそれ自体が期中に意味を成さなくなり得る、評価と直結するため、保守的な目標設定とならざるを得ないなど、近年の経営環境下では運用が難しくなってきた側面もあるだろう。

　他方、OKRは、評価というより、日々のメンバー育成やパフォーマンスを最大限に引き出すチームマネジメントの側面が強い。サイクルも四半期ごとの目標設定に加え、週次でチームのパフォーマンスを把握するなど、極めて短い。また、メンバーの自律性やエンゲージメント（帰属意識）を高めるよう、全員が熱意を持って取り組める目標をメンバー参加型で設定・修正し、同じ価値観・優先順位などを共有しながら、必要なことに力を集中させ、短サイクルで成果を創出していく（図表10-3）。これは、チームレベル・個人レベルというようにブレークダウンされる。

　このようなフレームワークにより、メンバーの自律性やエンゲージメントを高めながら、個人とチームのパフォーマンスの最大化を狙うとい

図表10-3　OKRの基本構造とポイント

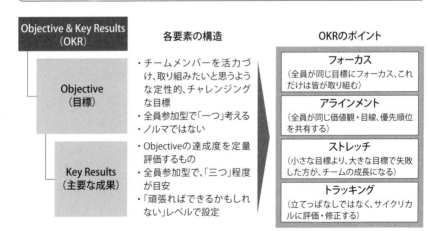

出典：John Doer著 土方奈美訳 Measure What Matters［メジャー・ホワット・マターズ］伝説のベンチャー投資家が
　　　Googleに教えた正攻方法OKR 日本経済新聞社 2018/10を基に作成

うことが一つの方向になり得るだろう。

●一過性にとどまらない継続的パフォーマンス・マネジメント

OKRの中で設定された目標の実現には、メンバー一人一人の自律性を促進し、成果創出に至る一連のプロセスの質を継続的に高めねばならない。そのため、OKRに加え、継続的なパフォーマンス・マネジメント（CFR）による、チーム内コミュニケーションや個人とのOne on Oneコミュニケーションが特に重要である（**図表10-4**）。

図表10-4　継続的パフォーマンス・マネジメント（CFR）

Conversation（対話）
・上長・メンバー間で個人のパフォーマンス向上、チームのより良い運営のために行われる対話

Feedback（フィードバック）
・今後の改善に向け、強化が望ましい、具体的なケイパビリティ、ビヘイビア、およびプロセスなどに関するコミュニケーション

Recognition（認知・承認）
・成果や貢献をメンバー間で共有し、称える、認め合う

加えて、こうしたことをリモートで行うためには、ミドルマネジメントのスキルも当然変化が求められることになるだろう。特に、日本の場合、OKRと継続的パフォーマンス・マネジメントをリモートでうまく機能させるため、自身が育ってこなかった環境下で、ロールモデルもいない中、新たな環境に適応可能なスキルセットの習得が必要だ。これは大きなチャレンジになる（**図表10-5**）。

このパフォーマンス管理においてもHRDXの活用余地は大きい。バーチャルオフィスの活用はエンゲージメントの醸成や心理的安全性の確保を期待できる。その他、近年では、コラボレーションや個々の進捗状況の可視化に寄与する国産のHRDXツールも有力な選択肢になりつ

図表10-5　自律性を促すミドルマネジメントに求められる役割・能力

余白の見出し力

・メンバーの自律的行動を促すため、その役割や仕事のアサインメントを変えること
・低価値な仕事を止め、本来必要な価値を生む行動に向かう時間的・精神的な時間をより多く作る能力

＋

問い力

・優れたリーダーは、優れた問いを設定することで人を動かす
・具体的な指示・正解を与えるのではなく、メンバーの自律性を促すような、答えることにやりがいや動機付けが可能な問いかけ力

＋

想像力

・未経験の状況下で、頼りにすべきは経験ではなく想像力
・いかなる振る舞いをすれば、メンバーはどのような反応を見せ、自分が考える行動を取るのか、メンバーを理解し、リアリティのある想像を働かせる能力

出典：鈴木竜太. 答えのない時代をチームで切り開く　自律的な協働を促すリーダーシップ. DIAMONDハーバード・ビジネス・レビュー. 株式会社ダイヤモンド社. 2020/8. p28-31.を参考に作成

つある。これらを活用しながら、労働時間管理・健康管理、およびパフォーマンス管理をいかに進めるかが、ハイブリッドによる新たな働き方と労務管理を加速させる鍵になるだろう。

第3節 特に高い労務管理能力が必要とされる障害者雇用

　前節で、新たな労務マネジメントでの鍵は労働時間管理、健康管理、パフォーマンス管理の3点であり、これらをHRDXにより適切に行うことが今後の流れとなると述べたが、特に高度な労務管理能力が求められる領域として障害者雇用を取り上げたい。

　昨今、企業は財務パフォーマンスだけではなく人材価値のような非財務価値の創出を求められるようになってきており、また東京2020 オリンピック・パラリンピック競技大会開催などを背景に、インクルーシブな社会作りに向けて、企業が期待される役割により一層注目が集まっている。こうした状況下では、企業の障害者雇用の取り組みというのは企

業価値向上に大いに資するものとなり得る一方、配慮を欠いた取り組みの場合はレピュテーションリスクなど、企業にとって脅威にもなり得る。障害者雇用を取り上げる理由はここにある。

　本節および次節では、障害者雇用を取り巻く環境の変化とコロナ禍での状況、ニューノーマルへの移行を見据えたとき企業はいかに障害者雇用を推進していくべきか、HRDXがいかに寄与するか、その方向性について具体的事例を示しつつ解説していく。

　まず、ここ数年における障害者雇用を取り巻く環境変化について述べる。

　2018年4月施行の改正障害者雇用促進法では大きく二つの点が変更された。1点目は民間企業における障害者法定雇用率の引き上げである。法定雇用率は2018年4月に改正前の2.0%から2.2%に、そして2021年3月に2.3%に引き上げられた。2点目は、精神障害者の雇用義務化である。法改正前は、雇用の義務があるとされていたのは身体障害者と知的障害者であったが、2018年の改正では障害者の種別の記載が無くなり、精神障害者も障害者雇用義務の対象に加えられている。身体障害者・知的障害者に比して低い精神障害者の職場定着率（**図表10-6**）を考慮したものと考えられる。

図表10-6　障害者の平均勤続年数の推移

	身体障害者	知的障害者	精神障害者
平成10年	12年0ヶ月	6年10ヶ月	―
平成15年	10年0ヶ月	9年3ヶ月	3年9ヶ月
平成20年	9年2ヶ月	9年2ヶ月	6年4ヶ月
平成25年	10年0ヶ月	7年9ヶ月	4年3ヶ月
平成30年	10年2ヶ月	7年5ヶ月	3年2ヶ月

出所：「障害者雇用実態調査結果報告書（平成10、15、20、25、30年度）」厚生労働省

第10章

　この変更より、障害者雇用のさらなる促進が企業に求められていることがうかがえる。また、同法では障害者権利条約[3]の批准を受け、「障害者に対する差別禁止」と「合理的配慮の提供義務」を定められていることからも、障害者に健常者と同等の機会を与えること、そのための配慮・取り組みが企業に求められていると言えるだろう。

　労働市場に目を向けると、日本では高等教育機関における障害を持つ学生数・割合は増加を続けており、今後も増え続けることが予想される（**図表10-7**）。少子高齢化により労働人口そのものが減少する中、労働力確保という観点からも障害のある人材の採用・定着は今後企業の重要課題となるであろう。

　次にコロナ禍における障害者雇用の実態について触れたい。

　障害者雇用は法定雇用率に守られており雇用調整の対象とはなりにくいと言えるが、それでもコロナ禍では厳しさを増している。特にサービス業や工場などの現業に従事している障害者の場合、休業や閉店により長期間就業できないケースや、そのまま離職せざるを得ないケースが数多く見受けられる[4]。また、このような状況は業種問わず起こっており、その理由として、障害者（特に知的・精神）の就いている業務が印刷関連の事務サポートや社内便配送、備品在庫管理など、職場に行かな

---

[3] 障害者権利条約は、障害者の人権及び基本的自由の享有を確保し、障害者の固有の尊厳の尊重を促進することを目的として、障害者の権利の実現のための措置等について定める条約です。この条約の主な内容としては、(1) 一般原則（障害者の尊厳、自律及び自立の尊重、無差別、社会への完全かつ効果的な参加及び包容等）、(2) 一般的義務（合理的配慮の実施を怠ることを含め、障害に基づくいかなる差別もなしに、すべての障害者のあらゆる人権及び基本的自由を完全に実現することを確保し、及び促進すること等）、(3) 障害者の権利実現のための措置（身体の自由、拷問の禁止、表現の自由等の自由権的権利及び教育、労働等の社会権的権利について締約国がとるべき措置等を規定。社会権的権利の実現については漸進的に達成することを許容）、(4) 条約の実施のための仕組み（条約の実施及び監視のための国内の枠組みの設置。障害者の権利に関する委員会における各締約国からの報告の検討）、となっています。（以上、外務省HPより）
[4] 全国のハローワークなどを通じた厚生労働省の調査によると、2020年2～6月にかけて計1104人の障害者が企業などに解雇されており、前年同期比152人（16%）増加という結果となった。

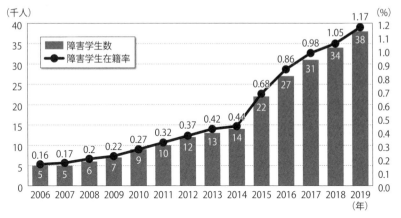

図表10-7　障害を持つ学生数と在籍率

*障害学生：「身体障害者手帳、精神障害者保健福祉手帳及び療育手帳」を有している学生又は健康診断等において
　障害があることが明らかになった学生（重複する場合は実数）
出典：日本学生支援機構「障害のある学生の修学支援に関する実態調査」

ければできない仕事である場合が多いことが挙げられる。

　障害者雇用を推進・拡大していく中で最も大きな課題の一つが「業務
の切り出し」である。基本的には現在社内に存在する業務のうち、障害
者社員に担当してもらうことが可能な業務を特定し抽出することから始
めるのだが、この検討の際にポイントとなるのが、「少し難しいのでは
ないか」と考えられる業務でも、「一工夫すれば障害者社員にも担当が
可能ではないか」という発想である。それをせずに単に健常者社員の担
当業務をそのまま切り出して引き渡すことにとどまっていると、難易度
の低い業務に限定されてしまう。

　また、昨今では事務仕事のうち単純作業やルーティン業務は、アウト
ソーシングやシェアードサービス化が進んでおり、その結果として障害
者社員の業務はどうしても上述したような「職場に行かなければできな
い仕事」に偏ってしまう。このような状況下では、障害者の雇用機会は
増えることはなく横ばいか減少の一途をたどることになり、企業におい
ても法定雇用率の達成自体が困難になる。今後も法定雇用率の引き上げ
やその達成指導など、企業に対する国の要請は強くなることが予想され

るが、企業はむしろそれを先んじて取り組むという考えに基づき障害者雇用を推進しなければ、やがて立ち行かなくなるのではないかと考える。本来、企業は社会の公器として、社会に対する責任を果たし貢献すべきであり、障害者雇用についても法定雇用義務とは関わりなく積極的に進めるべきである。それが長期的な企業価値向上につながると考える。

　従い、企業はニューノーマルへの移行も見据え、リモートによる障害者雇用を含めた「戦略的な障害者雇用」に舵を切るべきではないだろうか。「障害者を雇用できるほどの十分な仕事がない、雇用したい人がいない」という思い込みを捨て、むしろ戦力として見なし活躍してもらうという発想の転換である。ここで鍵となるのは、現場マネジメントの中核者としてのマネージャーとそれをサポートするHRDXである。

第 4 節　HRDXと長期的キャリアパス構築による戦略的な障害者雇用

　まず企業として着手すべきは、前節で述べた「一工夫すれば障害者社員にも担当が可能ではないか」という視点での業務の洗い出し／見直しを行うことで、新たな雇用を創出し、採用ターゲット層を拡充することである。

　現在、障害者の採用市場で募集されているポジションは、職務内容が単純作業メインのものと、障害者雇用と健常者雇用を分けずに募集しているような高度専門人材を求めているものの二極化が起こっている。その中間くらいのポジションは少なく、これは健常者と同等のことができなければ単純作業に、という考えのもとで障害者雇用が進められてきたことを如実に表していると言える。そうした中でチャレンジングであり、かつリモート対応可能な業務を数多く創出することは、単純作業では満足せず、やりがいやスキル・能力向上を望んでいる層を狙えるという意味で、企業の採用力の強化を図ることができると考える。また、特に身体障害者にとっては通勤負荷を避けることができ、感染予防にも資

する在宅勤務は望ましい勤務形態であるため、リモート可能といった条件を提示できることは有利に働くと言える。

　次に、採用した障害者社員が安定的に業務を遂行できるようにするための要諦を述べたい。ポイントとなるのは、業務管理、心身の健康状態の把握およびそれらを可能にするコミュニケーション体制である。業務のアサインや進捗管理・時間管理とともに、日々の体調確認や体調に応じたチーム内の業務配分見直しを行ったり、悩み事相談を受けたりするのは、一般的には現場のマネージャーが中核となって行う。ジョブコーチ[5]のサポートを受けながら実施することもできる。ただし、これがリモートとなると難易度は格段に上がってしまう。そこでデジタルツールを活用することにより、オンサイトと同等あるいはそれ以上の効果を狙うことができると考える。

　デジタルツールを使って、障害者社員の業務状況の可視化、タイムリーな体調把握、コミュニケーションの活性化を実施している事例として、NULアクセシビリティ株式会社（日本ユニシス株式会社の特例子会社）の取り組みを取り上げたい[6]。

　NULアクセシビリティの業務内容は、各団体のホームページなどのウェブコンテンツがJIS規格に定められたアクセシビリティの品質（達成）基準を満たしていることを審査するという専門性の高いものであり、それを7名（うち障害者5名）のテレワーカーが担っている。まず、勤怠管理はセキュアログインを利用し、ログイン／ログアウト時間を管理することで、残業を抑止している。日報管理やFAQ管理などの業務アプリシステムはkintoneを、コミュニケーションツールとしてはSkype for Businessを利用して、テレワーカーのプレゼンス状況を確認している。また、LINE WORKSも活用しており、一つのツールが不通になってもコミュニケーションが取れる環境整備をしている。毎日朝夕

第10章

---

[5] 職場適応援助者（ジョブコーチ）支援事業は、障害者の職場適応に課題がある場合に、職場にジョブコーチが出向いて、障害特性を踏まえた専門的な支援を行い、障害者の職場適応を図ることを目的としています。（以上、厚生労働省HPより）
[6] 「障害者テレワーク事例集」厚生労働省

の2回15〜30分程度実施するウェブ会議では、健康状態の把握も行っている。加えて、産業カウンセラーと外部契約をし、相談ができる体制を整えたり、オープンな職場作りが雇用継続につながるという考えのもと、週に1回、テレワーカー同士の雑談の機会（オンライン）を設けるなどの工夫も行っている。

　オンサイトの職場の良さとして挙げられることの一つは、現場のマネージャーが障害者社員の様子をみて不調に気づいたり、障害者社員がちょっとした相談をマネージャーに持ち掛けたり、など、気軽に声をかけやすいことである。ただし、この事例のようにオンラインでの定期的な雑談機会をあえて設け、バーチャルカフェなどを活用することで、「お互いいつでも声をかけられる状態」を作り、リモートであってもその場にいるのと同様の感覚でコミュニケーションを図ることはできると考える。予防的な措置としては、日常の声から心の健康状態をチェックできるクラウドサービスもあり、リモートであっても障害者社員の心の状態をチェックでき、メンタル疾患の予防や早期発見が可能となる。

　また、この事例では産業カウンセラーとの相談機会が準備されているが、一般的には障害者社員の主治医と会社の産業医との連携も重要であり、その実施手段としてもデジタルツールを利用することは有効であると言える。

　最後に障害者社員の長期的なキャリア形成を見据えた取り組みについて述べたい。

　障害者雇用を積極的に推進している企業では、人事制度を構築し、障害者社員の能力・モチベーションを持続的に向上させる仕組みを整備している。まだ数は少ないが、待遇・昇進・仕事内容などにおいて、健常者社員と障害者社員で区別せず、合理的配慮を除けば同じ条件下で人事制度を運用しており、本社・特例子会社を問わず活躍できる環境を整備しているという先進的な企業もある。いずれにしても、社員の人材としての価値（能力・専門性・実績など）を適正に評価し、相応の待遇を施していくことは、障害者社員に対しても当然必要である。さらには、キャリアゴールとそこに至るまでのキャリアパスを明確にすることで、

障害者社員は長期的なキャリアビジョンを描くことができ、結果として企業に対する帰属意識やエンゲージメントが高まり、ここで最高のパフォーマンスを発揮しようという貢献意欲が増していく。そしてパフォーマンスを上げ、企業から適正に評価されることで「世の中に貢献している」という実感を得ることができ、さらにモチベーションが向上するという好サイクルが生まれる。法定雇用率達成のための「守りの障害者雇用」ではなく、障害者を戦力として雇用する「戦略的な障害者雇用」を進めるべきときが、今まさにきている。

本章のまとめ

☑ 今後の有力な働き方の一つは、オフィスワークとリモート（在宅ワーク）を組み合わせたハイブリッド型である。

☑ ただし、その実現と推進には、リモート下での適正な「労働時間管理」「健康管理」および「パフォーマンス管理」の３点が労務マネジメント上の重要事項である。

☑「労働時間管理」「健康管理」では、働き方改革や今回のコロナ禍により、これまで以上にリモートを促進する形へと法令やガイドラインが改定されており、HRDXを活用しつつ、効率的かつ適正な運用が必要である。

☑「パフォーマンス管理」については、旧来の上司と部下の関係性に基づく手法では、行き詰まりを見せる。そのため、OKRやCFRなどにより、リモート下でメンバーの自律性を促し、成果を最大化するマネジメント手法と上司のスキルが極めて重要である。

☑ 障害者雇用においては、業務管理、心身の健康状態の把握およびそれらを可能にするコミュニケーション体制という、障害者社員が安定的に業務を遂行できるようにするための要諦を、HRDXは押さえることができる。

【その他参考文献】

「ワーク・フロム・ホームの生産性」DIAMONDハーバード・ビジネス・レビュー 株式会社ダイヤモンド社（2020年11月）

『中堅・中小企業のためのテレワーク成功の秘訣 生産性を高めるニューノーマルな働き方』一般社団法人日本テレワーク協会監修 日本経済新聞出版（2020年）

『Measure What Matters［メジャー・ホワット・マターズ］伝説のベンチャー投資家がGoogleに教えた正攻方法OKR』ジョーン・ドーア著、土方奈美訳 日本経済新聞社（2018年）

「答えのない時代をチームで切り開く　自律的な協働を促すリーダーシップ」鈴木竜太 DIAMONDハーバード・ビジネス・レビュー 株式会社ダイヤモンド社.p28-31（2020年7月）

第
10
章

第**11**章

コーポレート・ガバナンスにおける非財務情報の開示と人材価値の可視化・データ化

　本章ではこれまでの各章とは少し毛色が異なり、HRDXにおける「人材価値の可視化・データ化」という側面を取り上げる。

　人材価値を含めた「非財務的価値」は、近年の企業経営におけるESGやSDGsといった概念の重要性を語る上で欠かせないものである。機関投資家をはじめとする企業経営を取り巻く各ステークホルダーは、従来の財務的価値だけでなく、これらの非財務的価値を統合した「企業の長期的価値（Long-term Value）」と捉えることが一般的になってきており、これらの情報を積極的に開示していくことは不可欠である。今後は、人材価値に関わる情報を整理・収集・可視化すること、その他の非財務価値と合わせて財務価値と統合的に捉え企業の長期的価値との連関性を明らかにすること、それらの非財務指標を適切に管理・改善し、戦略的にコミュニケーションしていくこと、が人事に携わる部門の重要な機能となってくることが予想される。

　本章では非財務価値にまつわる直近のトレンドを概観し、長期的価値を整理する統合的なフレームワークを紹介した上で、それらを活用したコミュニケーションや非財務業績を用いた（役員への）インセンティブ設計について述べる。

第1節　ESGやSDGsを含めた非財務的価値経営の重要性

　ここ数年の間に、ESGやSDGsなどの概念は流行語から企業経営における優先事項へ急速に変化している。最近では、新型コロナウイルス感染症の世界的流行、Black Lives Matter、Mee TooやTime's Upなどの人権に関する「正義」に関わる運動、気候変動への問題意識の高まりなど、多くのイベントが企業活動の変化とそれに伴う説明責任を求める動きを加速させている。それらに加えて、機関投資家やその他のステークホルダーからの圧力も高まっており、これまでのようにESG対策は収益を圧迫するものの企業の社会的責任を果たすために「やらざるを得ない活動」ではなく、長期的な企業価値の向上を確保するための「重要な

手段」であると考えられるようになっている。

　まず投資の面から見てみよう。一部の懐疑的な視線とは裏腹に、グローバル資本市場におけるESG投資は拡大を続けている。資産残高は2018年時点で31兆米ドルに上り、資本市場に流通する資金の3分の1以上がESG関連と言われている[1]。日本においても公的年金を運用する年金積立金管理運用独立行政法人（GPIF）が責任投資原則（PRI）に署名を行いESG指数を採用するなど、投資残高は2018年で231兆円に上り急成長中である。

　次に、企業のレポーティングの視点からは、これまでの財務業績指標重視からESGやSDGsを含めた「非財務情報」に注目がシフトしている。上述の通り政治・経済・社会的環境が複雑に変化する中で、企業経営もそれらに対する対応を求められている一方、それらの活動は必ずしも（現在の）財務諸表には十分に表現されていない、というのが、機関投資家も含めた各ステークホルダー共通の問題意識である。2019年にEYが実施した調査[2]によると、グローバル企業の財務部門のリーダーの約4分の3が「投資家は投資判断に非財務情報を使用する機会が増えている」との見解を示している一方で、例えば人的資本や企業文化に関する定量指標を開示している企業はそれぞれ56％、33％にとどまっている。

　またBrand Financeの調査[3]によると、人的資本や文化を含む企業の無形資産は、世界の企業価値の平均50％以上、広告産業やハイテク産業などにおいては最大80％を占めると推定されるなど、企業の長期的価値創造を決定づける重要な要素となっている。

---

[1] 「2018 Global Sustainable Investment Review」Global Sustainable Investment Alliance, http://www.gsi-alliance.org/wp-content/uploads/2019/06/GSIR_Review2018F.pdf（2021年9月10日アクセス）

[2] *EY Global FAAS corporate reporting survey*（EY, 2019）

[3] 「Global Intangible Finance Tracker　2019」Brand Finance, https://brandirectory.com/download-report/brand-finance-gift-2019-full-report.pdf（2021年9月10日アクセス）

図表11-1　企業の長期的価値の評価と可視化

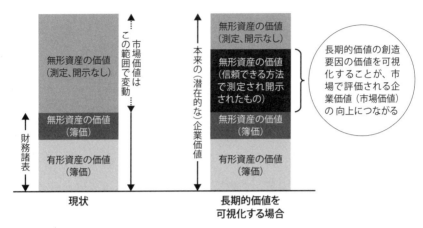

出所：EY

　EYが実施したCEOに対する直近の調査結果[4]においても、9割近い
CEOが「ステークホルダー全体にとっての長期的価値の創造が市場か
ら評価される」、また8割が「長期的価値の創造を測定し、報告するた
めのグローバルスタンダードができる可能性が高い」と回答しており、
グローバル企業のCEOの長期的価値に対する意識も高まっていると言
えよう。

　日本においても同様のトレンドは明白になっている。2021年6月に改
訂された東京証券取引所の「コーポレートガバナンス・コード」[5]におい
ても、ESGやSDGs、人的資本投資などの非財務要素を中長期の企業価
値向上に不可欠なものと明記され、それらのデータの収集や開示を求め
ることについてかなり踏み込んだ記述が追加されている。

[4] *EY CEO Imperative Study*（EY, 2021）
[5] 株式会社東京証券取引所「コーポレートガバナンス・コード（2021年6月版）」
https://www.jpx.co.jp/news/1020/nlsgeu000005ln9r-att/nlsgeu000005lne9.pdf（2021年9
月10日アクセス）

（引用）

●基本原則2　考え方

また、「持続可能な開発目標」（SDGs）が国連サミットで採択され、気候関連財務情報開示タスクフォース（TCFD）への賛同機関数が増加するなど、中長期的な企業価値の向上に向け、サステナビリティ（ESG要素を含む中長期的な持続可能性）が重要な経営課題であるとの意識が高まっている。こうした中、我が国企業においては、サステナビリティ課題へ積極的・能動的な対応を一層進めていくことが重要である

（引用終わり）

（引用）

●補充原則2-3①

取締役会は、気候変動などの地球環境問題への配慮、人権の尊重、従業員の健康・労働環境への配慮や公正・適切な処遇、取引先との公正・適正な取引、自然災害などへの危機管理など、サステナビリティを巡る課題への対応は、リスクの減少のみならず収益機会にもつながる重要な経営課題であると認識し、中長期的な企業価値の向上の観点から、これらの課題に積極的・能動的に取り組むよう検討を深めるべきである

（引用終わり）

（引用）

●補充原則3-1③

上場会社は、経営戦略の開示に当たって、自社のサステナビリティについての取組みを適切に開示すべきである。また、人的資本や知的財産への投資などについても、自社の経営戦略・経営課題との整合性を意識しつつ分かりやすく具体的に情報を開示・提供すべきである。（引用終わり）

図表11-2　「持続的な企業価値の向上と人的資本」の変革の方向性

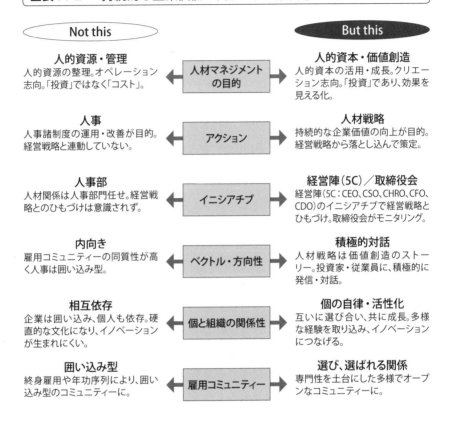

Not this		But this

人的資源・管理
人的資源の整理。オペレーション志向。「投資」ではなく「コスト」。

人材マネジメントの目的

人的資本・価値創造
人的資本の活用・成長。クリエーション志向。「投資」であり、効果を見える化。

人事
人事諸制度の運用・改善が目的。経営戦略と連動していない。

アクション

人材戦略
持続的な企業価値の向上が目的。経営戦略から落とし込んで策定。

人事部
人材関係は人事部門任せ。経営戦略とのひもづけは意識されず。

イニシアチブ

経営陣（5C）／取締役会
経営陣（5C：CEO、CSO、CHRO、CFO、CDO）のイニシアチブで経営戦略とひもづけ。取締役会がモニタリング。

内向き
雇用コミュニティーの同質性が高く人事は囲い込み型。

ベクトル・方向性

積極的対話
人材戦略は価値創造のストーリー。投資家・従業員に、積極的に発信・対話。

相互依存
企業は囲い込み、個人も依存。硬直的な文化になり、イノベーションが生まれにくい。

個と組織の関係性

個の自律・活性化
互いに選び合い、共に成長。多様な経験を取り込み、イノベーションにつなげる。

囲い込み型
終身雇用や年功序列により、囲い込み型のコミュニティーに。

雇用コミュニティー

選び、選ばれる関係
専門性を土台にした多様でオープンなコミュニティーに。

　これらのトレンドからも分かるように、少なくとも2020年代は企業経営はESGやSDGsも含めた「非財務価値経営の時代」と言うことができるのではないか。人事領域に引き付けて言えば、非財務価値を捉えるためのフレームワークには必ず含まれる「人材価値」はその重要な構成要素と言える。2020年9月に経済産業省から公表された「持続的な企業価値の向上と人的資本に関する研究会　報告書（人材版伊藤レポート）」[6]においても、日本企業における企業価値の向上には、これまでの人的資源の管理から人的資本の価値創造へのシフトの必要性が強く主張されている。つまり、長期的企業価値の向上という目的からバックキャストして、人件費・コストとしてではなく投資対象として人材を捉え、その成

果や効果について定量化して検証し、さらなるアクションにつなげてい
く、ということが人材マネジメントの本質であるということであろう。

　これまで各章で述べてきたHRDXの最終的な目的は、とりもなおさ
ずこれらを実現することであり、さまざまな取り組みも人材価値および
長期的価値の最大化に向けて行われるべきものである。また、HRDX
が実現する人事情報の可視化・データ化に伴い、これまで必ずしも明確
ではなかった人事的諸施策の成果が「通信簿」として突き付けられる、
ということも生じてくるであろう。

第2節　「デジタル化」時代の非財務情報フレームワーク活用

　では、「人材価値」として具体的にどういった情報が必要になってく
るのだろうか。そして、それらをどう財務的価値を含めた長期的価値に
結び付けたら良いのだろうか。

　非財務価値を検討する上での難題は、これらの長期的価値を構成する
と考えられる非財務的な要素や情報と財務的な数値と結びつける測定可
能な指標や論理的なツリーを作り上げることである。

　先述した「人材版伊藤レポート」においては、人材戦略においては各
社の個社性があると指摘する一方で、①動的な人材ポートフォリオ、個
人・組織の活性化、②知・経験のダイバーシティ＆インクルージョン、
③リスキル・学び直し、④従業員エンゲージメント、⑤時間や場所にと
らわれない働き方、については五つの共通要素（5C：5 Common
Factors）として、パーパスや経営戦略から設定される「To Be」と現
在の状態「As Is」を把握した上で、定量的な指標・KPI（Key
Performance Indicator）で成果を検証していくことが必要である、と

---

6 経済産業省「持続的な企業価値の向上と人的資本に関する研究会 報告書 〜人材版伊藤レ
ポート〜」（2020年）
https://www.meti.go.jp/shingikai/economy/kigyo_kachi_kojo/pdf/20200930_1.pdf（2021
年9月10日アクセス）

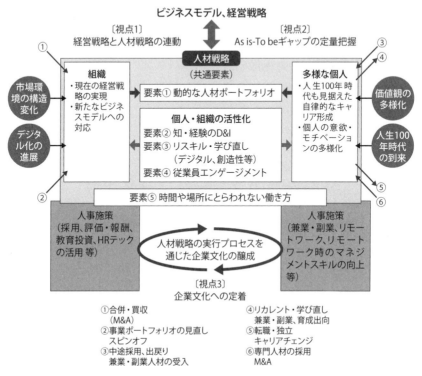

図表11-3　人材戦略に求められる三つの視点・五つの共通要素
（3P・5Fモデル）

出所：経済産業省「持続的な企業価値の向上と人的資本に関する研究会 報告書 ～人材版伊藤レポート～」(2020.9)

指摘されている。

　「人材版伊藤レポート」で指摘されている要素も含めて、より有効であると考えられるのは、非財務価値に関する情報開示・報告のフレームワークの活用である。これらのフレームワークは既に多くの先進企業で統合報告書、CSR報告書、サステナビリティ報告書などに活用されている。

　一方でいささか乱立気味であるフレームワークについても、2021年中に先述したIIRCとSASB、（Sustainability Accounting Standards Board、

図表11-4　非財務情報開示のフレームワーク（例）

名称	対象	概要
グローバル・レポーティング・イニシアチブ（GRI）/GRIスタンダード	ESG	経済、環境、社会へのインパクトが大きい非財務情報に関する開示・報告のフレームワーク
国際統合報告評議会告（IIRC）/IIRCフレームワーク	財務ESG	財務情報と非財務情報を含む六つの資本を用いた企業価値創造プロセスを統合的に説明するフレームワーク。 ※IIRCは2021年中にSASBと統合し、Value Reporting Foundationを設立予定
サステナビリティ会計基準審議会（SASB）/SASBスタンダード	ESG	企業が価値を推進し、財務パフォーマンスに影響を与える持続可能性の要因を管理、測定、報告できるようにすることを目的として、業界に特化した詳細な基準77の産業別に具体的な開示項目・指標を設定
気候関連財務情報開示タスクフォース（TCFD）/TCFD提言書	ESG（気候変動）	気候変動に関連する財務・非財務情報開示のフレームワーク
EPIC/LTVフレームワーク	ESG	企業の長期的価値（LTV：Long-term Value）測定のためのフレームワーク。重点4領域（財務的価値、消費者価値、人材価値、社会的価値）について63指標を設定。

出所：各団体のウェブサイトなどからEY作成

サステナビリティ会計基準審議会）が統合してValue Reporting Foundation（VRF、バリューレポーティング財団）となることが予定されるなど、フレームワーク自体の統合・高度化も進んでいくことが想定される。

EYもInclusive Capitalismとの共同プロジェクトである「EPIC（Embankment Project for Inclusive Capital）」において、30以上の機関投資家やグローバル大企業とともに、「EPIC/LTV」[7]という長期的価値に関するフレームワークを開発している。

「EPIC/LTV」では、企業の長期的価値に関わる活動を測定するため

> **図表11-5　EPIC/LTVフレームワークと長期的価値に向けた経営指標の設定のアプローチ**

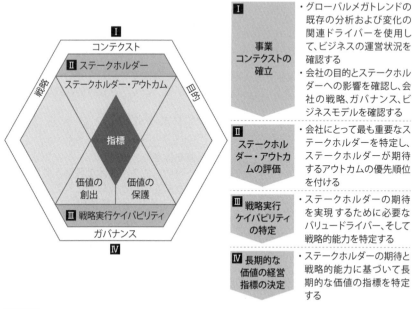

出所：EY

の標準化がなされ、重要かつ比較可能な非財務指標を定義している。これらの指標は「財務的価値」に加え、「人材価値」、「消費者価値」、「社会価値」の重点4領域において、計63指標から構成される。例えば「人材価値」は「人材の雇用と育成を通して、自社の企業文化、エンゲージメント、リーダーシップ、ノウハウ、スキルの各面で企業が生み出す価値」と定義され、人員コスト、年間離職率（地域別、年齢別、性別）、人員構成と多様性——経営陣、トップリーダー、および取締役会——、雇用形態の種類別比率、人材育成費用対効果、エンゲージメント指数スコア、などの約20の指標が挙げられている。これらの中から、自社の

---

7 「EPIC Report」、Embankment Project for Inclusive Capitalism、https://assets.ey.com/content/dam/ey-sites/ey-com/ja_jp/topics/global-review/2019/pdf/epic-jp-all-web.pdf（2021年9月10日アクセス）

目的や事業戦略、各ステークホルダーへのアウトカムなどを検討した上で適切な指標を特定し、それらの指標を用いて他社とのベンチマークやモニタリングを実施することにより、長期的価値にひもづく「人材価値」をどれだけ創造できているかを評価・検証していくのである。これまでの章で述べてきたようなHRDXによる人材情報の可視化や活用の最終的な目的はこれであり、これらの長期的価値・人材価値の評価と結び付けて検討していくことが必要であることは自明であろう。

　こうした取り組みが（先進）企業において一般的になっていくと、各企業の非財務的な活動が可視化され、比較可能性にさらされていくことになる。つまり、これまで可視化されてこなかったさまざまな活動が、一気にデジタルの情報の海に流れ「データ化」されていくことになるのである。HRDXによる人事の高度化の一つの側面と言うことができるだろう。

第3節　開示規制の動向と非財務指標を活用したインセンティブ設計

　各国の規制当局においても、人的資本開示を含む非財務情報の開示の検討が進められている。第1節では日本における「コーポレートガバナンス・コード」の改訂を取り上げたが、EUでは一足早く、加盟国における従業員500名以上の企業に対する2014年10月のEU非財務情報開示指令（2017年適用開始）により「少なくとも環境（例：温室効果ガスなどの排出、エネルギー使用による環境への影響）、社会（例：消費者や地域コミュニティーとの関係）、従業員（例：労働条件、職場の安全と衛生）、人権尊重、腐敗・贈収賄防止に係るトピックに関する五つの事項（①ビジネスモデル、②デューデリジェンス・プロセスを含むポリシー、③ポリシーの結果、④主要なリスクおよびその管理方法、⑤非財務重要業績評価指標（KPI））」の開示を要請し、これに対する補足として、2017年に非財務情報開示に関するガイドライン、2019年に気候変

動情報開示に特化したガイドラインを発表している。

　また米国でも米国の証券取引等監視委員会（SEC）が2020年8月に30年以上ぶりに開示規制を改正し、登録企業の"Proxy Statement"（日本における株主総会招集通知）において気候変動における対応とともに人的資本に関する開示を求めることとなった。いわゆる「プリンシプル・ベース」（企業は強制的なルールではなく示されたガイドラインに従って一定の裁量を持って対応する）ではあるものの、人的資本開示におけるグローバルの開示規制のトレンドを象徴するものとして認識しておくことは重要である。

　開示規制の改正トレンドの帰結として、これらの開示された非財務的価値に関する情報・指標がいかに経営幹部や従業員のインセンティブにひもづいているか、ということがますます注目されることになる。

　例えば、英国では2018年に改訂された「英国コーポレートガバナンス・コード2018」[8]および「取締役会の実効性に関するガイダンス（Guidance on Board Effectiveness）」[9]において、経営幹部（執行取締役）のインセンティブが企業の「長期的価値」に基づいて設計されるべきこと、インセンティブの評価指標として財務指標とともに非財務・戦略指標を有効に活用すること、がうたわれている。日本においても、2018年9月に改訂された経済産業省の「コーポレート・ガバナンス・システムに関する実務指針（CGSガイドライン）」[10]において財務指標とともに適切な非財務指標の選択の有用性が指摘されている。

　個別の日本企業においても、いわゆる「ガバナンス先進企業」を中心

---

[8] 「The UK Corporate Governance Code（July 2018）」、Financial Reporting Council、https://www.frc.org.uk/getattachment/88bd8c45-50ea-4841-95b0-d2f4f48069a2/2018-UK-Corporate-Governance-Code-FINAL.PDF（2021年9月10日アクセス）

[9] 「Guidance on Board Effectiveness（July 2018）」、Financial Reporting Council、https://www.frc.org.uk/getattachment/61232f60-a338-471b-ba5a-bfed25219147/2018-guidance-on-board-effectiveness-final.pdf（2021年9月10日アクセス）

[10] 経済産業省「コーポレート・ガバナンス・システムに関する実務指針（CGSガイドライン）」（2018年）
https://www.meti.go.jp/press/2018/09/20180928008/20180928008-1.pdf（2021年9月10日アクセス）

図表11-6　日本企業のESG要素などの業績評価への導入企業例

業界	ESG要素の業績目標の内容	対象となる報酬要素	ウエイト
機械	DJSIの構成銘柄への選定の有無	長期インセンティブ（株式交付信託）	10%
機械	・環境負荷（CO$_2$排出削減：2030年に2010年比50%減、再生可能エネルギー使用率：2030年に50%） ・外部評価（DJSI、CDI）	長期インセンティブ（パフォーマンスシェア）	n/a
化学	人々への支援を通じてビューティーイノベーションの実現を目指す「エンパワービューティー」の領域を中心とした環境・社会・企業統治（ESG）に関する社内外の複数の指標を採用	長期インセンティブ（パフォーマンスシェア）	10%
化学	・省エネルギー活動の推進（資源削減量） ・医薬品の提供（医薬品提供貢献指数） ・働きがいがあり、活力と協奏のある組織の構築（従業員ウェルネス指数）	長期インセンティブ（パフォーマンスシェア）	10%
小売	DJSI　Worldの構成銘柄への選定の有無	長期インセンティブ（株式交付信託）	10%
保険	「サステナビリティ重点課題」7項目（会社が規定）の達成状況	短期インセンティブ・業績連動報酬（金銭・株式）	n/a

出所：各社ウェブサイト、有価証券報告書、コーポレート・ガバナンス報告書などよりEY作成

に、ESGを含めた非財務情報を経営陣の報酬の業績評価項目として導入する企業が出てきている。とある消費財企業では、ESG評価を経営陣の40%、メンバーの30%のウエイトで導入しているなどの事例もある。

　一方で、日経リサーチが実施した2020年の調査[11]によると、役員報酬の評価項目に「SDGsへの貢献の目標達成度」を組み込んでいる企業は30%強、第三者機関の評価を組み込んでいる企業は12%程度となってお

[11] 「第2回 日経「SDGs経営」調査〜 調査結果解説 〜」、日経リサーチ、https://channel.nikkei.co.jp/f/2103sdgs4.pdf（2021年9月10日アクセス）

り、まだまだ少数であるというのが実態であろう。

　しかしながら、機関投資家をはじめとするステークホルダーの関心が財務指標から非財務も含めた統合的な「中長期的な価値創造」に広がる中で、特に経営幹部の報酬・インセンティブに非財務指標の導入が今後ますます増えていくことは確実であろう。実際に、気候変動に関する情報開示のフレームワークである「TCFD提言書」では、戦略・リスク管理に関する指標についてそのリスクが高い場合、報酬の方針への統合状況を開示することを求めており、英国の石油資源企業では、気候変動対応を求める投資家団体からの株主提案が承認され、二酸化炭素排出量の削減などの複数の非財務指標を同社の役員報酬の業績評価に組み込むこととなるなど、株主からのプレッシャーや期待値も高まっている。

　では、経営幹部の報酬において、「お手盛り」を防ぎながら、適切にESG／非財務指標を導入するためにはどのようにすれば良いだろうか。ポイントは三つ、「パーパスや経営戦略との連動」（自社目線）および「客観性・透明性」（投資家・ステークホルダー目線）両面での妥当性とともに、「評価コスト」の観点が重要である。

　非財務指標の特徴として、財務指標に比べて定義が多様であったり測定方法が難しいものが多かったりといった2点目の「客観性・透明性」の担保が難しく、それが3点目の「評価コスト」の観点につながってくる。そのため、先進的な日本企業においても客観性・透明性を重視し、外部評価機関の評価結果（DJSI、MSCI、FTSE、CDP）、特に指数（Index）への採用を業績目標とする企業が多くなっている。これらは非財務指標をインセンティブの業績評価に取り入れるという面では重要な一歩ではあるが、最重要である「パーパスや経営戦略との連動」という面において外部評価機関のフレームワークやウエイトをそのまま適用した「受け身」の設定であるとも言えよう。

　より本質的には、第2節で取り上げた非財務情報のフレームワークを活用して自社のパーパスや経営戦略を踏まえて指標の選定や重み付け、達成する時間軸を設定した上で、それらを業績評価指標に組み込むことが望ましい。外部のフレームワークを活用することで、一定程度客観

図表11-7　非財務指標のパフォーマンスの測定方法

パフォーマンスの測定方法の類型		測定方法に関するプロコン (Positive ✓✓✓←→✓ Negative)		
		経営戦略との連動	客観性・透明性	評価コスト
目標達成度	企業が目標として掲げている活動、プロジェクト、ESG成果の具体的な目標に対する達成度を測定。	✓✓✓ 指標選定の裁量あり	✓ 指標選定・目標設定などに恣意性あり	✓ 客観性のためには外部機関保証などが必要
相対的パフォーマンス	企業が重要性があると考えるESG指標について、競合他社に対するパフォーマンスを測定。	✓ 指標選定の裁量ある目標水準が他社依存	✓✓ 比較対象企業の選定の合理性は要説明	✓✓✓ 比較対象企業の関連データ取得などが必要
外部評価機関の評価結果	Refinitiv、S&P Trucost、RobecoSam、Sustainalytics、ISS ESG、MSCI ESG、Vigeo Eiris、EcoVadisなど、企業のESGパフォーマンスを公に評価する機関による外部評価結果を活用。	✓✓ 網羅的ではあるが指標はあらかじめ決められている	✓✓✓ 外部評価機関への評価は定まっている	✓✓✓ 「報酬のための評価」は不要
社内外の専門家による評価	社内外で入手可能な客観的・主観的事実に基づいた、社内（報酬委員会など）もしくは社外専門家による評価。	✓✓✓ 指標選定の裁量あり	✓✓ 評価者への信頼性・独立性が重要	✓ 客観性のためには外部機関保証などが必要

出所：EY

性・透明性および他社との比較可能性を担保することが可能となり、パーパスや経営戦略との連動と両立が可能である。これらに加えて、一部の欧米の先進企業では、自社の非財務情報・指標に対する外部機関の監査報告を取得することにより客観性や透明性を担保しているケースがある。[12]「評価コスト」の観点からは、経営幹部報酬の「ためにする」こういった保証の取得は現実的ではないものの、パーパスや経営戦略の成果の表現として財務情報とともに非財務情報の重要性を意識するので

あれば、経営的観点から保証の取得を検討することは合理的である。

　ESG経営における先進企業とされるオランダの消費財企業は、自社の長期的価値創造のために策定した持続的経営に向けた10年間の長期プラン（Sustainability Plan）において、「環境負荷を削減し、社会に貢献しながら成長を実現する」というアスピレーショナルな目標を掲げ、①各重点分野（2020年までに10億人以上の人々の健康と福祉を向上させる、②2020年までに環境フットプリントを半減させる、③2020年までに数百万人もの人々の生活を向上させる）について9分野評価項目に分類、それぞれに定量目標を設定し（"Sustainability Progress Index"）、その到達度合いについて財務業績ともにAnnual Reportにおいて毎年開示を行っている。これらの非財務目標のうち重要なものについては外部機関（監査法人）の保証を受け、客観性・透明性を高めている。経営幹部の報酬については、当初短期インセンティブへの「調整要素」として導入され、現在は長期インセンティブの25%のウエイトを当該Sustainability Progress Indexの目標達成度評価に割り当てている。Sustainability Progress Indexの進捗に対するガバナンス・評価は、取締役会の企業責任委員会（Corporate Responsibility Committee）が実施し、その情報・インプットをもとに、経営幹部への報酬反映については報酬委員会（Compensation Committee）が最終的な評価に責任を持つという役割分担が行われている。まさに、企業のパーパスにもとづいて財務・非財務要素を統合した経営戦略が策定され、非財務情報のフレームワークにもとづいた業績評価や進捗状況の把握、成果の検証が行われ、それが経営幹部の報酬に反映される、という理想的な取り組みが、全社的に行われているのである。

　日本企業においても上記のような取り組みに着手する例も増えており、政府（例：経済産業省「人材版伊藤レポート」）や規制当局（例：

---

[12]「非財務情報の信頼性確保」、日本公認会計士協会ホームページ、https://jicpa.or.jp/specialized_field/corporate_reporting/assurance.html（2021年9月10日アクセス）

東京証券取引所「改訂版コーポレートガバナンス・コード」）について
もこれらの取り組みを強く後押ししている状況にある。これまで述べて
きたような人事領域に関する新しいテクノロジーも、膨大な人材関連
データについてパーパスや経営戦略実現のための有効活用を後押しする
だろう。テクノロジーの時代だからこそ、「人材価値」が（再）注目さ
れているのである。人事部門としても、企業の最重要の経営資源である
人材の価値を最大化する、本来のそして本質的な役割に立ち戻ることが
求められているのである。

第
11
章

本章のまとめ

- ☑ グローバルな経営のトレンドとして、各ステークホルダーから「非財務的価値」に対する注目が高まっており、企業の長期的価値の創造を可視化するための統合的なフレームワークを活用し、非財務的価値についても定量的な指標により目標設定、施策検討、成果・効果検証が行われる「非財務的価値経営」の時代になっている。

- ☑ 人事部門はそのうちの重要な要素を占める「人材価値」を最大化する役割と再定義され、これらの情報の収集・整理・可視化だけではなく、パーパスや経営戦略を実現するために有効に活用していく必要がある。また、これらの目標を経営幹部の報酬に反映させるなど、全社的に一貫性を持った対応が必要である。

- ☑ HRDXの推進はこの本質的な役割を果たすための不可欠な要素と言える。また、人材価値を高めるための諸施策の成果が可視化され、他社との比較にさらされることにより、人事部門のケイパビリティーが「通信簿」的に評価される時代とも言える。人事部門にとっては厳しくもやりがいのある時代がやってきている。

デジタルと組織・人材マネジメントの融合と今後の方向性
―先進企業のHRDX事例―

人材データバンクの発想で、
従業員に価値還元を目指す

ソニーピープルソリューションズ 代表取締役社長 **望月 賢一**氏

●グローバルHRプラットフォーム構築は、
事業のさらなるグローバル化を見据えた先行投資

鵜澤：人事センター長になられてからグローバルHRプラットフォームのプロジェクトをリードされていましたが、その際のご苦労はどのようなものでしたか？

望月：今も大変ですね、こんなに奥が深いとは。グローバルで一つの人材マネジメントシステムを動かすのは本当に難しい。標準のビジネスプロセスはありますが世界統一規格で作っていくのか、地域ごとに作っていくのか、それを運用・保守する際にはどのチームが対応するのかなど多くの論点があります。組織・人事情報を入れるのみであれば良いのですが、それだけの用途では高額過ぎてもったいない。時流だからといって導入してしまうと、その投資はコストでしかなくなります。タレントマネジメントシステムを導入して何をやりたいのか、しかもグローバルでやる意味があるかないのかを先に考えるべきです。ソニーのグローバル人材マネジメントシステムに入っているデータの用途は現時点では主に地域最適（リージョン単位）です。一つのシステムが完全にグローバルでつながっている意味がいつ出てくるのかというと、まだ先なのかもしれないと思っています。

鵜澤：世界レベルで最適な人材配置や組織管理をさらに加速することを見越した将来の備えとして、先行投資したということですよね。

望月：完全なグローバル組織としてレポートラインや人の配置が行われている場合は、必需品であると思います。ソニーグループの場合でもいくつかの会社はレポートラインが完全に地域をまたいだグローバル組織なので、まさにそれに該当します。一方、地域単位で法人格の概念が先に来てしまうと、結局地域や国最適で人材の異動や配置は完結してしまいます。その場合はグローバル統一の人事システムがどこまで費用対効果としてあるか？　という話になります。システム的にも全部刷新しなくとも、既存の人事・給与システムでしっかり回っているものからタレントデータだけを吸い上げて、既存システムの外側に後付するというやり方もあると思います。

鵜澤：ソニーでグローバル人事システム導入は本社先行ではなく、米州・欧州・アジアパシフィック地域に導入を進めて、終着点が日本本社というやり方を取りました。ローカルの給与や勤怠のシステムが複雑だった故に、日本が最難関で大変苦労した、特にグローバルシステムとのデータのシンクロナイゼーションやオペレーションが難しかったと記憶しています。

望月：いろいろな所に組織人事情報を供給している最上流のSystem of

recordのシステムなので、下流インテグレーションに影響が出ると、会社のいろいろなインフラがシステムダウンする可能性があります。例えば、組織改編や発令情報を4月1日に取り込んだ際、入力方法で"："を"；"と間違えた場合、上流のシステムでは入力を受け入れるが、下流のシステムには反映されないといったことが起こります。そうすると、会議室の予約や入場ゲートのセキュリティにまで影響します。これは一つの事例ですが、データ連携のトラブルは網の目のように影響の裾野が広がっていきます。特に日本の場合は他の欧米諸国などに比べてこのような要件が緻密、膨大、複雑であるので、思った以上にデータのインテグレーションや新しい業務プロセスへの移行が大変な負担になるわけです。

　ただし、技術の進歩でそれが改善する兆しもあります。例えばそれぞれのシステム間をつなぐAPIを使って比較的容易にデータ連携を実現できるケースが増えてきました。

●「人材データバンク」ならば、 経営者・従業員に利息還元をしないと駄目

鵜澤：いわゆる「データの民主化」についてお伺いしたいと思っています。これまで人事部のデータは人事部内で閉じていましたが、本来はデータを開放するべきだというお話を以前されていらっしゃいましたよね。

望月：「人事の人材情報独占禁止法違反」と私はよく言っているのですが、人事が人材情報を管理しながらも、そもそもそのデータを有効に活用できないままになっているのでは？　という問題意識です。価値を生み出せていない状態よりは、データを開放した方が良いと思っています。個人情報保護について勉強をした時に、社員データは社員のものであり、各個人の許可を得て、成長機会の提供であったり学習の機会提供で使用したりするために情報を預かっている状態であると学びました。そもそも「データを預けたくない人はどうする？」という問題も出ます

し、預かっているのに目的に合う価値提供ができていない場合もあるわけで、それならばデータをそもそもの持ち主に開放しよう、一番データをうまく活用するはずの当事者たちにオーナーシップを渡そうというコンセプトです。

鵜澤：まずはグローバル人事プラットフォームを導入し、世界中からデータを収集することに取り組まれてきた数年間だったと思うのですが、今後は活用フェーズに入っていきます。具体的にどのような取り組みを想定されていますか。

望月：一般的には人事が配置プラン検討に活用するということが挙げられますが、ソニーは自分のキャリアを自分で作ることが徹底されている会社で入社10年も経つと自分で考えて自分で動く人が多いので、そういう用途がメインではないと思います。人材マネジメントシステムに蓄積された個人情報は、言ってみると銀行預金のように人事に自分のデータを預けているようなもの。銀行ならば利息をお返しするはずということを考えると、人材データに関して言えばこれは個人情報を預けてくれた社員の皆さんに将来に向けての学習と成長の機会に関する情報を人事は提供するということではないか？　と思いました。社員の皆さんにとって学習と成長の機会を増やしていくことだと考えています。ソニーで今起こっている動きで面白いのが、いろいろな社員同士のラーニングコミュニティーが作られていて、人事が把握しきれていないところでもサークル活動的に作られています。こうした事例から考えていることは、実は最強の学び手は最大・最良の学びのコンテンツの作り手になり得るということです。この力をどうにかして人材マネジメントシステムと接続できないかと考えています。そこが接続すると、システムが人事だけのものではなく、組織のマネージャーや社員全員のものになっていきます。

　データを入れても何も起きなかったら社員はデータを入力しなくなるでしょう。入力されたデータをもとに学びの機会を提供できる仕組みが

あったらちゃんと入れておこうかな、と思ってもらえますよね。例えば、入力した学習データにハッシュタグのようなカテゴリを付けておき、それに合わせたさらなる学びの機会を提供するというような。その循環サイクルが回っていくと、学習のエコシステムが回っていきますよね。こうしたアプローチによって人事担当者はデータを読み解いて個に寄り添うことができるようになると思います。

鵜澤：HRDXと学びという組み合わせでソニーならではの取り組みはありますか？

望月：ソニーでは「キャリアプラス」という異動を伴わない兼業可能な仕組みが社内にあり、増えてきています。「キャリアを変えたいが、もし歩みたいキャリアが自分に合わなかった場合にどうしよう……」というリスクが比較的低く、領域が違うことにチャレンジしたいという人にとっては面白い取り組みですよね。そういう情報に触れることが可能になると、「面倒くさいけど、社内の人材情報のデータベースに自分の情報を入れてみようかな」と思ってもらえると思います。また、公募はかかっていない案件に関しても、「知見を貸してほしい」などの社内スカウトの可能性があります。このようなリソースマネジメントの在り方も今後増えてくると思うので、人事としてもそのような展望を持ちながら、しかしまだ発展途上なので、情報を入れた人に対していかに良質のエンプロイーエクスペリエンスを提供するか、が鍵。それを周囲の人たちも見て「人事はこのようなことをやりたかったのか」と理解が深まってくると、どこかで需要が大きく伸びるはず。浸透するまでは、こちらも我慢比べで、諦めずにやろうと話していますね。

鵜澤：ある程度の領域までは、我慢することも必要ということですね。直ぐに結果が出るわけではなく、ある程度データを貯め、成功事例を作っていくための取り組みですね。

望月：黒部ダムも水が全くないときは放水ができないけれども、満水に貯まっていると放水ができて美しい虹が出ますよね。データは一定程度貯まらないと付加価値を生みませんし、データが貯まるまでに付加価値がないからといって止めてしまってはいけません。満水になるまで貯まっていく過程で、「このような活用方法があるのではないか」という話がようやくできるようになります。一定の臨界点を超えないと用途に気付くことはない。何か仕掛けて小さなヒット作が出るまでは、試行錯誤の期間です。ヒット作が積み重なってくると、意思決定に使えるようになってくると思います。

鵜澤：ソニーのダムは今どれくらい溜まっていますか？

望月：部署によってデータの蓄積度合いは異なっています。思いっきり蛇口を捻って水を貯めている所もあれば、まだ蛇口を作るのに苦労している所もあります。

鵜澤：データ活用で先行している部門はどのような特徴があるのでしょうか？

望月：「人の成長＝持続的な事業の成長」ということをマネジメントチームがよく理解していますね。従って、リソースプランニングにおいて、どういうケイパビリティが必要かということを経営陣が議論しており、各人のスキルセットのデータも持っています。これまではそのようなデータをスプレッドシートで管理していて、オペレーションが大変だったと思います。現在、人材マネジメントシステム内の機能を使用してこれをサポートするアプリケーションを整備したところです。

鵜澤：特にテクノロジーカンパニーでは役割ごとに求められるスキルや経験が明確なので、各個人のスキルや経験がデータとして蓄積されることが重要になりますよね。

望月：そうですね、彼らはスキルカタログを独自に作って、運用していました。人事がこれまで適したツールを提供できていなかったから、スプレッドシートを使用していたのだと思います。次のステップは「どういうリソース集団にするか」を検討し、さらに内部の人材を教育するのか外部から採用するのかといった人材マネジメントの方針決定、意思決定でデータ活用が進むと考えています。

鵜澤：これからHRDXとしてやっていきたいこととしては、これまでのお話にあった、「データを蓄積し、利息をビジネス側に返していく」という動きでしょうか？

望月：「人材データバンク」として、人事が社員と組織に「利息を付けて返す（価値提供）」ことに注力したいと思っています。現在はまだまだ超低金利で、エンプロイーエクスペリエンスという視点に立つと十分に還元できていません。

鵜澤：逆に、人事側としても覚悟が求められますよね。大きな銀行を作ったのに、お金も集まらないし、返せないし。それくらいの感覚でいうと、HRDXに投資するということは、リターンと持続可能な経営モデルという意味で言うと、目線を上げていく必要がありますね。

望月：そうですね、経営者に対しても、同じくリターンを意識しないと駄目ですね。立派なシステムを導入することに対して投資してくれたわけですから。メガバンクに投資してくれた人にも株価上昇というリターンを返すという発想ですね。

●"ソニーの最大の武器"ラーニングコミュニティーとは？

鵜澤：今のソニーの経営陣からHRが期待されていることとして、どのようなことがありますでしょうか？

望月：吉田社長が「多様性の尊重」と「学び続ける組織」が持続的な経営に大切ということをおっしゃっていました。「学び続ける組織」という組織文化の構築に人事が貢献することが求められています。「学習し続ける力」については、学習を支援する新たな仕掛けが必要だと実感しました。学習し続ける組織文化、そのためのインフラ、学びへのトリガーを引くための仕掛け、そして多様性を価値創造につなげていくこと。人事なりに解釈を深めて、方針なり、システムの中なりに落とし込んでいくことが必要だろうと思います。

鵜澤：まさに経営そのものを強くしていくためには、目には見えない人材のアセット、一方で「キャリアは自分で作る」というソニーさんのカルチャーを考えると、学習し続ける組織についてのフィット感は高いと思います。

望月：主体的に学ぶ、考えるというのは昨今よく言われていることですが、我々のDNAからするとあまり疑問ではないことで、それが我々のアドバンテージだとすると、その間に学習し続ける、成長し続けることができるような仕掛けを作り、社員の学びを支援すること、またその学びが応援される社内文化の構築が重要だと思っています。その中で、ラーニングコミュニティーが持つ意味は大きい。ラーニングコミュニティー活動が許されて、リスペクトされるカルチャーが醸成されることが大切で、そのためにはラーニングコミュニティーの効用は何なのか自分たちなりに解釈していかなくてはならないと思っています。

鵜澤：ラーニングコミュニティーは具体的にはどのようなものでしょうか？

望月：いろいろなものがありますね。私も呼ばれて参加したのは、「感動」をテーマにしていろいろな切り口で考えるコミュニティーがあります。そのとき私が話したテーマは「倫理と感動」でした。コーディネー

トする人たちが接点を持って、次にこういうテーマで〇〇さんに話して
もらおうよ、と企画します。他にも、技術系出身の役員に登壇いただ
き、「経営者である前に私はエンジニアだ」という話をしてもらうオン
ライン講演会、「シニアのキャリアを考える」「将来のライフプラン設
計」「社外との接点をどんどん作るセミナー」など、毎週いろいろな所
で学びのイベントが起こっているのです。このような集まりはオンライ
ン時代になってむしろ開催しやすくなりました。オンライン・イベント
には企画してから最短2週間あれば実施できるというスピード感もあり
ます。新しくオープンした「みなとみらいのオフィス」にはオンライン
時代に必須である「配信スタジオ」を設けました。これで、いつでも
ウェビナーができる状態になりました。

鵜澤：リモート環境であることで、よりインタラクティブになっている
ということですね。

望月：そうですね。この学びの循環が社員同士で行われると最強だと
思っています。これからのHRはコーディネーターのような役割で、踊
り場を作って社員同士引き合わせる役割を果たしたり、そうした社員間
の学びの場を通じて勝手に学習して進んでいくようにしていく。意味が
あるラーニングコンテンツかどうかはユーザー自身が判断できるもので
す。「どんどん挑戦し、ダメだったらすぐに辞める」というアジャイル
なプロセスこそがまさにコンテンツ・キュレーションには必要で、ラー
ニングコミュニティーはそうしたことに対して親和性が高いと思ってい
ます。用意されたものを学ぶのではなく、お互いに刺激を受けながら学
んでいくということです。それをやるためには、やはりデータバンクが
必要なのだと思います。ある程度リアルなコミュニケーションをした結
果を踏まえて、そこにデータに基づく仕掛け、アクションをより大きな
スコープでかけていく。ラーニングコミュニティーは、今のソニーの最
大の武器ですね。

●いろいろな角度から物事を捉え、意味を考え直すことが重要

鵜澤：最後に、将来のHRプロフェッショナルに対するメッセージをお願いいたします。

望月：人事の専門性は、きっと業務や講座を通じて勉強できると思います。私自身、各領域にはそんなに深くないが、いつも専門性が高い人に助けられてきました。翻って自分の強みはというと、違う角度から見て、意外なヒントを発見することでしょうか。そうした楽しさも味わってほしいと思います。一見関係のないセミナーに出ることも大事で、畑違いな事例だったとしてもそれを人材マネジメントの世界でコンセプト的には応用できるかもしれません。個人の力を強めるために、このような取り組みが必要かなと思います。別の言葉で言えば柔軟であることも大事ということでしょうか。いろいろな角度から物事を捉え直し意味を考え直すことが、個人のレジリエンスを高めるためにも重要ですね。

　多様な見方をすることに慣れてくると、うまくいかない時のレジリエンス、次へのジャンプ力に使えるようになると思います。例えば、失敗したときに「この結果は厳しいですが、○○さん、こういう見方もできるじゃないですか」という人がいると、組織全体として強くなります。そのためにも、いろいろな経験を積み、世界を広げておくことが大事です。

【インタビュー後記】

　欧米企業を追いかけるように、日本のグローバル企業でもグローバル共通の人事システムを全世界に導入展開することを目指すケースが増えてきた。その先駆者の1社であるソニーから学ぶことは私自身、長きにわたるプロジェクト期間中だけでなく今回のインタビューからも非常に多かった。事業モデルや組織設計との親和性や投資対効果に関する示唆もあったが、私自身は加えて外部環境の行く末をどう判断するかが大きな判断ポイントと考えている。つまりコロナ禍で人材のモビリティ（国

際間移動）は限定的となり、米中サイバー冷戦構造でデータプロテクトが各国・各地域で強化されると全世界対象の最適人材配置というのは一層困難になる、それ故に今後のHRDXプラットフォームは地域最適なモデルが最適になるという考えもできるだろう。他方で、今は我慢のときであるが、地域経済圏で終わらずにグローバル経済圏やグローバルサプライチェーンが再起動・加速すると考えて、今から先行投資でグローバルワンモデルを推進するというやり方もあるはずだ。

　「HRDX、それは果たして何のため？」という根源的な問いに行きつく場合がある。ソニーの強みであり、独自の企業文化は「学習する組織」であり、それを加速させるラーニングコミュニティーにHRDXやタレントデータが活かされていく展開はまさにビジネスや企業文化の強化にHRDXが直接的に貢献できる好例である。（鵜澤）

望月 賢一氏
ソニーピープルソリューションズ 代表取締役社長

ソニー入社後、主にB2Bビジネス領域のHRBPを長く担当後、2016年4月人事センター長、ソニーコーポレートサービス取締役執行役員人事センター長、本社機能系人事組織を統括。2019年8月にソニーコーポレートサービス（現：ソニーピープルソリューションズ）代表取締役社長に就任。ソニーにおけるグローバルHRプラットフォーム推進責任者も担う。

「デジットグロース」を掲げて、日本で最もデータに強い人事を目指す

サイバーエージェント 常務執行役員CHO　**曽山 哲人**氏

●「社員全員に貢献できる」との思いから人事の道へ

鵜澤：新卒として大手百貨店に入社されたのち、当時社員が20人だったサイバーエージェントにご転職され、今は5,000人を超える規模になるまで会社の成長を見守ってこられたとのことですが、これまでどのようなキャリアを歩まれてきたのでしょうか？

曽山：最初にサイバーエージェントには、インターネット広告の営業メンバーとして入社し、その後6年間で、営業の管理職と責任者を経験しました。人事部門に異動したのは、2005年、私がまだ営業部長だった際に、役員合宿で「人事を強化しよう」という意思決定があったことがきっかけでした。その背景としては、単純に退職率が高過ぎたことです。また、2003年から人事制度を強化しようという方針が社内で決定していたにも関わらず、成功していない人事施策が多くありました。そこで、人事を強化するためには、現場の中でキーマンになっている人物が入った方が良いということで、営業のトップをやっている曽山はどの部署の人間にも顔が利くという話になり、「人事本部長になってくれ」と藤田（※藤田晋氏：サイバーエージェント代表取締役社長）からオファーされました。

鵜澤：これまではずっと営業一筋でやってきていらっしゃったけれども、人事を立て直すために一時的な部署異動として捉えていらっしゃったということですか？

曽山：いえ、実は最初から人事にガッツリ入るという認識でいました。人で会社は業績を作っていくものだと思っていたので、人事を良くすることで社員全員、会社全体に貢献できると思い、私自身もチャンスだと捉えていました。人事部門を伸ばす機会であれば、腰を据えて取り組もうという覚悟でしたね。

鵜澤：営業本部長からの人事本部長ということで、人事のご経験が全くない中で人事のトップとなられましたが、どのような経験でしたか？

曽山：今の言葉で言うと、まさに"リスキリング"で、当初は全然何も分からなかったですね。特に面食らったのは法律面や労務面でした。その時、先にいた人事メンバーに教えを乞うたということと、書籍を読み漁って今の会社に当てはめると不足している部分を探し、メンバーと議論していました。あとは、外に学びに行きましたね。自分が課題だと思っているトピックの講演会があると、積極的に参加するようにしていました。

●パルスサーベイの取り組みからHRDXを開始し、今では人事データ統括室が存在

鵜澤：今回のテーマがHRDXなのですが、人材を科学する組織をサイバーエージェント内で立ち上げられましたよね。どのような意図があったのでしょうか。

曽山：最初は2013年にパルスサーベイのシステムを設計・導入したことがHRテックの分野で大きな転換点となりました。データが貯まってくる中で、人事データの分析を実施する専門チームが必要になり、立ち上げを実施しました。現在は人事データ統括室という組織になっています。

鵜澤：今でこそパルスサーベイはさまざまな会社で取り組まれていますが、当時は年一回のエンゲージメントサーベイや従業員満足度調査はあってもパルスサーベイはあまり活発ではありませんでしたよね。なぜ曽山さんはやろうと思われたのでしょうか。また、システムを自前で作成されたということですが、どのような背景があったのでしょうか。

曽山：これは社員の提案がきっかけでした。サイバーエージェントには「あした会議」という役員と社員がチームになって新規事業や制度の提案を行う場があるのですが、その場であるチームが提案してくれたものです。私が人事本部長を始めた時にはグループで800人だったのですが、その時ですら辛うじて顔と名前が一致していたくらいでした。提案してくれた社員の方からの素案は、「曽山さん、従業員数が2,000人以上になりましたが、さすがに顔と名前は分からないですよね。この状態だと、知らない人が勝手に辞めてしまうという状態ができてしまう。そこで、全社員を対象に、社員のコンディションチェックをするアンケートシステムを作りませんか」というものでした。ポイントとしては、全部実名で回答が記録されますが、上司には秘密で、役員と運営チームとい

う一部の人間のみが回答を確認できるようにして、上司に相談できないけれども相談したいことがあるという人の状況を吸い上げることができるようにしています。例えば、プライベートでの悩みがあるという場合はカウンセラーにつないであげたり、介護の問題があるという場合は本人の承諾を得て労務担当につないであげたり、そういった本人のコンディションを把握するためのツールになっています。

鵜澤：2013年にローンチしてから現在までに、ツールの使い方に変化はありましたか。

曽山：質問数を3〜4問に絞るという方向性は変えていません。なぜなら、社員の時間を奪うことになるので、回答にかかる時間は最小化することを意識し続けています。変化したこととしては、昔は9割の回答率に到達するまで15〜20営業日ほどかかっていたのですが、現在では新しい質問を投げてから大体3営業日で9割くらいが回答してくれるという、極めて早い回答率ですね。その背景にあると考えているのは、2年前くらいからコメントがあった人に原則全員返信するようにしています。回答対象者約5,000人のうち、毎月500件〜1000件、10〜20％ほどがフリーコメントを書いてくれています。

　例えば、「チームの関係性は最近どうですか」という質問があったとして、5段階での定量的な評価の他に、「チームの関係性について思うところがあれば教えてください」というフリーコメントも付けています。これらのコメントにその週のうちに返信するというプロジェクトを人材戦略本部が実施したところ、「見てくれて嬉しいです」という声が上がり、回答率が更に向上しました。

●データからの示唆で「キャリアの選択肢」を　社員に提示していきたい

鵜澤：従業員の気持ちに寄り添い、人事と現場の距離がとても近いこと

を感じますが、曽山さんの展望として、これから先にHRDXについてどのような世界観が広がっているとお考えでしょうか。

曽山：一つは、出てくるコメントから見える言語の解析をしたいと思っています。例えば、「将来のキャリアについて教えてください」という質問を投げかけたときに、社員がどのようなキャリアに興味があるのか、さらにその結果からどのような示唆を出せるのかということですね。また、パルスサーベイでは、毎月チームの関係性や会社のミッション、先月の成果を聞いているのですが、労働時間や査定の評価データが掛け算できるように、人事データ統括室がデータレイクやダッシュボードを構築してくれています。例えば、人員数の推移や部署ごとの男女比の推移、職種別傾向といった項目があるので、パルスサーベイの結果と掛け合わせてダッシュボード化して見えるようにしていくということですね。私たちは「日次力」と言っているのですが、日次でデータを見ていく力を上げて、人事データをタイムリーに見ていく。タイムリーに見て経営判断をする、何かあれば会社として対応できるようにすると、判断ミスが少なくなるというのと、スピード感に比例して業績も上がっていくだろうと思いますね。

鵜澤：面白いですね。ダッシュボードは経営幹部の方が見ることができるものを想定されていますか。

曽山：今はまだ人事幹部内で完結していますが、将来的には経営幹部側に公開することも考えています。また、経営情報や人事情報のダッシュボードが完成したあと、社員向けに違うダッシュボードを作っていきたいと思っています。それには、サイバーエージェント内での職歴はもちろん、次の社内異動先としておすすめの場所の表示を一番やりたいと思っています。「キャリアオプション」という言葉をよく使うのですが、現在はキャリアデザインができる時代ではないので、キャリアのオプション、つまり選択肢を複数持っておいて、何かが来たときに変えら

れるように異動ができる仕組みを作っていきたいと思っています。そのためには、他部署の情報を持っている必要もありますし。キャリアオプションを広げるようなリコメンデーションが各社員に提示され、いざという時に社内公募制度を使って異動できるという仕組みが理想ですね。

鵜澤：以前に社内異動のポータルサイトを拝見した際、まさに転職エージェントサイトのようで、ポスティングしている側が「うちにおいでよ！」という感じだったと記憶しています。

曽山：「キャリバー」というポータルサイトには、写真とその部署の幹部が書いた本人たちの思いを掲載しています。年に2回「キャリアチャレンジ募集期間」があり、200個以上の職種がポスティングされます。さらに、現在は動画もやっていまして、キャリアテレビ、通称「キャリテレ」といいます。社内ネットワークチームの担当者と求人を募集している部署の幹部との対談を動画に撮って、サイトに掲載しているんですよ。キャリテレの評判がいいので、「キャリバーライブ」というウェビナーも実施しています。参加者は匿名で参加できるので、より深い質問ができると好評です。これをやるとその部署の応募も増えるので、経営の意思とも合致していますし、受け入れ側の部署からも喜ばれています。

鵜澤：どんどんテクノロジーを駆使していますね。対お客さんと同じ感覚で従業員とも接しているように見えます。

曽山：まさにその通りです。僕らとしては、「才能の開花」というワードをよく使うのですが、「社員の才能を開花できているかどうか」というのが雑談のトピックとしてよくあります。毎回「100点と言うことは難しいね」という話になりますが、現実的に100点が不可能だとしても100点を狙っていくことが大事です。例えば、「今年新卒であの部署に配属された山田君が今いる部署で何点なんだろう」と考えたときに、

100点になるよう、配置をしたりエンパワーして面談したり、キャリア
のオプションも増やしたりしています。異動が絡んでくると、「現部署
との関係性が悪くなるかもしれない」と懸念する場合もあると思います
ので、匿名で参加可能な「キャリバーライブ」や、忙しいときでも時間
に関係なくいつでも視聴可能な「キャリテレ」などを用意しています。

鵜澤：ここまでキャリアに関して社内公募で充実している会社は他社さ
んではあまり聞かないですね。

曽山：そうですね、あまり聞かないですね。

鵜澤：コロナ禍になってから、この流れはさらに加速しましたか。

曽山：そうですね、コロナ禍になってから明らかに加速しました。コロ
ナ禍になったことで、私自身もデジタル化したんです。例えば、夜の飲
み会は社員の声を聞くためにとても良かったと思っていますができなく
なってしまったので、社内研修の講師を務める機会をかなり増やし、こ
れをパッケージ化してLOT（リーダーズ・オンライントレーニング）
というプログラムを立ち上げました。目標設定力、面談力、ほめ方など
を鍛える60分のワークショップですね。例えば、僕が「良い目標設定っ
て何？」という質問を投げかけ、参加者にはその回答をチャットに書い
てもらう。その回答を受けて、僕なりの回答を話していくというよう
な、インタラクティブ性のあるオンライントレーニングになっていま
す。このようなプログラムを昨年約30回、合計で1,000人以上に対して
実施していました。その流れで「オンラインのセミナーや動画は面白い
ね」という話になり、せっかくプログラムで培ったノウハウやフレーム
があるので、社外の反響が大きければ大きいほど社内の人間に見てもら
えるだろうと考え、研修の内容をもとに、ユーチューバーとして自分が
外部に出ることにしました。外部に発信してみると、その反応に応じて
内部研修での伝え方をより工夫するというフィードバックループができ

てくるのも面白いですね。あるスタートアップでは、社員全員でこの動画を見てくれているとのことで、励みにもなりますし。そのような経緯で、動画やウェビナーを多用するようになりました。

●力を入れているのは、「抜擢人事」

鵜澤：海外の有名企業をベンチマークしているという企業も多いと思いますが、サイバーエージェントの場合は、外を見てベストプラクティスを取り入れているというよりは自分たちで考えて実践しているという方が近いですかね。

曽山：「今の自社の経営課題が何か」ということが一番大事ですからそうなります。課題が決まった後は日本企業の事例や海外企業の事例も調べますし、なければ自分たちでひねり出すしかないということになりますが、「○○社のこれが面白そう」というのは、経営課題解決ではなくて手段の自己満足でしかないですね。もちろん、できるだけ他社さんの記事や本は読んで勉強するようにはしていますが、それはあくまで選択肢に入れるためですね。

鵜澤：まさに経営課題解決を人事の視点から行っていらっしゃるとのことですが、現在藤田さんをはじめとする経営陣から「これをやってほしい」と言われているものや、取り組むべき課題として挙げられているものの代表例としてはどのような問題があるでしょうか。

曽山：現在一番力を入れているものは、抜擢ですね。抜擢は日本企業がかつて強かったもので、メンバーシップ型だったからこそできていたものだと思っています。抜擢というものは、人材のイノベーションだと思っているんですよ。「このポストにこの人をはめる」という組み合わせをどう作るかという所で、藤田の言葉を借りると「芸術的な適材適所を目指してくれ」とよく言われています。具体的に実施していることとしては、役員会のアジェンダに「ポスチョイ（ポストチョイスDO）」

と呼ばれているものを入れています。抜擢は論理的に考えると成功しないのですが、グロースしそうな分野を見つけて伸びそうな人をアサインしていく、ただもし仮に失敗したとしても必ずセカンドチャンスは与える、ということを経営者から始めようということになりました。毎回人事が穴のポスト（まだ役職としては社内に存在していないが必要になるだろう役割）と適任だと思われる人材を見つけてくるということを1月から始めています。会社全体に影響が大きいものにしてくれと言われていましたが、もう5件の人事異動が決まっています。いわゆる幹部クラスですね。例を言うと、ある伸びそうな会社のDX推進担当がポスチョイで1人選ばれました。技術にも明るく、プロジェクトマネージャーもできる、他の部門にいる若手が「DX推進をやってみたい」という希望を持っていたので、「DXを推進すればもっと伸びそうなのに」という部署を見つけ、マッチングさせて異動決定となりました。

鵜澤：どの世代が主な対象でしょうか？

曽山：世代はさまざまですが、サイバーエージェントの平均年齢が32〜33歳なので、25〜35歳が多いですね。ポストの種類は、ほとんど幹部ポストですね。

鵜澤：多くの企業では、抜擢人事をする際に必須滞在年数を規定しているケースが多いですが、サイバーエージェントさんではこのポジションで何年経験しなくてはならないというのは無いですか？

曽山：一切ないですね。あくまで能力や経験があり、職務を実現できそうであれば昇格します。5人の専務のうち1人は31歳で、2012年の新卒入社です。彼は2011年の内定者時代に、同期とともにスマホアプリを開発したところヒットしたため、子会社の立ち上げをした経緯があり、社長歴はもう10年です。その他にも、新規事業の立ち上げが得意なので、3社では社長として、2社では担当役員として参画していて、計5社

の経営を手掛けています。

鵜澤：全く日本の伝統的な企業とは枠組みからして違いますね。

曽山：その代わり、セーフティネットであるセカンドチャンスというものは必ず担保しておきます。

●「数字で語る」習慣を付けていくことが肝要

鵜澤：曽山さんは全く新しいHRリーダーのタイプだと思いますが、これから人事の世界に入っていくというような人事の初学者の方に対し、何かアドバイスはありますか？

曽山：大事にされた方が良いと思うのは、KPIのマネジメントですね。元々重要ですが、近年さらに重要度が上がってきていると思います。単純にHRDXが進んできていて、データを取れるようになってきているので、人事領域でも数字で語れるようになってきているからですね。昔は感覚でしか語られなかった領域でした。従って、若手の方の場合は、自分のやっている業務で最も重要なKPIを見定めて、KPIを良くしていくということを心がけながら仕事をしていくことです。常に数字で上司と語れるようになるので、「この人とは話がしやすい」と思われるんですよ。数字は見るべきものを間違えてさえいなければ裏切らないので、大事にするべきだと思います。

鵜澤：世間の抱くサイバーエージェントのイメージは、クリエイティビティを重視した新規事業創発を行い続ける完全な右脳系の会社と思われがちですが、実際は左脳的判断で非常に緻密にデータを見て経営判断をされています。

曽山：そうですね、数字を見て判断しなければ適当になってしまうということと、再現性が出てこないんですよね。数字で判断していれば「曽

山はこれで決めていたが、私はそれより上／下」というような数字の基準という軸があるのですが、数字で語れていない人事は属人化しやすいですし、再現性もない、ひいては人がいなくなると弱くなるということですね。今、サイバーエージェントの人事部門も、「日本で一番データに強い人事になる」という目標を掲げていまして、2020年の10月から「デジット」（数と桁＝数字やデータ）を活用してサイバーエージェントの業績に貢献するという「デジットグロース」を掲げています。基本的にデータサイエンスなどのハイレベルの話ではなくて、KPIを追っていくなど敷居の低いことからでもいいから、「数字で語る」ことに力点を置くことこそが重要ではないかと考えています。

鵜澤：HRの世界は最も数字での管理が進んでいなかった領域でしたが、もう数字を無視して経験や勘を頼ることは許されなくなってきた、という所がHRDXの効能かもしれないですね。

曽山：数字で語りやすい土壌が整いつつありますよね。先輩の人事の方にはデータや数字で語ることにコンプレックスを持っている方もいるかもしれないので、若手の方はそれをチャンスに捉えて頑張っていただきたいと思います。（了）

【インタビュー後記】
　イノベーションを起こし続ける成長企業のHRトップとして、数々のユニークな人事施策を考案・展開してきた曽山さん。さらに最近では自らがユーチューバーデビューして、プライベートと会社の活動を相互リンクさせるなど、まさにデジタル時代の新しいHRソートリーダーシップを体現している。他社動向やベストプラクティスよりも"自社の経営課題は何か？"ということが常に変革の起点で、それをHRDXというデータやプラットフォームを手段にして、日次力（データで最適な経営判断を日次で行う）で解決しようという整理は非常に分かりやすい。
（鵜澤）

曽山 哲人氏
サイバーエージェント 常務執行役員CHO

1999年にサイバーエージェントに入社。インターネット広告事業本部統括を経て、2005年に同社人事本部長就任。業界をこえて注目される人事制度、社内制度を導入し、同社の活性化に努める。2008年より取締役人事本部長に就任し、2020年10月から現職。主な著書に『強みを生かす』『クリエイティブ人事』『最強のNo.2』など。

グローバルHRDXは
3カ年の人事中期サイクルで企画と実行へ

三菱UFJ銀行 人事部長 グローバル人事ヘッド　**堀田 慶一**氏
（役職は取材当時のものです）

●国際部門・企画部門から人事の道へ

鵜澤：これまでどのようなキャリアを歩まれてきたのでしょうか？

堀田：人事については、2005年にアメリカから日本に帰ってきた時に全くの門外漢で国内人事の畑に入り、2012年まで7年間従事しました。約2年半は、いわゆる「運用」といわれる職務で、担当する部署の人材ポートフォリオの運用を行い、欧米の人事でいえばHRBPに近いことをやっていました。担当部署の人材戦略をサポートする職務で、その中ではいわゆる人材コンサルタントのように、会社の人材ポートフォリオを把握し、全社的な評価や最適配置をバランスさせていくというのも重要な内容でした。その後2年間は制度設計を担当し、最後の3年間は採用と研修の責任者となりました。

鵜澤：HRの中でも幅広い領域に従事されていたのですね。

堀田：弊行の中でも比較的多い方なのですが、多数の領域を担当したことで人事部門の全体の役割や機能は深く理解できたと思います。人事に入る前はずっと国際部門にいました。5年間ソブリン審査（出融資における外国政府などの信用力審査）を担当した後、ニューヨークで米系企業取引を中心に8年間、その内6年間は戦略担当と業務部隊のCFO的な仕事をやっていました。後半はストラクチャードクレジットに関わる仕事も3年間くらいやらせてもらいました。その後7年人事をやったあと

に、また国際部門の企画で副部長を約2年間、ニューヨーク・サンフランシスコでアメリカの企画部門を2年くらい担当した後帰国してからこの仕事に就きました。人事の仕事に携わっている期間は、直近6年間と、ブランクが空いて7年間だったので、計13年ほどになります。

鵜澤：日本企業でも貴行のグローバル人事やHRDX展開は米国を中心に強いリーダーシップで推進されているようにプロジェクト現場では感じていました。これは意図的に東京からニューヨークに力点を移しているのでしょうか？

堀田：必ずしもそういうことではないですね。MUFGはアメリカに大きな基盤の現地法人があるので、一定の知名度や規模があり、相対的に優秀な人材を採用しやすい環境にあります。結果としてグローバル人事をリードできる人材が自然とアメリカに集まりやすいですが、他方でHRテクノロジーリードは欧州のアムステルダムにいる人を任命しています。基本的には場所に関係なく登用していますので、米国一極集中ではなく地域ごとのバランスを考えつつ適材の任命をしています。

●人事プラットフォーム導入の理由は
ビジネス上の人事権・予算権限の統一化

鵜澤：HRDXの基幹となるグローバル人事プラットフォームを他社に先駆けて導入されましたよね。

堀田：以前から地域ごとにバラバラになっている人事プラットフォームを統一するべきという話はあったのですが、当初はなかなか実効性のある形にはなりませんでした。5年ほど前にグローバルビジネスの在り方が変わってくる中で、コーポレートタイトルや昇格、ボーナスの制度なども各地域でバラバラなものをグローバル統一する必要性が高まり、それに対応して人事システムのプラットフォームの統一化の動きが本格化しました。「こういう理由だからこれをやる必要があるじゃないか」という議論を起こして、アメリカで行われたグローバルHRメンバー会議で徹底した議論をしたのが最初だったと思います。その時に人事プラットフォームベンダーの方も来てくれて、その方からも「大変だが本当に実施する覚悟があるか、かつ実施する目的が定まっていないと成功しない」という言葉があり、みんなで本気でやるべきかを議論したことを覚えています。

鵜澤：MUFGにとって、人事のグローバルワンプラットフォームの目的はどのようなものがあったのでしょうか？

堀田：人材の流動性の観点では、必ずしも日本から海外へ派遣するような規模で人に動いてもらう必要はないと思っています。ただ、そういう風に人が動けるという状態を作っておくことが大切だとは思っています。ポイントは人や予算に関する権限が地域横断的に構築される展望が高まったことです。権限が業務ごとに地域横断的に集約されれば、それに合わせた実効性ある管理体制を作っておく必要があります。簡単に言えば、その人材プール全体の評価や運用について国や地域を超えて平仄

を取らなければいけない状態になるということですね。

鵜澤：ビジネスモデルが地域横断・国横断であると、人も横並びで見るときに同じ仕組みが必要というロジックですね。

堀田：従来はガバナンスが完全に地域単位だったので、基本的な権限も予算も地域単位でした。その中で人だけが地域を横断するのには、違う会社に移ってくるような話になるので限界的です。その中で地域間の平仄を整えていく必要性は必ずしも高くないと思います。一方、地域横断的に権限を整備すると、その単位で管理・運営することになるため、同一事業内でアジアにいる人はXXで、アメリカにいる人はYYのビジネスタイトルだったり、微妙に階層がずれていたり、昇格やボーナス決定の枠組みも異なっていたりということだと運営や判断が極めて難しくなります。これを一つの事業単位として判断・運営する、あるいはその単位でデータ分析をやっていくためには、人材データを符号化できるようにする必要があります。そうでないと管理が煩雑で運営の実効性は低くなります。

　システムの観点では従来のオンプレミスシステムは導入と保守にお金がかかる上に年々陳腐化もしていきます。従って、例えばサイバーアタックの対応も全て自前で考えなくてはならないし、サーバーも自社に設置して管理していかなければならないので管理も大変です。その意味ではやはりSaaSが良いと思っています。SaaSを導入するときも、事業単位ごとの会社のプラットフォームはそれぞれが最適化された形でテナントを持っていれば良く、やみくもに全ての事業体を同一プラットフォームに乗せる必要はないと思っています。その上で、必要な部分についてツールを使ってデータを吸い上げ、分析できれば良いと思います。

　もう一つ、今やっていてクラウドベースのSaaSの効果が大きいなと思うのは、ロケーションフリーの時代になってきているということですね。我々のチームはものすごく助かっていて、東京にいる人間だけで世

界中のいろいろなことをやろうと思うととてもじゃないけど無理ですが、ロケーションフリーで人材活用するというリソースプランを立てられるのが非常に効果的ですね。

鵜澤：逆にアサインされる人からしても、キャリアのオポチュニティが増えますね。自国の中で閉じていたものが、グローバルロールになれるかもしれないという、そういうものに憧れて入って来られる方もいらっしゃるかもしれないですね。

堀田：そういうものは非常にメリットですね。

●人材コストを可視化し、タイムリーに見通せるようにしたい

鵜澤：多くの企業は、人事プラットフォームの導入だけでまだ精一杯のはずで、活用というフェーズにまでは到達していないと思います。MUFGでは昨年（2020年）に我々も参画いたしましたが、グローバル人事プラットフォームのデータをうまく使いながら、アナプランというデジタルプラットフォーム上で戦略的要員人件費計画、Strategic Workforce Planning（SWP）のプロジェクトが新たに行われました。どのような意図で取り組まれたのでしょうか？

堀田：結局、人材コストの最適化と適材適所をどのようにバランスするのかを皆さん悩まれていると思います。人材の流動化が進んでいる欧米では、何かやらなきゃいけないとなるとリソース確保が大事という話になって採用に舵を切ります。リソースプランで十分性があるかどうかは規制当局も関心があり、監査もされますので、充分な採用をかけることになります。ただ、採用が始まると環境が変わっても「これが本当に必要なのか」という検証が難しく、いくつもそういう強化策が出てくると人数が自然と膨れ上がっていきます。膨れ上がっているというのはマクロのデータで出てきますが、コストを下げるというときに個別の費用対効果までブレイクダウンすることは容易ではありません。そこで、各

リーダーにトップダウンで抑制をかけるように号令をかけていく、そのような非常に時間のかかる採用プロセスや抑制プロセスを繰り返すのは非効率という問題意識です。

　これからアナリティカルなツールを使うと、労働力がどういうスキルセットでどこにいてどのくらい働いていて、という状況がデータ上で一覧化できます。マイクロソフトの機能のようなものと連動させていけば、どのくらい稼働率があるのかということも見えてきますし、そこにパルスサーベイを組み合わせると、従業員のモチベーションが動いているのか、エンゲージメントがどうなっているのかということも、ある程度ダッシュボード形式で比較できるようになります。ダッシュボード形式になってくると、リーダーの中でブラックボックス化していた人材データがオープンになる。ある程度人材の最適配置もできるようになりますし、評価とインセンティブの関係性も分析できます。我々もいまだ道半ばですが、人材活用の最大化であり、タイムリーに判断できる人材コストの最適化ができるというのが最終形ですね。

鵜澤：特にコロナ禍の時代背景もあり、非常に事業の先行きが読みづらいが故に、人件費が従来のような進め方で管理・判断されていくと確かに変化に間に合わないですね。

堀田：後は組織が疲弊しますよね。おっしゃる通りのスピード感の問題もありますし、それによって企業体力が奪われていくという問題もあります。いかにそういう物を見えるようにしていくかですね。

●AIの世界には限界がある

鵜澤：AIなどいろいろなエマージングテクノロジーが進化すると、いわゆる人間の存在を凌駕していく未来になる。金融の世界でもデジタルバンキングなどの世界観になってきた時に、徐々に人の存在感や必要性が相対的に低くなっていくので人に関わるHRの存在感もおのずと低下していくという見方と、逆にデジタル時代だからこそ人がさらに重要に

なるという見方と両極端の可能性があると思います。堀田さんの感覚の中で、DXと人の関係性はどのように捉えられていますか。

堀田：まだ検証が必要だと思っています。僕も専門家では全くないのですが、AIの世界にはまだ限界があると思っています。例えば、AIと倫理の問題。倫理とか哲学的な投げかけも出てきていて、分析的にやるから必ず正しい判断なのかという問題もありますし、AIにフィードしているデータによっては判断も誤るということも起こります。AIは一つの参考値としては効率的に使えるものの、その判断に全て頼るべき段階には至っていないと思います。人という観点になった時に、人にはそういうものをツールとして使っていけるように装備した上で、判断をしていく。機械に全て置き換えていくという発想にはまだまだ至らないのではないかと思っています。

鵜澤：皆さんおっしゃっていますね。RPAとか分かりやすい所、いわゆるルールベースで判断できる業務の効率化というところは得意ですが、それ以上の高度なところは人の価値が高まっていく部分だと思います。

堀田：人としての価値が高まっている所に行けば行くほど、AIではカバーしきれないと思います。一方で、ある程度定型化されたものは置き換えられていくということかもしれません。

●事業戦略が固まる前に人事戦略を考え、常に先を読んで行動する

鵜澤：以前お話しした時に非常に印象に残っているのが、「一番ダメなパターンが経営企画から出てくる事業戦略や中計を待ってからでないと人事戦略は立てられないと言い訳すること。基本的にデジタルタレントを作れ、グローバルタレントを作れと言われてもすぐにできるわけがないのだから、上から指示が出る前に先んじて自分たちから準備をしていくしかない」という先見性のようなお話だったのですが、人事以外のご

経験が長いことが影響を与えていますか？

堀田：企画畑にいたからこそ感じることかもしれません。3年の中期経営計画では、1年目はその前年に定めた計画を軌道に乗せるための導入期間と考えています。戦略の担い手が決まって、それがローンチされて、狙い通り進捗させて行くインプリメンテーションのフェーズが始まります。2年目は、1年目にスタートした戦略の強化・修正に加えて次の3年のための種を植え始める期間と考えます。ある程度一部でも導入してみたとか、試しにやってみたとか、そういう議論の中から次の中期計画の種になるものが出てきます。企業活動は継続していきますのである意味当然ですが、最後の年になって、次の中期計画のためにさあ何をやろうかと言っていても遅いということなのですね。3年のサイクルで言うと、1年目はローンチに集中して、2年目は同時に種植えを考えて一部試行しながら材料を見つけていく、3年目にはそれに基づいてプランを立てて、また1年目のローンチに行くというサイクルだと思っています。人事でもそうなのですが、2年目の時に議論をしてある程度スタートさせ、3年目にはある程度インプリを始めて、という形で進めてきたのですが、それなりに対応できたと思っています。2年目に試行できれば3年目の計画年度に修正をすることも可能ですし、全体の大きなビジョンとある程度沿っていれば先行で何か試してみるということは合意が取りやすいと思います。

　どこから引っ張ってきたのか分からないような夢物語みたいな話を「計画がこうだからやりたい」と言っても、確からしさがないものは誰でも信用しにくいと思うのですが、「去年からやっているこの話にはこういう反省点があるので、これをベースにしてこのように実施したい」となればはるかに理解を得やすいです。そういう意味で、全体的な動きも見ながらやっていくということは大事ですね。

鵜澤：とても合理的だなと思いながら伺っていました。他の企業でも人事中期計画を事業の中期計画に併せて持っているところが多くなってき

ましたが、「貴社の人事中期経営計画は？」と尋ねると「何だったかな」と策定した方々も忘れてしまっているケースが多いように感じています。どうして、形だけのアクションを3カ年計画で作って終わるケースと先進性に加えて次への動線を持って動いていらっしゃるケースがでてくるとお感じでしょうか？

堀田：受動的に計画を立てることの方が理解は得やすいのかもしれません。逆に言うと、能動的にやるのはチャレンジでもあり、最初の段階であなたたちはよくやったねとは褒めてもらえないかもしれません。また、結果蓋を開けてみればやっておいて良かったねということなっても、人事の仕事はできていて当たり前というところもあるので。先行的な取り組みでは、誰も答えが分かっていない状態もあるので、何でやるのか、本当に効果があるのかという議論も出ます。ある程度大きな組織の常だと思いますが、目の前で必要になると「必要だね」という結論になりやすいですが、そうなる前は誰にも確からしさはないので、議論を進めるのには体力が必要ですね。

　基本は人事が戦略をドライブするわけではなく、事業戦略があってそれに従って要員配置とか人事戦略が決まってきますので、事業戦略が決まらないと人事戦略の策定ができないというのは正しいです。ただ、事業戦略が決まってから人事戦略を策定しても、人の話は時間がかかるので、後から遅いと指摘されますが、決まってからやるべきという説明になるので、正論として納得せざるを得ない部分もあります。そこまでいくと時間がないということで決裁やリソースの配分も優先されるので、合意形成では楽にはなりますが、時期を逸している部分もあるので、ビジネスからみたら要求水準はもっと高いところにあるのだと思います。

鵜澤：戦略がそこまで定まらなかったとしても、客観的なマーケットの動きとか、先を読んで手を打たなければいけないということですね。そこの差ですね。

堀田：戦略とはそういうものだろうなと思っているので、ペーパーにして、「戦略はこうです」という段階では恐らくもうすでに遅いのだろうと思います。将棋を指しているようなもので、重要な局面になってからでは遅くて、最初の一手、二手の段階から想定される流れを考えておくことが大事ですね。

●逆転の発想で視野を広げ、仕事をより面白く

鵜澤：最後に、この本はHRに携っている方を主な対象としたものなのですが、最近の一番人気がグローバルHR、近年人気となってきたのがデジタルHRというところで、両方経験されている堀田さんのお立場を踏まえ、若いうちにやっておいた方がいいと思うことはありますか。

堀田：個人的な考えとしては、いかに見識を広げておくのかということだと思います。活字と実体験と両方ですね。自分の担当領域でやっていることを深めるのは当然ですが、どの会社もある程度担当変更があると思います。担当領域ではそのプロになるということを積み重ねることが重要ですが、それに派生する世の中の事柄にも興味を持ってなるべく広げていくという遊び心を持つことですね。人との会話も広がりますし、活字で語られない世の中がどのように動いているのかという本質が見やすくなると思います。その延長線上で言うと、仕事を自分が担当したときに三つのステージを意識しています。まずは、ここ1年間自分がKPIなり目標設定なりをしている部分。これは当然のことながら一番大事にしなくてはならないですね。次が、中期の仕事です。自分が担当している間に果たしたいような仕事です。3ステージ目が、自分がいる間にも果たせないけれども、将来的にこういうことをやれば面白いのではないかなという長期的な夢物語のようなものです。この三つのステージを思い描きながらやっていくと、一番面白い発想は3ステージ目にあります。こんなことができたらスケールが大きいことができるというものから逆算して二つ目のステージがあって、そこからさらに今自分の目の前にある仕事になっていく。そう考えると、自分の物の見方が広くなると

いう風に思いますね。

　また、お客様とも、当然まずすべきなのはこのステージ1の話だと思います。KPIなど明確な目標があるところです。手を動かす仕事の割合にすると、ステージ1が7割で、ステージ2が2割で、ステージ3が1割で。ただ、お客様と話す割合は逆にしたら良いという風に思っています。ある意味事務的にきちんとこなさなければならないというところは、1割で効率的に無駄なくやり取りさせていただく。残りの7割くらいは「ところでこんな事をやったらどうですか」という話をしておいた方が、関係ができているお客様なら話もしやすいですし、「そういえばこんな壮大なこと言っていたな」という展開にもつながりやすく面白いと思います。皆さんKPIの達成に力点を置いて仕事をするのが一般的だと思いますが、逆転の発想で仕事をしていく方が、見識も広がるし、仕事も面白くなります。そのような遊び心を持つと良いと思います。（了）

【インタビュー後記】

　HRの世界は労務や規定・ルールに詳しい"人事屋さん"から脱却し、"事業戦略と人材価値をつなぐ戦略人事"という立場に変わらないといけないと言われて久しい。先見性や計画性が大事、指示を待つのではなく自ら能動的に動くべきという堀田さんのお話はまさに戦略人事を体現するケースといえよう。さらにHRDXの観点からは人事プラットフォーム導入後の次の一手で「戦略的要員管理や人材コストの可視化」でビジネス側に新しい価値を提供するという具体的な展開が日本企業の事例として示されたことは、多くの企業にとって新たなHRDX展開のヒントになるはずだ。（鵜澤）

堀田 慶一氏
三菱UFJ銀行 人事部部長 グローバル人事ヘッド
（役職は取材当時のものです）

国内および米国での法人業務、経営企画や人事経験を経
て、2015年にグローバル人事（GHR）ヘッドに就任。欧
米亜の地域人事を統括するGHRのリーダーとして、グ
ローバル人事組織の再編、Center of Excellence体制構築、
グローバル人事システム導入、アナプランを使ったグロー
バル戦略的要員管理導入など、グローバルHRとHRDX
の両面を推進。

WHYから考えて、
小さな成功体験の積み重ねがHRDXの鍵

メルカリ 執行役員CHRO　**木下 達夫**氏

●なぜ外資の大企業から日本発のテック成長企業へ？

鵜澤：木下さんはP&GとGEという外資系を代表するグローバル大企業の中で一貫してHRプロフェッショナルを歩まれてきましたが、全く異業種のメルカリ、日本発のテック成長企業に参画するきっかけは何だったのでしょうか？

木下：確かに業界としては大きく違うようには見えますが、元々テック系企業に興味はありました。GEにいた際に手掛けていたイニシアチブの一つに、「GEにシリコンバレー流をどのように取り入れていくか」というテーマがあったからです。GEは米国東海岸の歴史ある会社ですが、米国西海岸シリコンバレーの成長の早い会社が取り組んでいる新しいことを取り入れないと駄目だという危機感を当時持っていました。また、GEはIoTを早くに取り入れていた会社でした。元々の機器売りからソリューション型ビジネスへ移行し、デジタルでつないでデータから示唆を出すことで今後の商品開発や製品メンテナンスの改善につなげるためにもデジタル領域に積極的な投資もしていた会社でした。HRの業務の中でも"Agile working"の考え方をGEの中に注入しようと取り組んでいたこともあります。

　その考え方のエッセンスとなっている業界で働くのも面白いかなと思っていて。知り合いを通じてメルカリの話を聞いたときに、メルカリがシリコンバレーにあるようなTech系企業から積極的にやり方を学び

ながら組織体制や人事の仕組みを作っているという話を聞きました。まだまだ立ち上げ期で、ちょうど海外の採用に力を入れ始めたところで、社内のグローバル化も進んでいた。グローバルに対応した仕組み作りもやっていく段階。日本から世界へというところで、世界中から優秀なタレントを呼び込んで彼らが活躍するような組織作りをしていきたいという話を面接でCEOから聞きました。日本から世界を目指す会社の発展にこれまでの経験を生かせると思い、転職を決めました。

●DXが進んでも人間の活躍の場はなくならない

鵜澤：今はまさにデジタル時代の本格到来ということでDXブームですが、他方でDXが進むとこれまで人間が行っている仕事が失われるという悲観論もあります。AIなどのDX進展と人間の関係性、今後の世界観はどのようになると思われますか？

木下：私自身はどんなにDXが進展しても人間の価値がなくなることはないと考えています。例えば、ヘルスケアの世界でAIが進化していますよね。AIを使うことによって病後の変化を見ることができたり、正常／異常を見分けたり、人間の目が見落としていたものを発見するためにはとても有用です。ただ、AIが発達しても引き続きお医者さんは必

要な存在ですよね。AIは一部の現象は判断できますが、手術をする必要があるのか、治療法を患者さんの人生と向き合いながら相談して決めていくという段階にはまだ技術が及んでおらず、人が必要だと思います。このようなハイコンテクスト、ヒューマンタッチの部分では引き続き人間の力は必要になってきます。

　人事の領域で分かりやすい例を挙げると、Culture、つまり組織文化変革については人の力が必要です。HRDXの便利機能としていろいろなHRの業務をシンプルにしたり、HRのプロが高度な意思決定ができるようにサポートしてくれるようになりますが、ツールを使いこなしてどのように組織文化を構築していくかという話はとてもハイコンテクストな話です。組織文化は100の組織があれば100通りあります。その組織に属する人が誇りに思える、ワクワクする組織文化を作ることができるのは、AIのようなデジタルテクロノジーではないと思っています。そこはHRのプロの方が付加価値を出すことができる部分として今後も残っていくと思っていて、そのためにもオペレーショナルな管理業務についてはどんどんDXを進めて時間を捻出し、より付加価値の高い業務に人間はシフトすべきだと思います。

●CXとEXは表裏一体。
　CXにこだわる会社だからこそ、EXにこだわる

鵜澤：メルカリで取り組まれているHRDXについてもう少し具体的にお伺いできますか。

木下：メルカリの人事にとってHRDXは二つの意味があると思っています。まずは、いわゆるEX、社員体験（Employee Experience）の領域です。私たちはどのような社員体験を作りたいかという部分から検討をスタートしています。メルカリが事業として成功できたのは顧客体験（Customer Experience）にこだわり続けてきたからこそであると考えています。その顧客体験のこだわりと同じくらい、社員体験にこだわり

たい。というのは、良い社員体験があるからこそ、良い顧客体験を実装できる、まさに表裏一体だと社内で自分がよく言っていることですし、CEOも強く言っています。

　エンプロイーエクスペリエンスジャーニー、つまり採用から卒業されるまでの全ての社員体験プロセスを俯瞰して、どんな社員体験を作りたいかをいかに戦略的に考えることがポイントです。また、メルカリのバリューとのひもづけも重要なポイントです。メルカリには三つのバリュー、「Go Bold（大胆にやろう）」「All for One（全ては成功のために）」「Be a Pro（プロフェッショナルであれ）」があり、その三つのバリューを社員体験に全て落とし込むことを社内で議論している。

　例えば、キャンディデートエクスペリエンス（採用応募者としての経験）を設計した際、テクノロジーを使ってその経験を良くしたいと考え、できるだけ簡便にデジタル上で全て済ませることができるようにしました。このように、作りたい体験からそれにマッチするツールを使っていくということが大事です。社内のDXができていない企業があるとしたら、個人の生活と会社の生活にギャップがあるのだと思います。皆さんもプライベートではSNSやデジタルツールを駆使して、便利な生活になっているはず。個人の生活がデジタル化しているのであれば、職場もそこに近づけていく必要がありますよね。それが、社員体験を作っていく上で、テクノロジーを組み込んでいくプロセスの第一歩になるのではないかと思います。卑近な話では、人事のいろいろな手続きや個人情報変更、年末調整もメルカリでは完全ペーパーレス化を進めています。わが社ではどうにもできない行政手続き対応、区役所に書類を提出するようなことは対象外ですが、それ以外は全てデジタル化してより良い社員体験を作り出せるように努めています。

●データドリブンHRを加速していく。
　今後はタレントマネジメントに活かしたい

　二つ目は、HRのアウトプットの付加価値を高めるためのもので、データドリブンHRです。これまでのHRはいろいろなことが主観的で、データがないままに思い込みや過去の慣習で進んでいきがちな領域だと思っています。そこでできる限りデータを取り入れていきたいと考えています。メルカリでは、昨年にグローバル人事システムを導入する以前からエンゲージメントサーベイを3カ月に1回実施していて、どこに組織の課題があってそこにどうタックルしていくのかという点を、データを用いて分析していく素地がありました。例えば、リモートワークが始まってから従業員エンゲージメントが向上しているという点については、サーベイを実施しているので成果をファクトで捉えています。ただ、従業員の属性ごとにまだ課題があることは分かっているので、そこに手を打っていくことが有効だと思っています。

　分かりやすい例を挙げると、リモートワークになってから新しく入社された方のエンゲージメントがコロナ禍以前よりも下がったことがあります。何が起きたかというと、ハネムーン期間がなくなったということです。面白いのは、メルカリでは新規入社者は入社後3カ月～半年くらい他の社員よりかなりエンゲージメントが高いという「ハネムーンスコア」の傾向がありました。3カ月が経過して半年までの間にだんだん落ち着いてきて、他の社員と同じくらいの数値になる、というのがある意味でオンボーディングでした。ただ、リモートワークに切り替わってからのサーベイを見ると、決して悪いスコアではないのですが、ハネムーンスコアがなくなって最初から他の社員と同じくらいの数値しか出なくなっていました。「最初からスコアが低くなっていた場合、これからスコアがさらに下がる可能性がある」という危機感がありましたし、少なくとも対面でできていたカルチャーや人間関係がオンラインでは構築できていないということが分かっていたため、「オンボーディングエクス

ペリエンス」をリモート環境でも向上させるプロジェクトを始めたところ、新規入社者のハネムーンスコアが回復しました。

鵜澤：具体的にはどのような施策を実施されたのですか？

木下：まずは、社内コミュニケーションの量が減るということがオンラインの問題点であると思っていたので、意図的にコミュニケーションを増やす仕掛けを作りました。例えば、リモートワークになってから休止していたメンター制度をオンラインでも復活させました。リモートワーク環境下で昼休みにメンターとリモートでランチをしたり。あとは、ビデオをうまく使っています。オンラインの良いことは、経営陣の考え方を動画に撮っておけば何時でも見ることができることだと思っています。リモートワークになる前の、オフィスで気軽に経営陣に声をかけることができるというコミュニケーションは現状ではなかなか難しいので、まずは経営陣が自らの考えを話しているビデオを見てもらい、オンラインでOpen Q&Aセッションを実施しています。これまで自然発生していたコミュニケーションの機会がオンライン上では発生しなくなったので、あえて意図的に補うような機会を作ることを心掛けています。

鵜澤：これは、まさにデータドリブンの好例ですね。データを用いて課題を洗い出し、その課題への打ち手を考えていくという。

木下：そうですね、かつその打ち手に対する効果測定も継続して確認できています。

鵜澤：データドリブンといえば、世の中にはデータ分析を採用に活用している企業もあれば、人員配置に活用している企業もあります。メルカリさんが、エンゲージメント支援のその先に今考えているデータドリブンHRは、どのような領域でしょうか。

木下：一番やりたいのはタレントマネジメントの領域です。我々は、常に多くの開発プロジェクトを回しているのですが、その際に「スキルインベントリー」のような、人材エージェント会社さんが持っているようなリストを我々も持たなければならないと思っています。今はそのリストが属人化していて、組織内で適任者がいるかを聞いて回らなければなりません。組織が小さいときにはそのプロセスがあっても大丈夫なのでしょうが、現在のメルカリのように組織が2,000人以上になると限界があるので、プラットフォームに落としていこうとグローバル人事システムを導入しました。将来的には、社内版LinkedInのような構想で、メルカリに在籍している方のこれまでの経験に関するデータを蓄積し、プロジェクトに合わせたスキルセットによるマッチングを自動化したいと考えています。

　もう一点、タレントマネジメントに力を入れたい理由は、メルカリは成長意欲が高い人が集まっていて、新しい経験をしたいと考えている人が多いからです。例えば、2020年末に新規事業を手掛ける子会社のメンバーを社内公募したところ、100人以上が手を挙げました。新しいことに挑戦したい人が多い環境であることを鑑みると、社員が「自分にとって新しい挑戦はどのようなものが良いか」と考えたときに、まるで動画配信サービスのリコメンデーション機能のように、社内のオポチュニティーを自動サジェストできるシステムを構想しています。例えば、採用する部署のマネージャーや部門長と「どのような組織作りをしていくか」などの経営に入り込んだ立ち位置でリクルーターを長年経験している人がいたとしたら、「HRBPの素養があるじゃないか」というようなサジェストが出てくるというようなイメージです。その方が今まで積んできた経験やスキルがこんなことに応用可能、過去事例が○件ある、というような内容を見ることができれば、「自分にもできるかもしれない」と自信を持てると思います。また、事業部をまたいだ異動もあった方が面白いですよね。現状では他の事業部がやっていることを知る機会が少なく、他事業部のポストをサジェストされた場合、すぐに応募には

結びつかなかったとしても、「とりあえず話を聞いてみようかな」という
ようなアクションの1歩となると思うのです。同じように、HRや採
用する部署のマネージャーにも「社内でこの人が候補者になり得るかも
しれません」と表示されることを想定しています。

鵜澤：当然、外部から人材を採用するよりも、社内で優秀な人材を充て
た方が組織文化的なフィット感も成功確率も高いですしね。

木下：その仕組みが進化すると、サクセッションプランニングにも応用
できると思います。私が入社してから、誰がキータレントになり得るか
をフラグ立てし、3カ月ごとに経営会議で「タレントレビュー」を実施
しています。毎回20〜30人くらいの方の名前を挙げて、今後その方々の成
長のためにどのような経験をしていただければ良いのかという話を議論
しています。その議論をしている中で、後継者がどれくらいパイプライ
ンとして育っているかが重要だと感じます。メルカリは今まで急成長を
続けてきて、今後も事業の横展開やスケールアップを目指していくので
あれば、その急成長を支えるだけの新たなリーダー層が必要です。現在
のタレントレビューでフラグを立てた方がどのような経験をしたら成長
しているのか、また特定のポジションに誰が近いのかという点をしっか
りとデータで確認して、計画的に運用していきたいと考えています。

　また、HRDXは最初から大きく考えてしまうと危険だと思っていま
す。大きく考えれば考えるほど、システム・パッケージを導入すること
が目的となってしまいがちです。HRDXというのはあくまでも手段で
あって、一番大事なのはどういう社員体験・組織・カルチャーを作って
事業や企業の戦略に貢献するかにつなげるWHYの部分です。WHYに
ひもづくと思うものをクイックにできるところから始めて、成功体験を
積むことが重要だと思います。最初に「なぜ、この部分はうまくいって
いないのだろう？」次に「ツールをこのように活用すると、社員から反
応が良いな」、その先に「このようなデータが取れるようになったな、

そうするとさらにこんなことができるようになるな」と試行錯誤を繰り返しながら学ぶことができますから。アジャイルにさまざまなことを試していった結果、最終的にプラットフォームの入れ替えが必要になるのは全く問題ないと思いますが、最初のステップとしてはできることから取り組んでいくことが重要だと思っています。

●HRもGo Bold（大胆にやろう）。経営者のパートナーを目指せ

鵜澤：木下さんはこれまで幅広いご経験をされていらっしゃいますが、これからのHRのプロフェッショナルのキャリアの作り方として、バリューを出すためにはどのような経験を積んだ方が良いと思われますか？

木下：戦略人事の有用性が注目されていますが、戦略人事の出発点は経営戦略であったり、事業戦略であったりすると考えています。従って、一番大事なのはWHYの部分で最初に「経営／事業戦略として、なぜこの事業をやるべきか」があり、そこから初めて人事戦略にひもづけるというのが正しい流れだと思っています。「この事業でこんな価値を新たに作っていきたい、そのためにこのような組織を作っていきたい」もしくは「この組織にはこういう歴史があるから、こういう強みを持っている、この強みを進化させようと思ったらこういう組織作りがいいのではないか」という考え方が大事。こういう部分がコンテクストだと思う。最初からHR領域の専門的テクニックに走るのではなく、いかに戦略や競争環境にひもづけて、これが一番つながっていると感じるストーリーを作っていけるかにかかっているのではないかと考えます。HRの中でどんな仕事をしていたとしても、経営目線がこれまで以上に重要になってきています。

鵜澤：次の質問は、経営陣からHRに期待されていることについてです。なぜこのような質問をするかというと、他の企業、特に伝統的な企業に訪問した際、CEOの方はあまりHRに期待しておらず、「デジタル

タレントの育成はデジタル戦略部門に任せている」「将来の要員計画は経営企画部門に任せている」など、HRは決まりきったことを回していく部署という認識であることが多いと最近は感じています。今のお話を聞くと、木下さんは全ての社員体験や企画をご自身で経営陣の方に提案し、進めていらっしゃる印象を受けるのですが、どのような距離感で経営陣の方々と接していらっしゃるのでしょうか。

木下：一言で言うと、パートナーですね。経営者が人と組織力の向上にコミットするのが重要な出発点だと思っています。メルカリにとって明確なのは、企業としてのミッションの達成には人材が不可欠だということです。基本的には、アプリを作る方々とカスタマーサービスの部分、いわゆるプロダクトを作るところに会社のアセットを集中させているので、人が最大の資産になっています。実際、経費の項目を見ると、一番大きな経費は人件費になっています。まさに、人がこのビジネスを生み出しているといえます。

　現在の採用局面でいうと、特にエンジニアにとっては超売り手市場になっています。この状況下で「選ばれる会社になり得るか」という点が問われていて、給与だけではない魅力を組織の構成員に見せることができなかったら、どんどん人は抜けていきます。だからこそ経営陣は「世界のTopTierのエンジニアが選んでくれる会社になるにはどうしたらいいか」という話をよくしていて、「選ばれる会社」になればメルカリのミッションを達成することができると強く信じています。現在は、「選ばれる会社」になるための現状とのギャップについて議論しているところで、一つ課題になっているのは多様性への対応です。メルカリが初期のころは比較的ベンチャー人材が集まっていたので同じような価値観を持つ人材が多かった印象ですが、3年ほど前から海外採用に踏み切り、エンジニアリング部門の半分が日本人ではない英語話者というところまで来ています。採用は入り口なので、「採用した方に快適に、かつ中長期的に働いてもらうにはどうしたらいいか」という点を重視し、こ

の2〜3年で言語対応、社内制度、コミュニケーションの仕方、D&Iの
啓蒙方法などを抜本的に変えてきました。先日無意識バイアスについて
の研修を対外的にも無料公開しましたが、全マネージャー必須としてい
て、今後は全社員に横展開する予定です。そうすることによって、多様
な方に生き生きと働いてもらうこととなり、最終的に事業戦略やミッ
ションを達成できると経営陣も信じていますし、我々人事もそれを後押
ししています。

鵜澤：いわゆるボードメンバーが集まっている会議で人事課題について
頻繁に議論しているということでしょうか？

木下：毎週経営会議がありますが、毎週人事に関係した議題が挙がって
います。先週の経営会議では、全部で八つの議題のうち、五つが人事関
連のものでした。

鵜澤：それは木下さんのチームが自発的に経営陣に対して提案をしてい
るということですね。

木下：そうですね。CEOの山田から、メルカリのバリュー"Go Bold
（大胆にやろう）"から、「人事領域でもGo Boldだよ、もっとGo Bold
な提案をお願いします」という風に言われています。なかなか人事領域
で"Go Bold"と言うCEOもいないので、貴重だなと感じています。

鵜澤：いわゆる普通の会社でよくある御前会議のような形態ではなく、
喧々諤々に経営陣と議論しているという形なのですね、素晴らしい。

鵜澤：最後に、未来のHRプロフェッショナルの方々へのメッセージが
あればお願いいたします。

木下：Go Bold（大胆にやろう）という話はぜひお伝えしたいと思って

います。Go Boldは自然にはできないので、自分はどの領域でGo Bold になれるか自問自答することが大事です。もし自分がGo Boldになれる 領域が見つかったのであれば、思い切って飛び込んでみてください。ま た、Go BoldはFail fast、「失敗から学ぶ」ということとセットです。「頑 張ってやってみたけれど、うまくいかなかった」ということがあっても 全く問題はなく、むしろそのようなトライアンドエラーを人事領域で実 践していくことが求められていると思います。（了）

【インタビュー後記】

　HRにとって経営陣と従業員はまさに顧客であり、彼らに対してどれ だけの付加価値を出せるかが大事。ビジネスの世界で起こっているカス タマーエクスペリンスと同じ変革がHRに求められている、それがまさ にエンプロイーエクスペリエンスだと言われて久しい。しかし、実際に どれだけの企業とHRが言葉だけを今風に置きかえただけでなく、実践 を伴っているだろうか。

　木下さんの思想や行動アプローチはプロダクトアウト志向でなく、ま さにマーケットイン視点からHR全体やHRDXを捉えている。HOWで なく、WHYから考えるということもまさにマーケティングの本質であ り、これからHRDXを推進する現場の皆さんにとってすぐにでも活か せる示唆であろう。（鵜澤）

木下 達夫氏
メルカリ 執行役員CHRO

P&Gジャパンで採用・HRBPを経験後、2001年日本GE に入社。GEジャパン人事部長、アジア太平洋地域の組織 人材開発、事業部人事責任者を経て、2018年12月にメ ルカリに入社、執行役員CHROに就任。

日本は“知恵≒データ”の活用で世界に勝っていかねばならない

アステラス製薬株式会社 人事部門長　**杉田　勝好**氏

●ファクトや数字で物事を捉える習慣が今も活きている

鵜澤：杉田さんとは長いお付き合いですが、製薬業界でのご経験からいきなり最先端のテクノロジー業界に移り、また製薬に戻られました。どのようなキャリアをHRとしてご経験されてきたのか、お聞かせください。

杉田：大学で心理学を勉強していたので、人や組織、心理行動、モチベーションに興味があったため、最初からマーケティングや人事としてのキャリアを希望していたところ、新卒として日系の化学メーカーに入社することになりました。日本の歴史ある製造業というのは、現地・現物とか事実の積み重ね、細部に気を配るという教育を重視しています。当時の上司からは、事実ベースで判断しなくてはならないこと、具体的なビジネスへの貢献を意識しろということをよく言われていて、その時の教えが今の仕事にも活きていると思います。もちろん、できているときもあればできていないときもあったけれど、数字やファクトベースで物事を考える習慣がつきました。

　留学から帰ってきて、「もう少しいろいろできるかな」と考え、外資系製薬会社に転職することになりました。日本法人として本社のメンバーを説得するには、ただやりたいと言っても話を聞いてはくれない上に言語面でハンデがある中で、数字とファクトの積み上げは重要でしたね。ただ、その当時でも人事システムはそこまで良くありませんでした。マニュアル作業も多かったですし、エクセルも多用していました。

今でも覚えているのが、HRBPのロールで営業インセンティブの計算をしている時。夜の遅い時間に、定規を当てながら、間違っていないか一行一行目で確認していました。エクセルを活用しながら、さらにマニュアル作業をやっていた印象でした。今はHRDXの進化でデジタル化も進んでいるでしょうが、当時はそのような状況でした。

　次に勤務した外資系製薬会社もそこまでできていなかったですね。デジタル化を進めようと当時はいろいろ考えましたが、マニュアル作業でやっていくと継続できないです。綺麗なエクセルシートやチャートが1度できたとしても毎月更新するのは無理だと。レポーティングだけ上に被せるという仕組みも考えましたが、うまくいかず。「もっとやりたいのにできないなあ」と思っていたところ、全くこれまでのキャリアで関係のなかった外資系テクノロジー企業からお話をいただきました。

　話を聞いてみて、データドリブンなことができるという点はすごくひかれました。USのエグゼクティブからシステムを実際に見せてもらいました。その当時からしたら夢のような世界でしたし、実際入ってみるとすごかったですね。データドリブンでいくと、ビジネスリーダーに提案する際、データだけでなくトレンドを示すチャートや各国間のデータの比較を見せられるのでビジネスリーダーも興味を持つだろうと。データを使って具体的な話ができるということもあったし、簡単でした。30

分くらいでそれらしい資料ができる。全然違うなと思いました。

　弊社の中でいうと、グローバル人事プラットフォームは入っていますが、レポーティング機能がまだ充分に使いこなせていないと認識しています。社内でデータドリブンについて啓発したり、アステラスの中で使えるデータや使い方について話すために学び直していたりしている段階です。USにはHRデータ関連のシニアプロフェッショナルがいるので、今後に期待しています。

鵜澤：グローバル人事はどのようなオペレーティングモデルでしょうか？

杉田：これは私がアステラスにひかれた理由にもなるのですが、日系であってもフルグローバライゼーションしていて、リージョンという呼称をほとんど使用していません。売上も海外比率がかなり高く、従業員の海外比率も相当高いので、その人たちをほぼ完全にグローバル組織でマネージしていくということで、HRは全部グローバルレポーティングになっています。日本にいるHRオペレーションのヘッドが人事プラットフォームを管轄しており、彼の部下はアメリカなど世界各地にいる状態です。

鵜澤：そうすると、おのずと同じシステムの中に人の評価や組織図などとひもづけられているということですね。

杉田：そうですね。組織図はちゃんと出ますし、個人の詳細情報も出てきます。ただ、海外の人は将来の海外赴任機会など、自分にチャンスがありそうなことに関連する実績をアピールして、しっかり書きますが、日本人は書かないですね。書かないとこれから損をするのではないかと思っています。

鵜澤：日本企業がグローバルシステムを入れる時、例えばポジションマ

ネジメントの仕組みがなじまないとか、承認プロセスが多重構造でなじまないといった理由で難航している事例が多いのですが、日本企業でありながら海外に出て行っているアステラスは、むしろ日本が海外の標準に合わせていっている形なのでしょうか。

杉田：日本が社長以下「グローバルで一つなのだ」ということを主張しているのが推進力になっています。ビジネスが急速にグローバル化した関係で、おのずと組織のグローバル化が進んだ感覚があります。私見で言うと、揺り戻しでもう少しアジャストが必要な所はあるかと思っています。例えば、グローバルに機能別組織にするとサイロ化になりがちでサイロ間のつなぎが良くなかったり、地域の中でのコミュニケーションが消えてしまったりが起こりがちです。

鵜澤：横のつながりが消えてしまうということですね。

杉田：そうですね。特に、HRは簡単に横のつながりが消えてしまうと思います。コンフリクト（対立）が起こりやすい。HRBPは目の前にお客様がいるからビジネスリーダーの言うことを聞きたくなってしまうのですが、CoEのリワードやタレントマネジメントのチームが時に困るわけですよね。逆にCoEが「これをやりたい」と言うと、今度はHRBPが現場とCoEの中で板挟みになってしまいます。何より大事なのは、「ONE HRでビジネスに貢献する」というマインドセットだと思いますね。

●データの使い方が理解されていないことが、データ利活用の障壁となっている

鵜澤：HRの世界でデータドリブンを進めていく際に効能が出そうな領域はどちらだと思われますか？

杉田：全ての領域に効能は表れると思いますね。特にタレントストラテ

ジーは放っておくとガッツフィーリング（直観）になると思うので、タレント領域への適用余地が大きいかなと思います、例えば、近年野球では2番に強打者を置くようになりましたが、これは完全にデータドリブンな判断ですよね。バント重視でつなぐ役割の昔では考えられないことでしたが、これはデータアナリストの解析に基づく最適配置の結果です。このように、経験や勘とかコツに頼るのではなく、データでタレントを見ていくのが大事だと思います。実際に前職のテクノロジー企業に在籍していた時にはっきりしたのが、パフォーマンスと大学名の相関は全くなかったということですね。

鵜澤：これまでは新卒一括採用で有名大学の学生を狙うことが主流でしたが、データ分析の結果に基づき、人の採用方法や配置にも新しい考え方が広がっていくはずですね。

杉田：まだ分析はできてはいないのですが、リファーラルや中途採用、新卒採用など、どのルートから来た人の成功確率が高いかということや、パフォーマンスが良い人が紹介した人は成長確率が高いのかなどを分析してみたいと思っています。

鵜澤：企業さんのお話を伺う中で、HRは数多くのデータを持っているはずなのに「HRデータはあまり使えない」と言われることが多いと感じます。

杉田：本当に有効な形でデータを使える環境になっていないのと、使い方が理解されていないのが要因だと思います。前職の経験によると、データはあるし、ユーザーフレンドリーなシステムはあるのに、放っておいたら使わないのが実態でした。1時間くらいワークショップをやって説明をすると、皆さんが理解し、徐々に使用するようになりました。ちなみに、前職ではグローバルの中で日本が一番データドリブンに熱心でした。グローバルのデータ分析をやっているチームは、日本の人たち

が最も自分たちのバリューを認めてくれるからといって、日本のファンでしたね。そういう意味で言うと、日本人は一番ディテール重視だし、ファクトに常に着目しています。だから日本はデータ活用の適性はあると思っています。

杉田：データで見ていかないと実際のアクションが取れない場合も多いと思っていて、エンゲージメントサーベイもD&Iの観点から男女別の違いを見る必要がありますね。そうすると、ある分野・エリアだけ女性の回答がとても低い場合に手を打っていかなければならないとかが可視化されていきます。

鵜澤：女性活躍も日本ではなかなか進んでいないですが、女性管理職比率の達成目標だけではなく、女性活躍推進の阻害要因のデータを使用した洗い出しも重要ということですね。

杉田：毎年毎年の細かいことが積み重なって課題が解決されるのだと思います。例えばパフォーマンスの評価をする時に、同じグレードで男女に差がありませんか。それは本当に差があるのかもしれないし、評価する側にバイアスがあるのかもしれない。そういう部分をちゃんとチェックして確認していくことは価値があると思います。

鵜澤：採用もそうですよね。採用することが目的化しているので、パフォーマンスとの相関も考えることなく、何人優秀な大学から採用したかがKPIになっていることもあります。

●DXはあくまで手段、経営課題とビジネス戦略から議論をはじめよ

鵜澤：DXがうまくいっていないというのが今の日本企業の現状です。ヒトの観点から、日本が進めていくべきDXはどのようなものでしょうか。また、デジタル戦略本部や経営企画部など、特命チームがDXをやっていて、人事部とは無関係というケースが散見されています。DX

における人事の役割はどのようにお考えでしょうか。

杉田：結局DXの視点からスタートするのがおかしいと思います。もっと、「3〜5年後に会社がこういう風になりたい」というゴールイメージからスタートするべきだと思っています。

　アステラスでは、先日戦略目標を発表した際に、トップが「実行するには人や組織・カルチャーが大事」と強調していました。Organizational Health Goal（OHG）と呼んでいるのですが、上位の経営戦略やターゲットがあって、それを実現するのは人であったり組織であったりするので、「人や組織にはこのようなことを求めます」という内容も記載されています。その求められていることを実現しようとすると、解決手段の一つがデジタルになるという流れですが、いきなりDXと言ってやっていくから、話がおかしくなっていく。ビジネスストラテジーが先にあって、それを受けて変えていくのは人だったりビジネスプロセスだったりするので、その変革を加速させていく手段としてデジタルという話になるのだろうと思います。

鵜澤：デジタル化が進むにつれて、人事の仕事がだんだんなくなっていくのではないかという悲観論があります。一方、デジタル化が進むにつれて、人事が本当に集中したい仕事に取り組むことができるという考え方もあります。杉田さんはテクノロジーの進化をどのように考えていらっしゃいますか。

杉田：シンプルに表現すると、人事をArtからScienceに変革する、ということだと思っています。そして、それができない企業は人事の価値や位置付けはドンドンと薄まるだろうと考えています。

　厳しいようですが、HRプロフェッショナルとして、その人ならではのバリューが出せなかったら機械に代替されていく影響は避けられないと思います。これからは高度な専門性が必要になってくるし、テクノロジーを最低限使える能力や興味は必要だと思いますね。加えて、人事の

仕組みをよく知っている人というのは会社外の人に頼めるので、会社のストラテジーや事業、独自の課題を理解した上で、テクノロジーを絡めた有効な提案ができることが社内人材には求められてくると思います。だから、この先は人事の人も業界内で転職した方が良いと感じています。業界やビジネス理解がないと価値を出すのが難しいはずです。

●HRのグローバル中長期ロードマップを今後は示したい

鵜澤：今まさに着任されて、アステラスの経営幹部から期待されている内容はどのようなものでしょうか。

杉田：私が見る限りでは、アステラスのHRはすごく良いと思っていて、D&Iストラテジーはしっかりしていますし、タレントやサクセッションプランニングも真っ当にやっていて、かつそれをグローバルに展開できていると思っています。ただ、グローバルスケールでHRの3年〜5年のロードマップを提示するということができていない。例えば採用であれば、今のポジションだけでなく次のポジションのポテンシャルがあるかどうかを考えるというポリシーを付け足すとか、リーダーシップモデルを作成するとか。難しすぎると徹底しませんから、シンプルなフレーズにして、人事のマネージャーやスタッフは常に頭にそれを置いて、そのポイントが普通に会話に出てくるようにしたいと思っています。

鵜澤：基本的に先を見通すのが難しい世の中なので長期のビジョンを作っても無駄だから持たないという企業もある一方で、このような時代だからこそ長期のよりどころを作っていきたいという考え方もありますが、杉田さんは後者のお考えでしょうか。

杉田：業界にもよるかなと思っています。前職は何が起こるか全く分からない会社だったので、長期のビジョンを立ててもしょうがないかと思いますが、ヘルスケア業界にいる弊社だとある程度先の見通しができま

す。ビジネス自体も長期的な利益を見据えて行っているので、HRもある程度長期的にならざるを得ないかと思います。

　長期軸で整理をすると、経営者の要望に対する優先順位付けや取捨選択の話をしやすくなります。また、HRの人も進捗はどうなっているか、どこが良くてどこが良くないのか、将来的な姿はどうなるかを把握できると思います。これまでリージョンベースだったものをグローバルに組織化したものの、グローバルでどのように働いていくかのイメージが定着していないし、組織もまだ充分には確立していない状態ではあるので、綺麗に再整理していかないといけないのではないかと考えています。

鵜澤：ビジネスモデルが中長期的であるにも関わらず目先のタスクばかりやっていたら、ビジネスも人事も疲弊していってしまいますね。

杉田：そうですね。結局は、会社の目指していくものに寄り添っていくということですかね。テクノロジー系の企業であれば、順番も関係なく出てきたものに対応していくというスタンスでも良いと思います。変化も早い業界ですし。ただ、弊社のような組織は違うかなと思いますのでやはり業界の特殊性が人事戦略の違いにつながります。

●日本は"知恵＝データ"で勝っていく必要がある

鵜澤：これから人事の世界に入っていくような人事の初学者の方に対し、何かアドバイスはありますか？

杉田：ブラッド・ピット主演の映画「マネーボール」を見るだけでだいぶ違うと思います。ブラッド・ピットはGM役でデータアナリストを雇うのですが、その人は野球オタクでデータをよりどころにドラフト指名場面や試合の戦術で従来と全く違う方法を指南するのです。どの選手をスカウトしてくるのかというのは採用に通じますし、どこに起用するのかはタレントマネジメントですよね、この映画でやっていることはまさ

にHRにおけるデータドリブンで、つなぎの2番打者が強打者ポジションになるとは誰も思っていなかったので、まさに革命ですよね。そういうことが起きるということを理解するためにはいい映画だと思います。

　もう一つあるとしたら、またスポーツの例になってしまうのですが、スポーツもデータ化されているじゃないですか。背が小さかったり体力がなかったりしてもデータで立ち向かえるぞというのがあるから、日本は知恵で立ち向かわないとダメ。弊社もメガファーマにサイズで勝てないというのを考えると、知恵で勝っていく必要がある、となるとデータ活用は必須だと思うのです。例えが古いのですが、ロンドンオリンピックの女子バレーボールみたいに、世界に先駆けていち早くリアルタイムデータを試合中の判断場面で監督が使っていく、というようにシフトすることを真剣に考えていかなければいけないと思いますし、できると思いますね。

　あと、データドリブンは大事なのですが、ユーザーフレンドリーでなければいけないと思っています。即時性、その場で判断できることが大事だからです。究極的にはラインマネージャーがどううまく使えるかという話だと思います。HRがいなくても、勝手にビジネスリーダーがデータを見た上で違和感を覚えたときにHRが呼ばれて出てくるというのが理想ですね。某外資系製薬会社のグローバルCEOは、日本法人のビジネスレビューをするたびに、プレゼンテーションをしている人が誰か、携帯経由でグローバル人事システムにアクセスして把握し、サクセッションやリテンション対策にその場で指示を出していたのが印象的です。

　このように、ビジネスリーダーは、この人間がいてもらわないと困ると思ったら自分でオーナーシップを持ってデータを見ると思います。そのような前提で、目指していることは、ラインマネージャーが自分でデータを確認、判断もできて、そのあとにアクションについて人事と相談という形が理想だと思います。（了）

【インタビュー後記】

　業界×専門性の掛け合わせが今後HRプロフェッショナルに求められる必須要件となる。加えてデータドリブンな判断が既成概念を破り、より適切な経営判断につながるという杉田さんの世界観は、製薬業界とテクノロジー業界を行き来した杉田さんならではの着想で非常に説得力のあるものでした。業界に精通している人間はその業界ならではの課題や背景を充分に理解しているので、そこで特定した真因をデータドリブンで深堀りし、新たな解決策や示唆を出すことができる。そのような新たな役割と貢献の方向性がデジタル時代の新たなHRDXやHRプロフェッショナルへの道筋になるはずだ。（鵜澤）

杉田 勝好氏
アステラス製薬株式会社 人事部門長

旭化成、ジョンソン・エンド・ジョンソンを経て、2008年から日本ヒルティ人事本部長、2012年からアストラゼネカ執行役員人事総務部本部長、2016年から日本マイクロソフト執行役員常務人事本部長を歴任し、2021年5月より現職。企業文化変革、グローバル人事システム導入、ピープルアナリティクスなどを豊富に経験。

HRDXはアジャイルに仕組み作りと
システム導入を同時に進める

SAPジャパン 常務執行役員人事本部長　**石山 恵里子**氏

●日系も外資も人事がやることは同じだが、やり方が違う。
　最大の違いはスピード感

鵜澤：新卒で入社された企業で人事としてのキャリアをスタートされた
とのことですが、ご転職の経緯や人事の分野でこれまででどのようなこと
を手掛けていらっしゃったのかをお聞かせください。

石山：私が新卒で入社した会社は新卒一括採用で、当時は職種の選択権
があまりなく、営業・インストラクター・SEのうちどれかに配属が決
まるルールでした。私はSEを希望していましたが、理系のバックグラ
ウンドではなかったのでそれを見透かされたのか、配属発表でいきなり
コーポレート部門の人事配属ということで、新卒当初から人事のキャリ
アが始まりました。私が入社した際は、テクノロジー企業が海外、特に
アジアに製造拠点を移して海外進出をしていくという時期でした。私も
その一環で入社3年目に国際人事部に異動になりました。主に国内の技
術者の方を中心に海外に送り出すオペレーションとそれに伴う就業規則
の整備などを担当し、アジアに数百人を派遣する業務を経験しました。
その後、ITバブルがはじけて海外工場を閉鎖することになり、派遣し
た社員を日本に戻すという一連の経験をしました。そこで製造拠点の移
転を中心とした人材の国際間異動やグローバルHRマネジメントにス
タッフとして関わったということになります。その後、グローバリゼー
ションの加速に伴い、行動規範（Code of Conduct）の統一化や買収し
た欧州企業との連携を深めるいくつかのプロジェクトにスタッフとして

携わることができました。欧州のグループ会社をまたがる労使協議会
（ワークスカウンシル）に対して、日本本社として事業方針を説明し、
従業員代表の声を聞くという場に関わることができたのは貴重な経験で
した。経営者と従業員代表がオープンにコミュニケーションするという
欧州的労使関係をこのプロジェクトを通じて学びました。駐在経験は全
くないのですが、海外の同僚たちと一緒に仕事をしながら、国や文化の
枠を超えて一つの会社として何ができるかというグローバル経験をして
いたのがキャリアの前半です。

　その後は、人材育成の担当者として企業内大学へ異動し、当時の経営
者と一橋大学の野中郁次郎先生によるナレッジマネジメントをコンセプ
トにしたビジネスリーダー育成プログラムの企画と運営に携わることに
なりました。ビジネスの世界で変革をけん引している実際のリーダーか
ら学ぶことを重視するプログラムで、私は、このプロジェクトに関わる
形で経営者育成の領域に入っていきました。

鵜澤：グローバルテクノロジー先進企業であるSAPに移られたのはど
のタイミングだったのですか。

石山：野中先生のリーダーシップ論や組織の在り方の講義を横で聞いていていたことが、俯瞰的に経営やリーダーシップについて学ぶ機会となりました。グローバルに活躍されるビジネスリーダーと関わって視野が広がったのもこの期間だったと思います。その後、事業部門の人事に移ったのですが、日々の業務に忙殺されながらも、キャリアの後半に差し掛かる中で、自分が本当にチャレンジしたいことは何なのかと考えるようになりました。「グローバルマネジメント」について講義や本を通じて学ぶことはできますが、国や文化の枠を超えて共通の目的に向かうことをビジネスの場で実際に経験してみたいと考え、それが、外資系の企業で働くことに改めて興味を持ち始めたきっかけでした。

鵜澤：なるほど。現在SAPに入社されてから何年目になりますか。

石山：SAPに入社してから5年半になります。その前の会社には、新卒から20年以上在籍したということになりますね。

鵜澤：日系企業から外資系企業に移って、カルチャーショックを感じるということもよく聞きますが、石山さんの場合はどうでしたか？

石山：SAPと前職は業態が似ていることもあり、やるべきことはそれほど変わらないという印象を受けました。一方、やり方は大きく異なりました。特にスピード感ですね。スピードに関しては、最初の3カ月の記憶がないくらいでしたね。意思決定の方法も全く違い、戸惑いもありました。

●DXが進めば、HRの範囲は広がり、 人そのものにもっと深く関わることができる

鵜澤：そのようなキャリアの中で、石山さんがお持ちになっている世界観を伺っていきたいと思います。DXの中でさまざまなものがデジタル化していくにつれ、今まで人間がやっていたことがテクノロジーに置き

換えられていくため、人ができることが少なくなっていくのではないかという悲観論と、デジタル化によって人がやれることが増えるという楽観論があると思います。石山さんは、デジタルと人に関して、どのようなお考えをお持ちでしょうか。

石山：私はソートリーダーシップタイプではなく、実践型の人間です。SAPに入っても、目の前の課題に必死で取り組んでいる間にもう5年以上経ってしまったというのが正直なところです。私たちはSAP SuccessFactorsという自社製品を人事マネジメントのプラットフォームとして活用し、日々の業務の中で常に変革を起こしています。つまり、DXを数年かけて自分たちの中でもやってきているのですが、それでも私たち人事部門に求められることは日々山積しています。そういう意味では、デジタル化したことで、ようやくやるべきことができるようになったという感覚です。私が新卒で入社した時代は、人事部門は労働法を専門に学んできた人が、人事制度企画や労務管理などで専門知識を活かして活躍しているという印象でした。しかし、今はもう少し人間主体の例えば、学問の分野でいえば行動心理学や社会学、または、人の健康や幸福について関心がある人が活躍できる領域になってきているのではないかと思います。

鵜澤：そのような変化の中でデジタルの効果はどこに実感しますか？

石山：ルールに従って、やるべきこと、やってはいけないことを判断できるような作業はデジタル化できるわけです。SAPに転職して実感したのですが、日本の労働法がドイツの労働法をベースにしていることからも分かるように、人事の業務は国をまたいだとしても大きくは変わりません。つまり、人事の業務も、グローバル化、標準化、シンプル化は十分可能となります。そこは人間の力を使わずにある程度デジタルの技術に任せることができ、私たちは改めて「人の専門家」としてビジネスにどのように貢献していくかを考えることができるようになってきてい

るなと感じています。

鵜澤：その通りですね。そういった意味では今後、より求められる人事のスペックとはどのようなものだと思われますか。今まででは、労働法がどれだけ詳しいか、給与計算や社会保険、人事制度設計や人事の業務オペレーションに詳しいかというような専門家軸であったと思いますが。

石山：専門知識はもちろんあった方が良いと思います。それがベースにある上で、扱っているのが人間ですよね。経営資源は人・物・金・情報とよく言われますが、物や金はマネージできる一方、「人」、特に才能のある人材は管理されることを好みません。人はどんどん成長します。しかし一方で、スキルや経験を元々持っているはずなのにモチベーションが無いためにそれを発揮できないといったことが起こり得る、つまり、可変の部分が大きいですね。人的資源をマネージしようとするときに行き着くのが、「ジョブ」という考え方なのだと思います。戦略の実行に必要とされるジョブを定義して、そのジョブに最もふさわしく、やる気のある人材をマッチングすることができれば理想的です。人のモチベーションの源泉に注目し、効果的なコミュニケーションを駆使して、今何が求めてられているのかをタイムリーに伝え、多くの人に影響を与えるというのが、人事部門に求められる新しい役割なのではないかと考えます。マネージするのではなく、影響力を持って、それぞれの力を最大化してもらう。そのために何ができるかということが私たちの役割として問われてくると思います。

●何でもアジャイルに進めるのが今のSAP文化

鵜澤：普通の会社では、HRシステムをやっとオンプレミスからクラウドに移行した、あるいはピープルアナリティクスを実施したいなあという段階の所が多いですが、SAPではHRテックが自社製品でもあるので、ありとあらゆるHRプラットフォームを使われていると思います。

多くの企業でレガシーシステムからクラウド移行だけで導入疲れをしてしまうという声も聞きますが、実際にプラットフォームを活用している立場から、どのような効果を実感されていますか。また、タレントマネジメントやエンプロイーエクスペリエンスとパルスサーベイというイメージは多くの企業でイメージがついていると思うのですが、先進企業として、その先のビジョンはどのようなことをお考えでしょうか。

石山：2015年に入社したのですが、その段階でSAP SuccessFactorsをフル活用していこうという機運が高まっていました。グローバル統一のシステムを導入し、現場のマネージャーに権限を委譲して、日々のチームマネジメントは現場に任せていこうという取り組みで、人事部門はそのコンサルタント的な役割を担うことになりました。現場マネージャーがより効果的にチームマネジメントし、パフォーマンスを上げていくために、ツールとしてのSuccessFactorsと人の専門家としての我々人事部門が現場を支えるというようなことが急速にできるようになりました。方法としてSAPでは、制度作りとシステム導入を同時に進めていきます。SAPはデザイン思考をベースにした企業なので、仮説を立てて、プロトタイプを作り、テストをしてみておかしかったら修正するという方法がカルチャーとして入り込んでいます。いわゆる日系企業の常識として人事に関しては絶対に間違いがあってはならないので、しっかり制度とプロセスを作って、組合を通して合意形成して、完全な状態で導入するという確実な進め方を経験してきた私としては大きな驚きでした。人事とはそういうものだろうという思い込みを覆された経験でした。

　SAPでは「このようなことをやろうとしています」というコンセプトの共有と同時に、ツールが導入されます。そして「使ってみて、どこかおかしかったら修正するので、まずはやってみましょう」というスタンスでプロジェクトがスピード感を持って進められます。実際、私が入社してから5年ほどの間に、報酬制度やパフォーマンスマネジメント、

キャリア開発など、主要な人事制度が大きく変わりました。制度変更の影響が大きい場合は、まずは、アーリーアダプター（先駆者）としていくつかの部門でテスト導入し、良いものになればグローバルに展開するということで、常に何か新しい仕組みや制度とそれを支える人事システムの導入が行われているという環境です。世の中も我々の事業戦略や人事戦略も常に変化している中では、スピードと透明性を担保していくことが重要なのだろうと思います。人事システムの中には人事制度のコンセプトやフィロソフィーが組み込まれているため、実際にシステムを使ってみると人事制度を文書で読まずとも何を実現したいのかが感覚的に理解できます。システムを使うことによって人事制度を理解し、人事部門も現場マネージャーも素早く変化に適応していくという仕組みです。戦略が変わって制度が変化しても、好奇心や成長意欲を持った人たちであれば、このような形で変化に適応することが可能ということですね。どのような変化が起こっても柔軟に対応していくのがSAPという組織がやってきたことです。人事システムはグローバルに共有しているので、各国の人事部門とマネージャーが同じタイミングでどのような変化が起こっているのか把握できるため、規模感を持って急速な変化に対応できるということになります。

鵜澤：制度やシステムをアジャイルに変化させているということですが、現在2021年で動いている例はありますか。

石山：SAPで働く人たち全員をタレントと捉え、「全員が最大限に力を発揮している状態を実現するためにどうあるべきか」という点で制度の見直しに取り組んでいて、それがある程度のところまで来ています。能力やスキルを有する人がより高い価値を発揮するために重要なことは、まず一つは心身ともに健康（ウェルビーイング）であること、もう一つはモチベーションを引き出すような良いエクスペリエンスを提供することです。入社する前の採用面接の段階から始まる、SAP社員としての長い「旅」の中でどれだけ良いエクスペリエンスを提供できるかという

ところに、人事部門の価値を発揮していこうという戦略に向かおうしています。

鵜澤：健康・ウェルビーイングについては、具体的にどのような形で進めているのでしょうか。

石山：ドイツ本社の人事部門には、ウェルビーイング担当の組織があります。このコロナ禍、現在着目しているのはメンタルヘルスです。いわゆる従業員満足度調査としてのピープルサーベイも年3回実施していますが、加えて、従業員の健康状態とその原因について分析し、対処するということも実施しています。あとは、スマートウォッチデバイスを使って、ウォーキングを奨励しています。デバイスが会社のシステムに連動していて、目標を達成すると報奨金がもらえる活動も取り入れています。SAPグローバルレベルで実施しているので、到達歩数のランキングも世界中で分かるようになっています。また、コロナ禍の対応に関しては、SAPグローバルとしての方針に沿いながらやっています。パンデミックになってWHOがリードするようになってから、SAPでもグローバルでイニシアチブを取ることになり、彼らの方針に足並みをそろえ、現在は完全にリモートワークにシフトしています。

●「タレントマグネット」であることが至上命題

鵜澤：SAPはますます変革していく会社だと思うのですが、最も経営アジェンダとしてリーダー層から期待されているものはどのような話題でしょうか。

石山：優秀な人材を魅了する会社であるためにどうあるべきか、というところを求められていると思います。「タレントマグネット」という言葉を使うのですが、才能あるタレントたちは、元来「管理」されたくない人たちです。そのような人たちをひきつける「タレントマグネット」であるために何をしていくかという部分で、採用の方法であったり、入

社後の経験であったり、SAPらしい取り組みをどのように進めていくかが我々に期待されているところであろうと思います。また、そうしてひきつけられた人たちの有する価値を引き出すための報酬やベネフィットの在り方、キャリアの形成の仕方など、これからの時代に向けて、人事部門として何ができるのかという部分ですね。

鵜澤：「タレントマグネット」という話がありましたが、テクノロジーカンパニーは貴社に限らず市場が急拡大しているので、まさに War for Talent ですよね。逆に引き抜かれるリスクもある。故に、タレントをいかにひきつけるかが至上命題ということですね。

石山：そうですね。特に外資系企業では各社員が自律しているので、辞める人を引き留めるのは本当に難しいです。むしろ、SAPにいてよかったと思って卒業してもらえるようにしたいですね。出ていく人を止められないのであれば、良い人に入ってもらうことがより重要になってくると思っています。

鵜澤：それを皆さんおっしゃっているので、テクノロジー業界の企業が今後さらに魅力的なメッセージや経験、報酬を打ち出してくると、より幅広い人材がテクノロジー業界に目を向ける契機になりますよね。

石山：個人的に、日本はもう少し人材の市場が大きくなればいいなと思っています。業界を超えて、さまざまな企業で多くの経験をして鍛えられるということがあっても良いと思いますし。例えば今現在はテクノロジーに強くなくても、インダストリー（業界）の知識や経験を持っている方であればSAPは大歓迎なのですが、なかなかアプローチできていないです。近い将来には人材の市場がより大きくなって流動化し、一つの企業に長く勤務するという以外の働き方も一般的になる状態を想像しています。例えば、キャリアの途中で学生をやったり、途中で休んでも戻ってきたりというようなことが他国で可能なように、日本でも許容

されればいいなと思います。

●「人が好き」であればチャレンジしてほしい

鵜澤：読まれている方は比較的初学者の想定なのですが、未来のHRの
プロフェッショナルにさまざまなご経験を通して、伝えたいことはござ
いますか？

石山：長い間人事の分野で働いてきて、人事とは究極のプロフェッショ
ナルジョブであると思っています。知識も必要ですが、結局は経験が大
事、いろいろなケースをどれだけ扱ったかということで引き出しが増え
てくるので、まずやってみるということだと思います。今既に人事の仕
事をされている方がいれば、その経験は一つも無駄にならないとお伝え
したいです。例えば、違う業界で人事をやっていたとしても、全く使え
る経験ですね。将来性もあり、ポータブルですし、国をまたいで働くこ
とも可能です。経営者の方も「結局、経営とは人だよね」という方も多
く、人の課題は究極の経営命題であると思うので、一時的に人事を経験
してビジネスリーダーになっていくということも考えられます。多くの
方に経験してほしいと思います。人事という仕事を極めたいと思えば極
められる職種でもありますので、人が好きであればチャレンジしてほし
いです。

鵜澤：今後、どのようなことをSAP内でやっていきたいという展望は
ありますか？

石山：育成ということにチャレンジしたいです。SAPは成長意欲があ
る人にはチャンスがある場所で、「機会を活かして自ら成長する人を応
援します」というメッセージを常に発信しています。ただ、もう少し
「育てる」ということを考えてみる必要があるのではないかと考えてい
ます。特に、このコロナの状況下、働く環境が大きく変わろうとしてい
る中では、変化の波にうまく乗ることができるように促す、成長意欲を

尊重しながらも背中をそっと押すことも必要であろうと思っています。リモート環境でどれくらい経験ができるのかというようないろいろな宿題がある中で、「育てる」ことに注目し、SAPに入ると成長できる、いろいろな経験ができると言われる組織にしていきたいです。（了）

【インタビュー後記】

　HRDX展開は従来の進め方とは決定的に異なると分かりやすく示唆したインタビューであったと思う。

　一つはアジャイルアプローチでウォーターフォール型からアジャイル型への話はシステム導入手法にとどまらず、仕事の進め方自体や人事制度などの仕組みの領域でも活かすことができるし、同時に進めて、イテレーション（反復）を通じて最終化が有効なこと。もう一つは顧客起点。どのようなDXもプロダクトアウト思考（作り手）起点ではなく、ユーザーエクスペリエンス（顧客：人事では従業員）起点から進めるということである。

石山 恵里子氏
SAPジャパン 常務執行役員人事本部長

日系大手テクノロジー企業の人事部門で長らく人材育成・組織開発を中心に実務経験を積んだ後、2015年10月にSAPジャパン入社。人の成長と組織価値の向上をテーマにHRビジネスパートナーとして上級マネージャー、エグゼクティブの人事戦略実現に寄与した後、2021年3月から現職。

おわりに

　組織・人事の世界でもDXの機運が急速に盛り上がる中で、その概念やソリューションは目新しいものばかりであり、在野に体系立てた整理や解説が存在しないという状況に一石を投じ、少しでも企業変革・人事変革を推進する実務家の方々のお役に立ちたいという想いから本書執筆に至った。

　EYのピープル・アドバイザリー・サービスは日本で230名超、世界で13,000名超（2021年10月現在）を擁するグローバル組織・人材コンサルティング組織であり、本書は国内・海外で行ってきた数多くのプロジェクト経験やクライアントとの討議内容をもとに守秘義務に配慮しながら再構成・体系化を行った。本書の製作にあたっては、多くのクライアントから多大なる示唆とお力添えをいただいている。特に第9章第3節HRテクロノジープラットフォームの事例ではシスメックス株式会社上席執行役員コーポレートマネジメント副担当兼経営企画室長兼秘書室長 飯塚健介さん、人事本部長 前田真吾さん、人事本部グローバル人事企画部長 田島功規さんの寛大なご配慮で社名および具体的な事例を詳細にご開示いただいたことに改めて感謝申し上げる。

　また、本書の特徴の一つは日本におけるHRDX最先端企業に所属するHRリーダーの方々が分かりやすく語ってくださった成功の軌跡や苦労・チャレンジの共有である。主旨にご賛同いただき、快く取材に応じてくださったソニーピープルソリューションズ株式会社 代表取締役社長 望月賢一さん、株式会社サイバーエージェント 常務執行役員CHO 曽山哲人さん、株式会社三菱UFJ銀行 人事部部長 グローバル人事ヘッド 堀田慶一さん（役職は取材当時のもの）、株式会社メルカリ 執行役員CHRO 木下達夫さん、アステラス製薬株式会社 人事部門長 杉田勝好さん、SAPジャパン株式会社 常務執行役員 人事本部長 石山恵里子さんに厚く御礼申し上げる。

本書の出版は株式会社日本能率協会マネジメントセンター出版事業本部長　黒川剛さんとの出会いとご尽力によるところが大きく、的確なアドバイスとご支援に改めて御礼申し上げる。

仲間たちにも最大限の感謝を申し上げたい。

EYストラテジー・アンド・コンサルティング株式会社 代表取締役社長　近藤聡さん、コンサルティングリーダー　小池雅美さん、コンサルティングCOO 吉川聡さんにはピープル・アドバイザリー・サービスの活動をいつも温かく見守っていただき、サポートしてくださっていることに少しでも本書展開およびさらなるビジネス成長で恩返しができればと思う。

何とか当初のスケージュール通りに出版やマーケティング活動をすることができたのは出版企画・運営事務局の山口晶子さん、三宅彰子さん、松田涼さん、武末崇さん、高坂幸恵さん、原田貴史さん、坂本行平さん、木村明博さん、近谷詩織さんのおかげであり、獅子奮迅の活躍は大変心強かった。

共同執筆者となった15名のメンバーとそのご家族には大変な迷惑をかけた。ワーク・ライフ・バランスの改善など、働き方改革をクライアントに推奨する立場の組織・人事コンサルティング部門であるにも関わらず、日頃プロジェクトが多忙な中で、必然的に本書の執筆や校正作業は週末にやらざるを得ない状況であった。出版物がついに世にでるという瞬間とこの成果物をご家族と共有することで、これまでプロジェクトと執筆の並行で高負担だった状況をなんとかご容赦願いたい。

私自身も執筆および全体監修は週末に行っていたので家族に迷惑をかけた。妻さやかへの感謝とともにまだ幼いすずらんと匠之介が青年になったときに本書を読んでくれたら嬉しい。

最後になるが、EYはBuilding a better working world（より良い社会の構築を目指して）というパーパスステートメントを世界で掲げている。グローバルプロフェッショナルファームで最初にパーパスステート

メントを掲げたユニークなファームである。日本でもコンサルティング部門全体で「経済で社会平和を、日本から。」というスローガンで社会全体への貢献を強く打ち出している。その精神に則り、執筆者全員で話し合って、本書の印税は全て公益社団法人チャンス・フォー・チルドレンに寄付することにした。主に経済的な理由によって塾、予備校、習い事、スポーツ活動、文化活動などの学校外教育を受けることができない子どもたちに学校外教育の機会をつくることを目的に設立された公益法人であり、執筆者の1人である高柳圭介さんがその主旨に賛同し、EY Ripples というプロボノ活動でこれまで支援してきた組織である。

「デジタルな時代だからこそ、ヒトのチカラで未来を変える」
日本と世界の未来が再び輝くために、我々は生涯を通じて、組織・人材の領域で新たな価値を創造し、人間中心社会の実現に貢献していきたい。

2021年11月　コロナ禍が続く東京にて

鵜澤　慎一郎

EYアジアパシフィック ピープル・アドバイザリー・サービス 日本地域代表　パートナー
ビジネス・ブレークスルー大学大学院経営学研究科客員教授
鵜澤 慎一郎（うざわ しんいちろう）監修

序章「デジタル時代の人事戦略」、終章「先進企業事例から学ぶ HRDX の新潮流」担当。
EY Japan で国内230名超（2021年11月現在）の人事・組織コンサルティング事業責任者およびコンサルティング組織全体におけるリーダーシップチームの一員を担う。専門は人事戦略策定、グローバルHR変革、HRテクノロジーなど。総合系コンサルティングファームの HR Transformation 事業責任者やアジアパシフィック7カ国のHRコンサルティング推進責任者を経て、2017年4月より現職。EYと同時に2020年9月からビジネス・ブレークスルー大学大学院経営学研究科客員教授に就任。

EYストラテジー・アンド・コンサルティング株式会社
ピープル・アドバイザリー・サービス　パートナー
高柳 圭介（たかやなぎ けいすけ）

第1章「ストラテジック・ワークフォース・プランニング」担当。
IT系・総合系コンサルティングファームを経て、現在はピープル・アドバイザリー・サービスにてOWT（Organization and Workforce Transformation）チームの共同責任者を務める。専門領域は、タレントマネジメント、要員・人件費適正化、人材育成、人事部門の高度化・効率化など。組織・人事領域を中心に幅広いプロジェクト経験を有する。2014-18年はタイを拠点に東南アジア域の日系企業を支援。同地域の人材マネジメントにも明るい。

EYストラテジー・アンド・コンサルティング株式会社
ピープル・アドバイザリー・サービス　パートナー
水野 昭徳（みずの あきのり）

第2章「デジタル人材のタレントマネジメント」、第7章「グローバル人事サービスデリバリーモデル」担当。
外資系コンサルティングファームを経て、現在はピープル・アドバイザリー・サービスにてOWT（Organization and Workforce Transformation）チームの共同責任者を務める。戦略・人事・人材・組織コンサルタントとして20年以上の経験を持つ。様々なクライアントに対し、DX支援、HRアナリティクス、企業風土変革、グローバルタレントマネジメント、テクノロジープラットフォームの構想・導入、人事業務の効率化・高度化、組織設計、人材育成など、幅広いプロジェクトをリードしてきた経験を有する。

EYストラテジー・アンド・コンサルティング株式会社
ピープル・アドバイザリー・サービス　ディレクター
坂本 行平（さかもと こうへい）

第2章「デジタル人材のタレントマネジメント」担当。
IT企業、外資系コンサルティングファームを経て、現在はピープル・アドバイザリー・サービスのOWT（Organization and Workforce Transformation）チームにて組織・人材変革の支援を担当。これまで製造業を中心として数多くのクライアントに、人事改革構想検討、新人事制度導入、グローバル・タレントマネジメント、統合人事ソリューションの構想検討、人事業務BPR・BPO支援、新組織設計・立ち上げ、人材育成支援など、幅広いプロジェクトを担当してきた経験を有する。

EYストラテジー・アンド・コンサルティング株式会社
ピープル・アドバイザリー・サービス　ディレクター
小野 裕輝（おの ゆうき）

第3章「DXを成功に導く人材確保戦略」担当。
総合系コンサルティングファームを経て現職。現在はピープル・アドバイザリー・サービスにて
OWT（Organization and Workforce Transformation）チームに所属し、ヒトと組織に関するコンサ
ルティングを手掛ける。
国内外の企業に対して、タレントマネジメントや要員・人件費適正化、全社構造改革、M&A、業務
改革（含、デジタル化）を支援するなど、幅広い知見を有しており、戦略から実行までのワンストッ
プサービス提供に強みをもつ。
2014-18年はシンガポールを拠点にアジア全域の日系企業を支援。

EYストラテジー・アンド・コンサルティング株式会社
ピープル・アドバイザリー・サービス　シニアマネージャー
吉田 尚秀（よしだ ひさひで）

第4章「データドリブンな組織パフォーマンス向上策」担当。
医学部を卒業後、外資系戦略ファーム、外資系組織人事ファームなどを経て現職。組織人事コンサ
ルタントとして国内外企業のタレントマネジメントや人事評価・報酬などの仕組み設計支援に数多
く従事。分析的・科学的アプローチに精通したバックグラウンドと豊富なコンサルティング経験を
掛け合わせ、人事領域におけるビッグデータやAIなどの先端技術活用をリードしている。第3回HR
テクノロジー大賞（経済産業省後援）統合マネジメントサービス部門優秀賞受賞。

EYストラテジー・アンド・コンサルティング株式会社
ピープル・アドバイザリー・サービス　ディレクター
髙浪 司（たかなみ つかさ）

第5章「エンプロイーエクスペリエンス―従業員エンゲージメントを高める新戦略」担当。
製造業、製薬業界にて大規模な業務改革、システム構想策定・導入企画、M&Aや組織再編・事業統
合に伴う事業モデルの設計やプロジェクト全体の実行支援を多数経験。また、SAP Qualtricsな
どのテクノロジーを利用したEX向上施策のサービス開発に従事。
近年は、M&A国内外の買収に伴う事業分離や分社化の人事オペレーション／ITに関するリスクア
セスメント、Day1準備計画の立案・実行などのプロジェクトを数多くリードしている。

EYストラテジー・アンド・コンサルティング株式会社
ピープル・アドバイザリー・サービス　ディレクター
原田 貴史（はらだ あつし）

第6章「DXの離陸と加速を支えるアジャイルアプローチ」担当。
総合系コンサルティングファームを経て現職。
組織・人材のパフォーマンス最大化を通じて事業へ貢献する人事部門への変革を目的に、HRトラン
スフォーメンションサービスを推進。組織／業務改革、チェンジマネジメント、システム構築など
に関する知見と経験を有し、幅広い業種の企業改革を支援。直近は、企業活動や働き方のデジタル
シフトに伴うワークフォースの変容を踏まえた人事機能・人事オペレーティングモデル・人材管理
手法・Employee Experience向上施策の検討に注力している。

EYストラテジー・アンド・コンサルティング株式会社
ピープル・アドバイザリー・サービス　ディレクター
山本 剛（やまもと ごう）

第7章「グローバル人事サービスデリバリーモデル」担当。
IT系・総合系コンサルティングファームを経て、現在はピープル・アドバイザリー・サービスにてHRT（HR Transformation）チームでSAP SuccessFactorsを中心としたクラウドHRソリューションビジネスのリーダーを務める。専門領域は、HRテクノロジー、HRターゲットオペレーティングモデル、HRサービスデリバリーモデルなど。組織・人事領域を中心に幅広いプロジェクト経験を有する。

EYストラテジー・アンド・コンサルティング株式会社
ピープル・アドバイザリー・サービス　ディレクター
若狭 泰広（わかさ やすひろ）

第8章「HRプロセスとオペレーションの高度化と効率化」担当。
IT企業、総合系コンサルティングファーム、日系化学メーカーを経て、現在はピープル・アドバイザリー・サービスにてグローバルシステム導入支援やテクノロジーを用いたトランスフォーメーション支援を担当。事業会社のIT責任者として、グローバル全体のITポートフォリオ、包括ITOを統括した経験を活かし、ITライフサイクル全般の支援（企画・導入・運用保守）、グローバルプロジェクトにおけるプロジェクトマネジメント・PMO支援に強みを持つ。

EYストラテジー・アンド・コンサルティング株式会社
ピープル・アドバイザリー・サービス　アソシエートパートナー
植田 順（うえだ じゅん）

第8章「HRプロセスとオペレーションの効率化と高度化」担当。
外資系コンサルティングファームを経て現職。組織／人事・人材コンサルティング領域において20年以上の経験を有する。特にシェアード／GBS（グローバル・ビジネス・サービス）構築・改革やBPO導入・活用を通した人事組織改革および人事業務改革に関しては、製造業、小売業、製薬業、サービス業など業界を問わず多くのクライアントを担当。構想・計画策定のみならず、実際の導入・定着フォローアップまで幅広いフェーズにわたり多数のプロジェクトのリード経験を有する。

EYストラテジー・アンド・コンサルティング株式会社
ピープル・アドバイザリー・サービス　パートナー
田口 陽一（たぐち よういち）

第9章「HRテクノロジープラットフォーム活用方法」担当。
日系コンサルティングファームを経て現在はピープル・アドバイザリー・サービスにてHRT（HR Transformation）領域の責任者を務める。専門領域はテクノロジーを用いたトランスフォーメーション支援。ITライフサイクル全般の支援（企画・導入・運用保守）、グローバルプロジェクトにおけるプロジェクトマネジメント・PMO支援、グローバルパッケージベンダーとの協業推進、市場開拓に強みを持つ。現在はSAP SuccessFactors, SAP FieldglassなどのCloud HR Technologyの導入支援に関わっている。

ストラテジー・アンド・コンサルティング株式会社
ピープル・アドバイザリー・サービス　アソシエートパートナー

本多 宏充 （ほんだ ひろみつ）

第9章「HRテクノロジープラットフォーム活用方法」担当。
IT企業人事部、日系コンサルティングファームを経て、現在は、ピープル・アドバイザリー・サービスにてHRT（HR Transformation）領域におけるコンサルティングを担当。人材管理、勤怠管理、給与管理からタレントマネジメントに至る、人事領域全般におけるシステム構築プロジェクトマネジメントとして、20年以上の経験を持つ。特に、SAP SuccessFactorsなどのグローバルタレントマネジメントシステムの導入を通じて、顧客のグローバル展開を促進する人事基盤構築を数多く支援している。

EYストラテジー・アンド・コンサルティング株式会社
ピープル・アドバイザリー・サービス　シニアマネージャー

桑原 由紀子 （くわばら ゆきこ）

第10章「新たな労務マネジメント」担当。
事業会社、総合系コンサルティングファームを経て現職。
ダイバーシティ＆インクルーシブネス（D&I）推進支援、働き方改革支援、役員サクセッションプラン策定支援、人事制度設計・導入支援など、組織・人事に関するコンサルティングを幅広い業種で手掛けている。
直近では、D&Iを企業の長期的価値を高める要諦として捉え、その推進についての構造的なフレームワーク、および成果の可視化手法の検討に注力している。

EYストラテジー・アンド・コンサルティング株式会社
ピープル・アドバイザリー・サービス　ディレクター

小谷野 稔 （こやの みのる）

第10章「新たな労務マネジメント」担当。
約19年間の外資系コンサルティングファームを経て現職。製造・流通業を中心に多様な業界にて、組織風土改革、M&Aによる組織再編、グローバル人事戦略立案とオペレーティングモデルの導入、およびHRISとBPO導入を伴う大規模業務改革やタレントマネジメントなど、組織・人事に関するプロジェクトを多数手がける。構想・戦略策定から、実行まで一貫した経験と能力を有することが強み。近年では、ニューノーマルの中で、HRDXを活用した働き方改革にも注力。

EYストラテジー・アンド・コンサルティング株式会社
ピープル・アドバイザリー・サービス　パートナー

野村 有司 （のむら ゆうじ）

第11章「コーポレート・ガバナンスにおける非財務指標の開示と人材価値の可視化・データ化」担当。
ベンチャーキャピタル、外資系組織人事コンサルティングファームを経て現職。従業員人事制度設計、M&A局面における制度統合・HRDD・リテンションプログラム設計、コーポレート・ガバナンス／役員報酬制度設計、働き方改革など、広範なプロジェクト経験を有する。特に、リワード（報酬関連）分野においては、役員・従業員、日系企業・外資系企業を問わず国内有数のプロジェクト経験を有し、情報や知見の発信を行っている。

HRDX の教科書　〜デジタル時代の人事戦略〜

2021年 11 月 30 日　初版第 1 刷発行

著　者——EY Japan ピープル・アドバイザリー・サービス
　　　　　 © 2021 EY Strategy and Consulting Co., Ltd.
監修者——鵜澤 慎一郎
発行者——張 士洛
発行所——日本能率協会マネジメントセンター
〒 103-6009　東京都中央区日本橋 2-7-1　東京日本橋タワー
TEL　03（6362）4339（編集）／ 03（6362）4558（販売）
FAX 03（3272）8128（編集）／ 03（3272）8127（販売）
https://www.jmam.co.jp/

装　丁——IZUMIYA（岩泉卓屋）
本文DTP——株式会社森の印刷屋
印 刷 所——広研印刷株式会社
製 本 所——東京美術紙工協業組合

ISBN 978-4-8207-2960-0 C2034
落丁・乱丁はおとりかえします。
PRINTED IN JAPAN

AI革命が変える人材開発

マージー・ミーチャム 著

中原孝子 訳

A5判 184p

急速に導入が進んでいる人材開発や研修、ラーニングへのAI技術の現状や選択肢、今後の展望を考える上での重要な最新情報を提供する1冊。

データ・ドリブン人事戦略
データ主導の人事機能を組織経営に活かす

バーナード・マー 著

中原孝子 訳

A5判 332p

データや分析による人事部門自体のパフォーマンス向上のみならず、人事が組織横断的にパフォーマンスに対して貢献し、その価値を示すことができるようになることを目指す1冊。

ピープルアナリティクスの教科書
組織・人事データの実践的活用法

一般社団法人ピープルアナリティクス＆
HRテクノロジー協会 著

A5判 264p

社員の行動データを収集・分析して、生産性の高い人材と組織に成長させる技術であるピープルアナリティクスの実践法を解説する1冊。

日本能率協会マネジメントセンター